EDIÇÕES BESTBOLSO

Toda mulher é meio Leila Diniz

Mirian Goldenberg nasceu em Santos, São Paulo. Desde 1978 mora no Rio de Janeiro. É antropóloga e professora do Departamento de Antropologia Cultural e do Programa de Pós-graduação em Sociologia e Antropologia do Instituto de Filosofia e Ciências Sociais da Universidade Federal do Rio de Janeiro. Escreveu *A outra*, *A arte de pesquisar*, *Os novos desejos*, *Nu & vestido*, *De perto ninguém é normal*, *Infiel: notas de uma antropóloga* e *O corpo como capital*. Mirian Goldenberg tem orientado dezenas de pesquisas nas áreas de gênero, corpo, envelhecimento, sexualidade e novas conjugalidades na cultura brasileira.

MIRIAN GOLDENBERG

Toda mulher é meio Leila Diniz

Edição revista e atualizada

EDIÇÕES
BestBolso

CIP-Brasil. Catalogação-na-fonte
Sindicato Nacional dos Editores de Livros, RJ.

Goldenberg, Mirian
G566t Toda mulher é meio Leila Diniz / Mirian Goldenberg. – Rio de Janeiro: BestBolso, 2008.

ISBN 978-85-7799-086-3

1. Diniz, Leila, 1945-1972. 2. Atrizes – Brasil – Biografia. I. Título.

CDD – 927.9143028
08-1935 CDU – 929:791.44.071.2

Toda mulher é meio Leila Diniz, de autoria de Mirian Goldenberg.
Título número 059 das Edições BestBolso.
Primeira edição impressa em julho de 2008.

www.edicoesbestbolso.com.br
Site oficial da autora: www.miriangoldenberg.com.br

Foto de capa: Leila Diniz fotografada por David Zingg para a *Revista Realidade* (1971). Reprodução da Editora Abril/Abril Imagens.
Design de capa: Carolina Vaz.

Direitos exclusivos de publicação em língua portuguesa para o Brasil em formato bolso adquiridos pelas Edições BestBolso um selo da Editora Best Seller Ltda.
Rua Argentina 171 – 20921-380 – Rio de Janeiro, RJ – Tel.: 2585-2000

Impresso no Brasil

ISBN 978-85-7799-086-3

Sumário

TODAS AS MULHERES DO MUNDO

Letra e música: Rita Lee*

Mães assassinas, filhas de Maria
polícias femininas, nazi judias
gatas gatunas, quengas no cio
esposas drogadas, tadinhas, malpagas

Toda mulher quer ser amada
toda mulher quer ser feliz
toda mulher se faz de coitada
toda mulher é meio Leila Diniz

Garotas de Ipanema, minas de Minas
loiras, morenas, messalinas
santas sinistras, ministras malvadas
Imeldas, Evitas, Beneditas estupradas

Toda mulher quer ser amada...
toda mulher é meio Leila Diniz

Paquitas de paquete, Xuxas em crise
macacas de auditório, velhas atrizes
patroas babacas, empregadas mandonas
Madonnas na cama, Dianas corneadas

Toda mulher quer ser amada...
toda mulher é meio Leila Diniz

Socialites plebéias, rainhas decadentes
manecas Alcéias, enfermeiras doentes
madrastas malditas, super-homem sapatas
irmas la Dulce beaidetificadas

Toda mulher quer ser amada
toda mulher quer ser feliz
toda mulher se faz de coitada
toda mulher é meio Leila Diniz

Agradecimentos

Este livro é uma versão resumida e adaptada da minha tese de doutorado *Toda mulher é meio Leila Diniz: gênero, desvio e carreira artística,* defendida no Programa de Pós-graduação em Antropologia Social do Museu Nacional/Universidade Federal do Rio de Janeiro. Desde janeiro de 1992, quando comecei a pesquisa para minha tese de doutorado, convivo diariamente com Leila Diniz. Leila passou a ser parte da minha vida e da minha memória. Tornou-se amiga e professora e já me ensinou muito sobre a "arte de ser sem esconder o ser", como disse Drummond. Leila dizia que vivia aprendendo com todo mundo e que aos 120 anos ainda iria ter muito o que aprender. Ela não sabia quanto ensinou e continua ensinando a todos que a conheceram. O ator Rômulo Arantes, que representou Toquinho no filme *Leila Diniz*, de Luiz Carlos Lacerda, disse numa entrevista: "Leila Diniz foi a mulher que todo homem gostaria de amar." Eu acrescentaria: "Leila Diniz foi a mulher que toda mulher gostaria de ser."

Quero agradecer a todos que, de forma direta ou indireta, foram co-autores deste livro, parceiros imprescindíveis nesta sofrida e prazerosa caminhada:

Ao meu orientador, Afrânio Raul Garcia Jr., que com sua orientação perspicaz, intelectualmente segura e sensível, me mostrou os caminhos a seguir;

A José Sérgio Leite Lopes, que com paciência e atenção leu algumas versões da tese e contribuiu com críticas e observações inteligentes;

A Rubem César Fernandes, que sempre soube combinar o incentivo intelectual com uma carinhosa amizade;

A Gilberto Velho, que com seus cursos, trabalhos e seu estimulante convívio intelectual foi, sem dúvida alguma, marcante no desenvolvimento de minhas reflexões;

A Lygia Sigaud, Lena Lavinas e Bruna Franchetto, membros da banca examinadora, também composta por José Sérgio Leite Lopes e Afrânio Raul Garcia Jr., pelas contribuições valiosas;

A todos os professores, funcionários e alunos que fazem do PPGAS um solo fértil para o crescimento intelectual;

Meu agradecimento especial aos entrevistados: Elio, Eli, Regina, Lígia, Dario, Lucy, Deise, Nilse, Chebabi, que com seus depoimentos sinceros e generosos possibilitaram a realização deste estudo;

A minha mãe, que me ensinou a ser "meio Leila Diniz";

A meu pai, que sempre esteve carinhosamente presente em todos os momentos necessários e soube ser o meu melhor amigo e conselheiro. A ele dedico este livro, com todo o meu amor.

Apresentação

Massimo Canevacci

Lendo este livro, fiquei pensando em uma distinção fundamental (normalmente ignorada) entre identificação e mimese.

Na primeira, entende-se um processo de invasão que um determinado ator social (pai, mãe, professor, personagem literário, histórico, cinematográfico etc.) produz sobre um sujeito. Esse processo de identificação é hierárquico, reafirma constantemente um poder autoritário entre duas pessoas, no qual quem se identifica empobrece sua capacidade crítica.

Na segunda – a mimese –, o sujeito escolhe alguns pedaços característicos de uma outra pessoa reinterpretando-os criativamente para produzir uma assimilação bem seletiva, parcial, inovadora. A troca é paritária, a relação, dialógica, e o poder mimético é simplesmente descentrado: por isso, as duas subjetividades se modificam e se enriquecem sob o signo da reciprocidade.

O que Mirian realizou aqui foi um feliz ato mimético. O sujeito da pesquisa (Leila) sai esclarecido, iluminado e também produzido, exatamente como a subjetividade da pesquisadora. Pode-se ouvir, ao longo do texto, o murmúrio de um diálogo constante entre essas duas mulheres. Murmúrio que quer estabelecer uma genealogia apaixonada e alternativa do papel feminino.

Lembro que anos atrás eu vi em Roma o filme *Fome de amor*, de Nelson Pereira dos Santos, no qual Leila é uma mulher que gosta de experimentar as linguagens múltiplas da sua inquietude sentimental. Acho que também em Mirian, nas suas linhas murmurantes, cada leitor pode escutar essa fome e esse amor.

Prefácio

Peter Fry

> "Televisão, que era o nosso único meio, está agora entrando pelo cano, tem muito poucas, a Globo, talvez a Tupi e um pouco a Record. Então, está (*). Para entrar lá, você tem que (*) pra todo mundo. Ou, então, você tem que ser muito inteligente de arranjar um jeito, sei lá. Você vê atores geniais trabalhando por uma (*) mesmo. Eu não ganho uma (*)."
>
> Leila Diniz

A censura prévia operando durante a ditadura militar faz com que esse trecho da famosa entrevista que Leila Diniz deu a *O Pasquim* em 1969 pareça teste de conhecimento de vocabulário num vestibular qualquer. (Preencha cada asterisco com uma palavra diferente.) Os "anos de chumbo", anos da confrontação bélica entre o governo militar e a guerrilha, são lembrados, e com razão, por mil horrores: desaparecimentos, torturas, mortes misteriosas, censura, o ubíquo olho do Serviço Nacional de Informações e, por fim, a derrota da guerrilha.

Mas relâmpagos entre as nuvens cinzentas sinalizavam que numa outra frente que não nas trincheiras da luta uma diferente "revolução" estava em curso, aquela que desafiava o que o governo da época chamava de "a moral e os bons costumes". Leila também foi perseguida, não pela prisão ou pela tortura, mas pela censura e por processos jurídicos.

Personalidades como Leila Diniz e Caetano Veloso tornaram pública as radicais mudanças em curso: a redefinição da categoria de gênero no centro da produção de um indivíduo mais autônomo. Alguns anos mais tarde esse esboço de uma revolução dos costumes vai se formalizar e se burocratizar na política de identidades dos movimentos das mulheres, dos homossexuais e dos negros.

O livro de Mirian Goldenberg fala desse primeiro período libertário. Ao focalizar Leila Diniz, um dos ícones dessa libertação, pretende compreender como e por que ela se tornou tão popular com a sua soberba irreverência, os inúmeros palavrões, a exibição da gravidez de biquíni na praia de Ipanema e o hábito de falar sobre sexo como se fosse um assunto tão corriqueiro quanto crochê.

A autora conduz o leitor por várias biografias de Leila feitas em livro e filme, pelas opiniões dos seus parentes mais próximos, por uma comparação com Cacilda Becker, por uma análise dos mais importantes filmes e novelas dos quais participou e, como não poderia deixar de ser, por uma discussão da entrevista a *O Pasquim*. Dessa forma, vai revelando a extraordinária e inefável mediação entre experiência individual e entorno social que faz com que Leila Diniz vire heroína mítica antes mesmo de morrer tragicamente num desastre de avião que sobrevoava Nova Délhi em 1972.

O mito era, e continua, tão poderoso que, como afirma Mirian Goldenberg, faz sentido dizer que no Brasil de hoje "toda mulher é meio Leila Diniz". É por essa razão que este livro é importante. Ele faz refletir, e muito, sobre as mudanças e as continuidades nos comportamentos sexuais e conjugais ao longo das últimas décadas, não só das mulheres, mas dos homens também. Afinal, Leila Diniz não encantava apenas as mulheres ansiosas para mudar seus tradicionais papéis – ou de puta ou de mãe –, mas também aqueles homens que buscavam relações amorosas menos hipócritas.

Introdução

"Meio inconsciente, me tornei mito e ídolo, ou mulher símbolo da liberdade, pregadora-mor do amor livre. Muita gente não entende o que é isso. Só quero que o amor seja simples, honesto, sem os tabus e fantasias que as pessoas lhe dão."

Leila Diniz

"Leila para sempre Diniz", como escreveu o poeta Carlos Drummond de Andrade, "feliz na lembrança gravada: moça que sem discurso nem requerimento soltou as mulheres de 20 anos presas no tronco de uma especial escravidão". Por que toda mulher é um pouco (ou é também) Leila Diniz?

Leila Diniz é uma das mulheres que melhor simbolizam as transformações dos papéis femininos na década de 1960, em função de seu comportamento inovador e transgressor, principalmente no que diz respeito à sexualidade, conjugalidade e maternidade. Após sua trágica morte em um desastre de avião, aos 27 anos, essa imagem foi fortemente consolidada. Leila é até hoje lembrada como uma jovem e bela mulher que subverteu o comportamento de sua geração. A elaboração e reelaboração dessa imagem, após sua morte, produziram um discurso praticamente unânime a respeito de sua importância como mulher "revolucionária".

Ao perceber a identidade feminina como socialmente produzida, cabe indagar como são construídos (e destruídos) os modelos de comportamento da mulher. Por meio da análise da trajetória de Leila Diniz pretendo discutir as transformações dos papéis femininos na sociedade brasileira em torno das seguintes questões:

1. Quais os comportamentos de Leila Diniz que são percebidos como inovadores e transgressores?
2. Leila Diniz adotou comportamentos inexistentes ou criou condições de reconhecimento (e legitimação) para padrões até então estigmatizados?
3. Como se construiu e se consolidou a imagem de "revolucionária" de Leila Diniz?
4. Qual a combinação original de fatores familiares, sociais e históricos que permitiu que Leila Diniz fosse transformada em um paradigma feminino?
5. Quais as condições do sucesso (ou fracasso) da afirmação pública de comportamentos femininos considerados desviantes?

Para enfrentar essas questões, alguns autores foram fundamentais. Norbert Elias (1994) e Georges Duby (1987) permitem compreender como um indivíduo singular se transforma em um novo paradigma e as condições de possibilidade dessa transformação. Elias analisa as condições que possibilitaram a Mozart ser considerado um "gênio", em particular a dependência de um músico de seu tempo da aristocracia da corte. Duby estuda as condições que possibilitaram a transformação de Guilherme Marechal no "melhor cavaleiro do mundo", uma espécie de herói medieval. Os dois autores, ao fornecerem instrumentos para compreender como Mozart e Guilherme Marechal se transformaram em "gênios" ou "heróis", permitem pensar como determinados indivíduos se tornam paradigmas para as demais pessoas de suas sociedades e de suas épocas. Inspirada nesses autores, procuro analisar como Leila Diniz se tornou uma referência importante para pensar um padrão de comportamento feminino existente no Brasil na década de 1960.

Os conceitos de Pierre Bourdieu, particularmente os de *trajetória, campo* e *capital,* foram básicos para a compreensão não apenas do indivíduo Leila Diniz, mas da posição que ela ocupou em um conjunto de posições possíveis no espaço social em que se inseriu. Compreender os comportamentos que Leila Diniz personificou significa compreender a concorrência existente entre padrões femininos considerados normais e outros percebidos como desviantes. Os trabalhos de Erving Goffman (1975), Howard Becker (1966) e Gilberto Velho sobre comportamentos desviantes e estigma foram essenciais para essa análise.

Por tudo isso, este trabalho não é uma biografia de Leila Diniz. Não estou preocupada em descrever exaustivamente a vida de Leila, mas em perceber a singularidade de sua trajetória e a configuração social e familiar na qual ela existiu. O material biográfico é apenas um instrumento do qual me aproprio para entender por que uma determinada pessoa se transforma em um novo modelo de ser mulher.

A organização deste livro reflete meu próprio percurso de aproximação do tema. Meu primeiro movimento foi o de reunir o material produzido sobre a vida de Leila Diniz. Depois de analisar criticamente o material biográfico existente, constatei que todos parecem perseguir o mesmo propósito: provar que Leila Diniz foi uma mulher "revolucionária", que se emancipou das condições morais de sua época e transcendeu os limites da rotina cotidiana. Uma mulher excepcionalmente alegre que buscava o prazer em todas as dimensões de sua vida. O material produzido sobre a vida de Leila Diniz torna-se, freqüentemente, repetitivo, aprisionado em um registro monocórdio, um discurso altamente eficaz que constrói a imagem pública da atriz ao redor de alguns temas centrais. Parece que foi produzido um acordo sobre a necessidade de se voltar recorrentemente a certos fatos e silenciar outros.

No capítulo 1, analiso criticamente cinco diferentes construções biográficas sobre Leila Diniz. Esses materiais biográficos, de diferentes naturezas, produzidos por diversos autores, permitem uma discussão sobre a construção e a consolidação da imagem pública de Leila Diniz, mediante a análise das recorrências, das diferenças e das lacunas existentes.

A etapa seguinte foi buscar, por meio de entrevistas, as origens sociais e familiares de Leila Diniz. Ao fazer esse movimento, descobri que a configuração familiar de Leila é particularmente relevante para pensar uma série de questões silenciadas no material biográfico analisado e, portanto, excluídas da construção e consolidação de sua imagem pública. No capítulo 2, através do percurso de cada um dos entrevistados, encontro elementos para compreender melhor a trajetória de Leila Diniz e sua transformação em um modelo de ser mulher. As entrevistas em profundidade foram um poderoso instrumento para fazer aparecer determinadas questões que outras fontes não me permitiriam.

No capítulo 3, faço um panorama das transformações dos campos do teatro, do cinema e da televisão, por meio do contraste da carreira artística de Leila Diniz com a de Cacilda Becker. A escolha da trajetória de Cacilda Becker para ser analisada em contraste com a de Leila Diniz deve-se ao fato de que Cacilda ocupava uma posição dominante no campo teatral no momento em que Leila iniciou sua carreira. Cacilda foi a representante maior de um estilo de ser atriz permanentemente recusado por Leila. Mediante o confronto entre esses dois modelos de ser atriz torna-se mais visível a posição particular que Leila Diniz ocupou no campo artístico.

Por último, no capítulo 4, analiso os fatos que contribuíram para a construção da imagem socialmente reconhecida de Leila Diniz. Busco compreender como determinadas práticas de Leila – o filme *Todas as mulheres do mundo*, a entrevista a *O Pasquim* ou deixar-se fotografar grávida de biquíni na praia – constituíram-se em marcos de sua trajetória artística e do seu reconhecimento como personagem público. Procuro entender por que tais ações cristalizaram os atributos de sua imagem pública para além de sua vida biológica ou, no dizer de Drummond, fizeram de "Leila para sempre Diniz".

Este estudo se insere em uma linha de reflexão que pode ser chamada de Antropologia do Gênero. Essa reflexão adquiriu maior visibilidade no Brasil a partir dos anos 1970. O movimento feminista, que estava sendo organizado na Europa e nos Estados Unidos, começou a repercutir no Brasil. Os primeiros livros de feministas brasileiras foram publicados. Os jornais, as revistas, o cinema, o teatro e a televisão passaram a dar espaço para as reivindicações das mulheres. O denominador comum das lutas feministas foi o questionamento da divisão tradicional dos papéis sociais, com a recusa da visão da mulher como o "segundo sexo" ou o "sexo frágil", cujo principal papel é o de esposa-mãe. As feministas reivindicavam a condição de sujeito de seu próprio corpo, de sua sexualidade e de sua vida, buscando um espaço próprio de atuação política.

A difusão da psicanálise contribuiu fortemente para a rejeição de práticas que eram percebidas como autoritárias e repressivas e para o questionamento da obrigatoriedade de exercer a sexualidade dentro dos limites do casamento legítimo. O tom da mudança social foi dado pela reivindicação de igualdade nas esferas pública e privada e pela recusa de morais sexuais diferentes para homens e mulheres. Não se pode esquecer a importância decisiva do aparecimento da pílula anticoncepcional, na década de 1960, para a liberação sexual da mulher, na medida em que permitiu, com mais facilidade do que se fazia até então, dissociar o exercício da sexualidade da procriação.

Paralelamente a esses debates, inaugurou-se um campo acadêmico de reflexão sobre as questões de gênero. A discussão de gênero encontrou solo fértil na Antropologia, já que essa disciplina acumulou uma reflexão muito grande tomando como base materiais empíricos que revelam que os conteúdos atribuídos à oposição masculino/feminino não são decorrentes da dimensão biológica dos seres humanos, mas variam de cultura para cultura.

Como lembram Costa & Bruschini (1992), na década de 1970 e, principalmente, na seguinte a produção acadêmica sobre a questão de gênero é invejável. Esses estudos buscam desreificar a idéia de natureza feminina (e masculina) e reforçar a concepção de que as características consideradas peculiares à mulher (e ao homem) são, na verdade, socialmente construídas. Cada cultura apropria-se de uma distinção biológica (macho/fêmea), seleciona alguns fatos naturais (por exemplo, a função reprodutiva da mulher) e os exacerba, naturalizando funções que são, na verdade, produto de uma determinada educação e socialização. Simone de Beauvoir resumiu essa idéia em uma frase que se tornou célebre: "Não se nasce mulher, torna-se mulher."

Ao analisar a trajetória de uma determinada mulher, quero contribuir para compreender um pouco melhor a condição feminina na sociedade brasileira. No caso, como Leila

Diniz passou a personificar um padrão concorrente de comportamento feminino, em particular no que diz respeito à sexualidade, conjugalidade e maternidade. Enfim, como uma mulher singular é "boa para pensar" "todas as mulheres do mundo" ou, ainda, por que faz sentido dizer, na sociedade brasileira de hoje, que "toda mulher é meio Leila Diniz".

1
As diferentes biografias de Leila Diniz

"Um troço que eu tinha e que eu perdi era o medo de ficar velha. Sempre eu achava que ia perder minha alegria, vitalidade, energia, prazer de vida, que constituem minha maior força. Na realidade, perdi um pouco disso, de alegria, talvez, da energia que eu sempre esbanjei, mas ganhei muito mais coisas. Ou melhor, acho que o que aconteceu é que agora eu sei usar essas coisas. Aos 17 anos, eu tinha isso tudo, e eu era um vendaval. Eu não dava nada, eu esporrava pra todos os lados: amor, desejo, vontade, idéias, vidas, tudo. Agora, encarei o vento, e é muito melhor. Eu estou muito mais bacana, e realmente acho que aos 30 vou estar genial, e aos 120 vou saber tudo e querer dar e ter ainda o que aprender. Isso é sensacional!"

Leila Diniz

Neste capítulo analiso diferentes biografias que permitem compreender como se construiu e se consolidou a imagem pública de Leila Diniz, assim como quais os veículos que contribuíram para a continuidade dessa imagem até os dias de hoje. Até o momento, foram produzidos cinco materiais biográficos:

1. Filme comercial de longa-metragem *Leila Diniz*, de Luiz Carlos Lacerda (1987);

2. Livro *Leila para sempre Diniz*, de Luiz Carlos Lacerda (1987);
3. Livro *Leila Diniz*, de Cláudia Cavalcanti (1983);
4. Vídeo *Leila para sempre Diniz*, de Sérgio Rezende e Marisa Leão (1974);
5. Vídeo *Já que ninguém me tira para dançar*, de Ana Maria Magalhães (1982).

Filme, vídeos e livros constituem formas culturais objetivadas (Bourdieu, 1988) que tornam possível a consolidação e a continuidade da imagem pública de Leila Diniz. Meu objetivo é analisar quais são as mensagens focalizadas nessas construções, quais são recorrentes, quais fatos são particularmente enfatizados, quais as lacunas e os silêncios.

Meu próprio percurso para localizar esses cinco materiais pode ser visto como significativo. O primeiro material a que tive acesso foi o filme *Leila Diniz*, de Luiz Carlos Lacerda, encontrado no Cineclube Estação Botafogo. Em seguida, adquiri o livro do mesmo autor na sede da Editora Record, pois não o encontrei em livrarias. Também não encontrei o livro de Cláudia Cavalcanti em livrarias e, em função disso, tirei xerox de um exemplar que descobri no Centro de Cultura Alternativa (Funarte). O vídeo *Leila para sempre Diniz* me foi emprestado por sua produtora, Marisa Leão, e o vídeo *Já que ninguém me tira para dançar*, por Eli Diniz.

Preocupada em analisar a imagem pública de Leila Diniz que foi construída e consolidada socialmente, e não em produzir mais uma biografia, não me detive nos equívocos ou nas verdades a respeito de sua vida, mas em suas significações. Alguns desses equívocos demonstram que os autores não tinham como objetivo construir uma biografia detalhada e realista, mas sim transmitir ao público suas próprias representações sobre Leila Diniz. Além disso, os autores parecem ter a intenção de manter presente a imagem de Leila tal qual observação de Duby (1987) a propósito de um cavaleiro errante cantado em uma gesta medieval, "tão profundamente que ela pudesse resistir ao desgaste do tempo, sem jamais apagar por completo, apontando a cada geração de seus pósteros um exemplo de boa conduta". No caso estudado, menos um exemplo de "boa conduta" e mais um modelo de conduta inovadora, principalmente no que diz respeito à liberação sexual da mulher.

Como para Duby, ao tentar reconstruir o mundo de Guilherme Marechal, "menos me preocupam os fatos do que a maneira pela qual eles eram recordados e mencionados". Quero decifrar o jogo de recordações e silêncios por meio do qual foi construída a imagem pública de Leila Diniz.

Parece-me interessante destacar a diferença entre o silêncio e o desconhecimento. O silêncio, como lembra Pollak (1986), pode ser escolhido como um modo de gestão de identidade, como uma maneira de construir uma imagem de Leila Diniz sem os dramas ou as dificuldades que poderiam maculá-la. Nesse sentido, existe uma diferença muito grande entre os materiais analisados, de acordo com o olhar (próximo ou distante) de cada autor.

Luiz Carlos Lacerda foi amigo de Leila Diniz desde os 14 anos de idade. Seu olhar pode ser percebido como o mais íntimo em função de uma vivência constante com a amiga. Ana Maria Magalhães se tornou amiga de Leila alguns anos mais tarde, quando ambas já eram atrizes. Marisa Leão e Cláudia Cavalcanti não conheceram Leila pessoalmente. Essas diferentes vivências/convivências afetam os diferentes olhares, mais ou menos informados, mais ou menos silenciosos.

Analiso essas cinco construções em torno das seguintes questões:

1. O que apreendo da trajetória de Leila Diniz com base em cada material? O que cada um me permite compreender?
2. Quais as dúvidas que cada material gera? Quais as contradições e os fatos nebulosos?
3. Qual é a imagem construída de Leila Diniz? Quais os invariantes e as variações dessa imagem criada?

O OLHAR DO MELHOR AMIGO

Descrevo detalhadamente, em primeiro lugar, o filme *Leila Diniz*, de Luiz Carlos Lacerda. Esse filme, junto com o livro do mesmo autor, é a construção mais abrangente, abordando aspectos que não estão presentes nos demais materiais. Entre todas as construções, foi a que teve maior divulgação e alcance público. Pode-se afirmar que Luiz Carlos é um dos principais responsáveis pela consolidação e manutenção da imagem pública de Leila Diniz até os dias de hoje. Seu filme é o material mais facilmente disponível para quem se interessar em conhecer a vida de Leila. Seu lançamento no cinema foi em 1987, com grande sucesso de público. O filme foi exibido pela primeira vez na televisão, na TV Manchete, em 20 de setembro de 1990, sendo reprisado outras vezes.

Luiz Carlos Lacerda filmou a vida de Leila Diniz depois de ter realizado 15 curtas e dois longas-metragens. Leila e Luiz Carlos viajaram juntos, em 1972, para o Festival de Cinema da Austrália, representando o Brasil com o filme *Mãos vazias*, dirigido por ele e protagonizado por ela. Na volta ao Brasil, o avião em que Leila viajava explodiu no ar.

> A idéia surgiu há mais ou menos um ano, quando me dei conta de que essa geração que está aí, falando palavrão na maior naturalidade, fazendo amor já desde

> cedo e quebrando mil tabus, não sabe direito quem foi Leila, o que ela representou em termos de pioneirismo para essa liberdade de que desfrutam hoje (Luiz Carlos Lacerda, *Tribuna da Imprensa*, 2/12/1986).

A atriz Louise Cardoso interpreta Leila Diniz no filme de Luiz Carlos Lacerda. "Eu estava tomada pela Leila. Eu já era mais Leila que Louise", disse Louise na época do lançamento nos cinemas.

> É, ao mesmo tempo, um papel superfácil e superdifícil. Superfácil porque Leila Diniz era simplesmente Leila Diniz. Seu compromisso com o prazer, com a alegria, com os dias de sol. O meu papel será esse: ser feliz, ter prazer. E a dificuldade é essa também: toda essa alegria não se representa. Também rompi muitas barreiras, mas minha ousadia nem se compara com a de Leila Diniz. Aliás, só a de poucas mulheres. Ela era de um carisma e de uma exuberância realmente raros. Se Leila era um mito viva, imagine morta (Louise Cardoso, *Jornal do Brasil*, 6/1/1987).

A Divisão de Censura da Polícia Federal tentou proibir o filme *Leila Diniz* para menores de 18 anos, alegando que algumas cenas induziriam às drogas.

> Absolutamente, o filme não faz apologia das drogas, mas apenas documenta uma época, 1970. Nessa época, metade da juventude estava na luta armada e metade tomava drogas porque não tinha como falar. Eu estava nas drogas, deixei-as, e mostro isso no filme (Luiz Carlos Lacerda, *Última Hora*, 2/10/1987).

O Conselho Superior de Censura, órgão do Ministério da Justiça, acabou liberando o filme para maiores de 14 anos, sem cortes.

O filme *Leila Diniz*

A primeira imagem do filme é a da cidade do Rio de Janeiro, morro do Pão de Açúcar. Uma associação forte que percorre todo o filme: Leila é uma mulher carioca!

Em seguida, o filme mostra uma festa do Partido Comunista. A data: 1946. O Partido Comunista está legalizado e o clima é de muita alegria. Faixas saúdam Luiz Carlos Prestes, que é ovacionado. Ele faz um discurso: "Camaradas do Partido Comunista do Brasil, é chegada a hora de organizar o nosso povo."

Um casal, Diniz e Isaura, com uma menina de meses no colo. Um amigo pergunta a Diniz: "Como é o nome dela? Natasha Filipova?", e Diniz responde: "Nada disso, eu gosto de nomes brasileiros: Leila." E o amigo: "Leiluska, camaradinha Leiluska. Vamos ver a linha da vida dela... ah, não há dúvida, vai ser uma revolucionária!" O amigo anuncia o destino de Leila: uma "revolucionária", repetindo um mito anunciador tão comum de ser encontrado nas biografias de homens famosos, gênios, santos e heróis.

No comunismo do pai, na festa, no sol do Rio de Janeiro, o filme sintetiza os elementos da infância de Leila. Com essa primeira imagem bastante harmoniosa de um casal amoroso com a filha, é possível imaginar uma infância feliz para Leila.

ANOS DEPOIS. De bebê de colo, Leila surge adolescente irreverente, rebelde, contestadora, na forma de falar, vestir, agir, não respeitando os tabus e preconceitos do tipo: "Menina não tira menino para dançar", "Menina não bebe", "Menina não fala palavrão", o que choca as mães de suas amigas.

Festa em um salão, valsa ao fundo, adolescentes com vestidos finos, cabelos presos em coque, dançando com rapazes de terno. Leila chega de blusa preta de manga comprida, meia comprida preta, saia vermelha nos joelhos e cabelos presos em duas marias-chiquinhas, causando evidente mal-estar aos convidados. A mãe da aniversariante diz: "Vestida desse jeito! Mas que desrespeito ao début da nossa filha!" Leila recusa refrigerante e pede uma vodca dupla. Coloca uma música na vitrola e puxa um rapaz para dançar. A mulher novamente: "Minha filha, isto aqui é um clube familiar!" Leila é chamada de "gentinha" e tem que se retirar.

Leila vai ao lançamento de um livro de novos poetas. Eduardo, o namorado poeta, fica enciumado quando vê Leila chegando com um rapaz. Leila declama poesias e mais tarde, num bar, tomando cerveja com quatro rapazes (entre os quais está Luiz Carlos), lê uma poesia sobre Cuba e grita: "Viva Cuba!" Depois diz: "Não tenho saco para papo ideológico."

O contraste com Luiz Carlos, que aparecerá em todo o filme, surge pela primeira vez. Luiz Carlos é o militante político engajado. Leila é a amiga que escreve poesias e freqüenta rodas intelectuais e artísticas. Enquanto Luiz Carlos fala do povo e da revolução, Leila ri, dança, namora, bebe, sempre cercada de rapazes. Alegria, ousadia, rebeldia, liberdade, autenticidade aparecem como traços da personalidade da Leila adolescente.

O momento político vai sendo delineado nas conversas: Juscelino é eleito presidente do Brasil, Brasília é construída, revolução cubana, queda de Jango, perseguição política.

BEIRA DO MAR à noite. Música ao fundo: "Copacabana, princesinha do mar..." Leila e Eduardo, nus, se beijam. Ele diz: "Você é minha namorada, poxa!" (sugerindo que, sendo namorada, ela é uma menina direita e, portanto, virgem). Ela responde: "E daí? Você me ama ou não me ama? O que é amor pra você? Uma idéia, um blablablá? Amor tem braço, tem perna", e derruba o namorado. Os dois fazem amor na praia. Depois, ele pergunta: "Foi sua primeira vez?" Ela: "Não sei!" Ele: "Como, não sabe?" Ela: "Claro que eu sei, mas não vou te dar essa colher de chá." Chega a polícia e pede os documentos dos dois.

Nessa cena aparece pela primeira vez um traço que é enfatizado durante todo o filme: a liberdade e a ousadia sexual de Leila. Os outros momentos em que Leila aparece tendo relação sexual são no mar ou na piscina, rompendo com a forma convencional "entre quatro paredes". Leila nua, tomando a iniciativa sexual, invertendo papéis, "revolucionária", livre, quebrando o tabu da virgindade, dissociando sexo de casamento, transgredindo as normas, buscando o prazer.

LEILA COM A FAMÍLIA em casa. A irmã mais nova dança rock, o irmão lê no sofá. Isaura, Diniz, Leila e a irmã mais velha tomam café. O pai reclama: "Onde você estava com a cabeça, Leila?" E ela: "Não estava fazendo nada errado." O pai: "Acredito em você, mas não está certo passar a noite na praia com um rapaz." Isaura reclama que a vida de Leila está uma confusão, que ela parou de estudar e "poesia não enche barriga de ninguém". A irmã mais velha diz que conseguiu um emprego numa escolinha para Leila. Como professora, Leila canta, toca violão, troca o lanche das crianças.

A forma de ser de Leila contrasta com a dos demais personagens: Isaura crítica, a irmã mais velha responsável, o namorado ciumento, Luiz Carlos político, o pai sério. Leila aparece como sendo mais livre, mais alegre, mais irreverente, mais ousada que os demais.

DISCUSSÃO POLÍTICA em mesa de bar. Luiz Carlos fala de reforma agrária, socialismo, revolução. Leila pede para ver o povo e vai, com Luiz Carlos, à Central do Brasil. O rádio anuncia a queda de Jango. Os militares tomam as ruas.

A diretora da escolinha chama Leila para conversar. Leila diz: "Eu não tenho nada a ver com política." A diretora reclama porque Leila colocou uma criança mongolóide junto às demais. Leila vai embora: "Diz que o lobo mau tomou o poder!"

Isaura faz as malas: "Já estamos nós outra vez correndo como ratos!" Diniz: "Isaura, você não vai querer agora recomeçar essa discussão." O filme mostra o medo da família e sugere a existência de problemas entre Isaura e Diniz em função da política. Leila diz que não vai para o sítio com eles: "Eu me viro, arranjo outro emprego, deve ter alguma coisa que eu saiba fazer." Ela encontra Luiz Carlos, que diz: "Você sabe o que significam esses caras no poder? Vão acabar com a geração da gente." Leila, sorridente: "Comigo não, violão, que eu não vou deixar." Ele: "Leiluska, só você para me fazer rir."

O filme destaca a postura de Leila: não é militante política, mas também não é alienada. Generosa, busca ajudar as crianças e os amigos, sem considerar que está fazendo política. No filme, a "revolução" de Leila não é teórica, mas vivida em seu cotidiano, é uma "revolução" sem bandeiras. Apesar do medo dos amigos e dos familiares, da saída da escolinha por não se adaptar às regras existentes, Leila aparece confiante, com uma maneira positiva de enfrentar as adversidades da vida.

LEILA, NA RUA, depara com um cartaz: PROCURA-SE CORISTA. Pensa um pouco e entra. Em seguida aparece como corista. Nessa cena destaca-se a maneira acidental como Leila ingressou no campo artístico. Entra em uma profissão desprestigiada nesse campo, de corista, pouco compatível com sua origem familiar e seu antigo emprego de professora.

Leila chega em casa e lê uma carta da irmã mais velha para o pai: "Querido papai, eu e o New continuamos aqui com a mamãe em Santa Teresa. Tenho pensado muito na Leila. Não sei por quanto tempo vocês vão manter essa mentira. Eu acho um absurdo ela não saber que a verdadeira mãe dela não é a Isaura. Sei que ela tem medo de perder a Leila que ela criou e considera filha, mas a Leila tem o direito de saber da sua história."

Luiz Carlos, num bar, pergunta: "Vai passar o Natal com qual das duas mães?" Leila: "Com nenhuma... fiquei meio puta, mas eu não consigo ficar com raiva de ninguém." O filme não se detém em possíveis dramas ou sofrimentos com a descoberta da mentira.

LUIZ CARLOS CONVIDA Leila para uma festa na casa de um diretor de teatro, Domingos. Na festa, Leila dança e conversa com Domingos. Seu namorado, Eduardo, vai embora "puto da vida". Domingos pergunta: "Você também é atriz, Leila?" Ela: "Sei lá se sou atriz, vou saber amanhã. Vou fazer um teste com a Cacilda Becker, no Teatro Copacabana. Mas eu acho que eu sou sim, todo mundo neste país é ator, sobreviver na zorra deste país é uma puta arte." Leila faz amor com Domingos, à beira da piscina. O comportamento sexual de Leila é mais uma vez focalizado: ela vai morar com Domingos, sem se casar.

Noite de estréia da peça *O preço de um homem*, com Cacilda Becker. Leila em seu início de carreira oscila entre atividades desprestigiadas no campo artístico, como a de corista, e prestigiadas, como atriz do teatro de Cacilda Becker. Ser atriz parece muito mais uma casualidade do que uma vocação.

Leila vai se encontrar, em um bar, com o amigo comunista do pai. Ele precisa se esconder porque está com problemas políticos, e vai morar com Leila e Domingos. A época é de repressão política, e o filme mostra a solidariedade de Leila com os amigos perseguidos.

Em alguns momentos, o filme mostra que Leila tem problemas, mas são momentos logo superados por uma brincadeira ou um sorriso. Na praia, com Luiz Carlos, reclama que Domingos está sempre trabalhando. Leila diz para Domingos que está pensando em largar a peça de Cacilda Becker e ir para São Paulo fazer um comercial: "Dô, olha pra mim, Dô, vamos ter um filho?" Eles se beijam. No comercial, Leila imita Marilyn Monroe: "Um amigo meu diz que eu sou uma mistura da Marilyn Monroe com a Dercy Gonçalves. Vamos lá, turminha, vamos filmar logo que eu tenho que voltar para o Rio que o meu marido está me esperando."

LEILA VOLTA de viagem e encontra Domingos na cama com uma atriz. Briga com ele e sai de casa. Olhando para o mar, chorando, declama um poema seu: "Brigam Espanha e Holanda/ pelos direitos do mar. / O mar é das gaivotas/ que nele sabem voar./ O mar é das gaivotas/ e de quem sabe navegar./ Brigam Espanha e Holanda/ porque não sabem que o mar/ é de quem o sabe amar." Toquinho chega e toca violão. Ela diz: "Você chegou na hora certa, eu estava tão triste, puta da vida, me sentindo o cu do planeta, aí aparece você com essa música linda." Leila chorando: uma das raras imagens de tristeza no filme, rapidamente superada pelo encontro de um novo amor e a companhia dos amigos. Ela namora Toquinho e monta seu novo apartamento. Domingos diz que vai fazer um filme "sobre um diretor de teatro que tem uma mulher incrível, só que ele não percebe isso, só vê depois que perde a mulher". Leila diz: "Já vi esse filme... Olha, com todo respeito, você vai ficar na minha vida como um marido, o cara com quem eu vivi um tempo, talvez o único, porque eu não quero nunca mais repetir essa transa de casamento." Ele: "Até você encontrar um cara mais legal." Ela: "Até já encontrei, não é por falta de gente, é que eu acredito que o meu jeito de ser é esse." Ele: "Não vai casar nunca mais?" Ela: "Isso é o que eu estou pensando agora." Ele: "Quer dizer, então, que eu posso fantasiar um pouquinho?" Ela: "Não pode não, seu putinho, você já faz parte da minha biografia, já virou estátua na minha praça particular." Ele: "E o filme, vamos fazer?"

O filme *Todas as mulheres do mundo* é um sucesso de crítica e público. Leila é convidada para fazer a novela das oito e passa a ser reconhecida e a dar autógrafos para fãs.

LEILA CONVIDA o ator de *O sheik de Agadir* para ir ao bar Cu de Fora. O ator diz que é casado, pai de três filhos e mora em São Paulo. No cenário da novela eles se beijam. Leila continua namorando Toquinho, para quem diz que seu sonho é "ficar bem velhinha, enrugadinha, uma porção de netinhos em volta de mim... fico me amarrando nuns caras tão esquisitos, não sei por que não me caso logo com você, de véu e grinalda, na Candelária cheia de gente, ter uma porção de filhotes, ia morar numa cidade do interior, abrir uma escolinha, eu daria aula, você ensinava as crianças a cantar, tocar, compor". Leila está filmando quando o ator casado e Toquinho aparecem dizendo que ela tem de escolher entre os dois "porque isso nem cabeça de sueco entende". Ela reage: "Estou jogando aberto, gente, pô! Alemão, tu não tem tua mulher e eu?" O ator diz: "A minha mulher é diferente." Ela: "Homem é a coisa mais insegura e possessiva que existe, deve ser porque é tudo muito óbvio, muito na cara, feito a sexualidade, ou fica duro ou não fica, aí vocês repetem isso dentro da cabeça de vocês e ficam burros."

Leila manifesta desejos contraditórios: quer e não quer casar, quer ser atriz e professorinha, ter filhos e ser uma mulher independente. Interessante perceber como todos os seus parceiros são ligados ao mundo artístico: poeta, compositor, atores ou diretores. Leila tem dois namorados simultaneamente, tem sucessivos parceiros, namora um homem casado, faz amor na praia, toma a iniciativa no relacionamento sexual, exerce sua sexualidade de acordo com seus desejos.

LEILA DIZ A NANDO, ator, seu novo namorado: "Eu acho bacana ir pra cama, desde que tenha aquela coisa de pele e de olho. Sabe que um dos meus apelidos é coelha? É um bicho que gosta muito de amar, mas gosta muito também de ficar na toca, cuidando dos filhotes." Os dois fazem amor em um terraço. Leila ganha o prêmio de melhor atriz com o filme *Mineirinho vivo ou morto.*

Luiz Carlos aparece com o namorado, fumando maconha e vivendo em comunidade. Ele diz que tem um convite de um diretor para Leila. Ela: "Diretor do Cinema Novo me chamando para trabalhar, o que houve?" Ele: "Tá a fim do teu nome." Leila, depois de filmar: "Não entendi porra nenhuma, mas achei a glória." Sempre alegre, brincalhona, bebe com os amigos em um bar: "Então, seu Abel, não se fode nesta terra, não?" O grupo canta: "É hora do lanche, é hora tão feliz, queremos comer Leila Diniz." Quando saem do bar fazem muito barulho, de madrugada, em uma área militar. Só não são presos porque a mulher do delegado é fã de Leila. Leila pede ao delegado: "Não fala pra sua esposa que o senhor viu a Anastácia Mulher Sem Destino de porre." No dia seguinte, manchete no jornal local: "Leila Diniz promove baderna." Uma amiga diz que se fosse ator a imprensa não dava destaque: "Nós as mulheres é que temos que estar unidas." Ao que Leila responde: "Não vem com bandeira não, bandeira pra mim só do Flamengo e do Salgueiro."

Leila tem um nome: é reconhecida como atriz, tem sucesso, ganha prêmios, atua em novelas e no Cinema Novo. Acha a glória porque se diverte, e esse é seu critério para escolher um trabalho. Leila aparece como uma pessoa que não gosta de bandeiras, mas que vive intensamente o que os outros teorizam. A permanente alegria, a irreverência, os palavrões contrastam com o clima político repressivo.

LEILA DINIZ É ELEITA Rainha da Banda de Ipanema: "A partir de hoje e deste momento, nós estamos coroando a atriz mais popular e querida do Brasil, a rainha do carnaval. Leila Diniz vai ser a eterna Madrinha da Banda de Ipanema." Ela é a principal vedete de *Tem banana na banda*, "ressuscitando o teatro de revista". Carnaval, alegria, irreverência, liberdade, Leila Diniz aparece como o símbolo de uma cidade, ou melhor, de um bairro: Ipanema.

ENTREVISTA A *O PASQUIM*, Leila de toalha enrolada nos cabelos, responde aos jornalistas: "Como todas as minhas entrevistas dizem: Leila é mulher livre, Leila é mulher que faz o amor, Leila o caralho a quatro, todo mundo fica achando que eu sou aquela puta da zona, né? Realmente os moços ficam meio interessados. Aí eu dou aquela, que é isso, rapaz, não é nada disso, estamos aí mas não é bem assim, tiro de letra, me entendo com todo mundo." (Aviso aos navegantes, é você que escolhe?) "Sei lá se a gente escolhe, acho que sou eu que como sim." "Eu sempre disse palavrão, com o tempo fui ficando mais segura e mais desinibida. Tinha atitudes físicas para me desinibir: eu trepava, nadava, dançava. Agora eu me expresso como tenho vontade, mas palavrão é gostoso, é uma coisa normal pra mim." "Eu não acredito nesse amor possessivo, é chato. Você pode amar muito uma pessoa e ir pra cama com outra. Isso já aconteceu comigo." "Eu não sou uma pessoa vinda de Marte. Eu nasci em 1945, fui criada numa família burguesa razoavelmente bacana. Eu tenho esses problemas dentro de mim. Eu acho bacaninha ter um homem do meu lado, um companheiro, alguém que diga: 'Está pegando fogo? Então vamos apagar juntos.' Um maridinho que eu quis dizer é isso. Depois, malandro, cafuné eu quero até do macaco. No fundo eu sou uma mulher meiga, adoro amar, não queria brigar nunca e queria mesmo fazer amor sem parar."

Leila, na entrevista a *O Pasquim*, está entre amigos. Fala livremente sobre seus comportamentos sexuais, diz palavrões, defende o amor livre e o uso da maconha. Reconhece que carrega o estigma de ser "aquela puta da zona" em função de suas entrevistas enfatizarem o fato de ser uma mulher livre. Apesar do estigma, reforça essa imagem ao dizer que é ela quem "come" os homens, que vai para a cama com uma pessoa mesmo amando outra, que fez amor com muitos homens. No entanto, assume que, criada em uma família burguesa, gostaria de ter um maridinho. Demonstra que o novo e o velho, em termos de papéis femininos, convivem em seu interior.

DEPOIS DA ENTREVISTA, Leila é chamada de puta quando está dançando com Nando, o que provoca uma briga.

Nando: "Leila, você se expôs totalmente, não sabe que estamos vivendo numa porra de uma ditadura militar?"

O noticiário da televisão informa: "O presidente general Médici e o ministro da Justiça Alfredo Buzaid assinaram hoje um decreto que cria a censura prévia para todas as publicações ou programas de televisão, filmes, livros e declarações públicas no sentido de preservar a moral e os bons costumes, que estão ameaçados por um plano subversivo que põe em risco a segurança nacional." Marcelo Cerqueira, cunhado de Leila, diz para ela que o apelido do decreto é "Leila Diniz". Marcelo: "O governo acha sua entrevista perigosa. Você fala de coisas que eles não admitem, amor livre, essa sua maneira espontânea; afinal, meu amor, você é a atriz mais querida e mais popular deste país. O que você diz tem um peso, interfere nas pessoas." Leila: "Eu não estou querendo fazer revolução nenhuma, eu só estou tentando ser feliz."

Marcelo, em um encontro com o ministro da Justiça, diz que Leila é "uma menina de 24 anos, que não tem posições políticas". O ministro concorda que a prisão preventiva seja transformada em inquérito policial: "Meu jovem advogado Marcelo Cerqueira... Você imaginou quantas famílias perderam o sono por causa do mau exemplo de sua cunhada pregando que as mulheres se entreguem antes do casamento, e numa linguagem... A sua cunhada não merece entrar em nossos lares." Leila é obrigada a assinar um termo de responsabilidade com o compromisso de nunca mais dizer palavrão nem pregar o amor livre. Depois disso, não consegue mais trabalho porque o Ministério da Justiça enviou a todas as emissoras de televisão um ofício desaconselhando a divulgação da imagem e do nome de Leila Diniz. Ela vai procurar trabalho na Rede Globo, dizendo que está desempregada e dura. Clyde, da TV Globo, que antes, ao telefone, disse que Leila Diniz já estava escalada para o papel principal da novela das oito, responde a ela que "nessa novela não tem papel de puta". Flávio Cavalcanti, apesar de desaconselhado, convida Leila para participar do júri de seu programa, na TV Tupi, e apresenta-a como "uma das atrizes mais queridas do Brasil". Um dos jurados oferece dinheiro

 para um asilo desde que Leila aceite sair de biquíni, na

avenida Rio Branco, ao meio-dia. Ela aceita, sai em carro aberto e é recebida com aplausos. Leila é perseguida pelos militares e se esconde no sítio de Flávio Cavalcanti. Luiz Carlos a convida para protagonizar um filme seu.

Com a entrevista para *O Pasquim*, Leila causa polêmica. Os palavrões e os temas tabus mobilizam os setores mais reacionários. Leila parece não ter consciência da repercussão pública de suas idéias em um momento político repressivo. O governo reage com o decreto de censura prévia. A ditadura demonstra que não apenas os grupos políticos, mas todos aqueles que inovam o comportamento são considerados perigosos. Leila sofre sanções sociais e políticas. É chamada de puta, não consegue trabalho, quase é seqüestrada, mas não se deixa abater: continua alegre e positiva. Sua carreira, que estava em plena ascensão, sofre uma reviravolta. As portas se fecham e ela reage com irreverência: trabalhando no júri de Flávio Cavalcanti, pedindo dinheiro na rua, desfilando de biquíni na avenida Rio Branco. Leila enfatiza que não é política e que quer apenas ser feliz. Por ser a "atriz mais querida e popular do país", Leila tem a capacidade de influenciar pessoas, em especial os jovens, apenas dizendo o que pensa e faz. O que Leila Diniz afirma publicamente tem um peso porque ela tem um nome.

Leila, em um festival de cinema no Nordeste, namora Ruy Guerra. Ela: "Ruy, não vou comparar meus homens porque eu acho uma puta sacanagem, mas com você eu sinto uma puta segurança, uma coisa gostosa, que nunca senti com ninguém." Os dois vão para Paraty e encontram Luiz Carlos e toda a equipe de filmagem, nus, "fazendo uma viagem de LSD".

Luiz Carlos, agora diretor de cinema, consome drogas e vive abertamente sua homossexualidade. O filme mostra a trajetória de Luiz Carlos, de militante político a hippie, consumidor de drogas e homossexual. Leila, que não se considera política nem usa drogas, convive, sem preconceitos, com seus amigos.

Ruy e Leila nus à beira do mar. Ela: "Galego, sabe o que eu pedi para Iemanjá? Para ela me dar um filho teu." Ele a abraça, com carinho: "Oh, Coelhinha..."

LEILA, GRÁVIDA, sai do mar de biquíni e recebe o olhar de censura de outra grávida com maiô. No programa do Chacrinha, recebe o título de grávida do ano. Leila abre uma loja de roupas, onde os amigos se encontram. Ao experimentar um roupão, grita: "Gente, estou sentindo, vai nascer. Neném, liga pro Ruy." Na mesa de operação, dá um grito: "Capricha na cicatriz que eu sou vedete!" Ruy lhe sorri na hora em que o bebê nasce. Leila sonha com Iemanjá, que carrega sua filha.

"Ruy, tive um sonho tão lindo. Janaína. O que você acha desse nome para a nossa filha?" Ele: "Lindo, Janaína." Ela: "Estou feliz, meu galego, nossa filha, você, esta casa." Ele: "Eu também, Coelhinha, eu também. Janaína é a coisa mais linda que eu fiz na vida."

A vida com Ruy e Janaína é representada como uma vida familiar tranqüila e convencional, em uma bela casa com empregada. De vedete e puta, como foi acusada, Leila se torna esposa e mãe amorosa.

LEILA FAZ UMA PEÇA de teatro rebolado. Diz para uma amiga: "Eu sempre quis ser mãe, acho que este é o momento mais importante da minha vida. Estou feliz, Neném. Não sei se eu sou atriz, se eu sou só vedete. Só sei que eu quero me dedicar totalmente a minha filha, quero curtir cada minuto dela. É o maior desbunde!" Luiz Carlos diz que o filme dele vai concorrer no Festival da Austrália e que tem uma passagem para ela. Ela resiste: "Não sei se eu quero deixar Janaína agora." Luiz Carlos insiste: "O festival dura só uma semana, depois você volta."

Carnaval. Leila fantasiada de Carmen Miranda desfila na avenida. O filme mostra que, apesar das dificuldades, Leila conseguiu preservar sua alegria de viver.

Leila e Luiz Carlos partem para o festival na Austrália. Luiz Carlos beija o namorado. Ruy está com Janaína no colo. Leila: "Cuida da nossa Maria Bolota, eu volto correndo. Já estou morrendo de saudades." Leila escreve um postal: "Austrália, 13 de junho de 1972. Minha querida Janaína, hoje eu e meus amigos passeamos num lindo parque cheio de cangurus, coalas e outros bichinhos. Fiquei com uma vontade de ter você aqui comigo. Acho que daqui a dois anos nós vamos poder viajar juntas, conhecer os lugares mais lindos da Terra. Estou voltando logo, logo. Muitas saudades de você e do nosso querido Brasil. Beijo para você e para o seu paizão da mãe-cangurua, Leila."

O filme mostra o conflito, e um certo arrependimento, de Leila ao viajar e se separar da filha de poucos meses. No cartão-postal que escreve para Janaína assina mãe-cangurua: o canguru é um animal que carrega os filhotes no próprio corpo, não se separando deles quando recém-nascidos.

Leila diz para os amigos que vai voltar para o Brasil. Luiz Carlos: "Mas você ia para a Índia." Ela: "Pois é, mas eu estive pensando bem, tenho que arrumar minha vida, esse negócio de ter filho mudou minha cabeça, meu lugar é lá e agora, pego o avião amanhã." Ela dá adeus aos amigos e entra em um túnel de luz. Manchetes nos jornais: JATO EXPLODE COM

LEILA DINIZ. Com a imagem do Pão de Acúcar ao entardecer, o filme termina.

Leila morre jovem, com uma filha recém-nascida. Uma vida tão intensa e alegre não poderia terminar com um final triste. O acidente não aparece no filme. Leila entra em um túnel de luz como se fosse viver para sempre num outro mundo colorido e iluminado.

O livro *Leila para sempre Diniz*

O livro *Leila para sempre Diniz*, escrito como um diário, fornece, basicamente, as mesmas informações e representações do filme *Leila Diniz*. Nas primeiras páginas, Luiz Carlos conta seu primeiro encontro com Leila, na Galeria Villa Rica, em Copacabana, no lançamento de uma antologia poética, em fevereiro de 1959.

> Eduardo vem vindo com uma menina magrinha, toda de preto. Deve ser uma dessas *beatniks* que ele namora. Ela é engraçada, ri muito, duas tranças compridas, fala com todo mundo. Deve estar bêbada!
>
> – Luiz Carlos, esta é a Leila, ela é poeta também. Gostou do teu poema para a revolução cubana!
>
> – Oi, Leila, gostou? Que bom.
>
> – Gostei pra caralho! É lindo!
>
> Ela me dá um beijo e fala feito nós os garotos falamos. Diz palavrão, fala alto, mas a gente sente que não é para escandalizar, ela fala de um modo natural, sem agressividade, nunca vi uma menina assim! É um vulcão, incendeia melifluamente a galeria com a sua doçura irreverente.
>
> Leila já conhece algumas pessoas, o Tom Jobim, os garçons, o Paulo Alberto Monteiro de Barros. Falam com ela com o maior carinho – feito fosse filha de

todos. Ela apresenta os amigos, anda de mesa em mesa, ri alto, beija os garçons na testa, sabe o nome de cada um. Tem um comportamento que eu nunca tinha nem imaginado que uma mulher podia ter. Até as mulheres que eu conhecia no Partido pareciam umas freiras perto dela, apesar de todo o discurso revolucionário. Tinham a atitude, os gestos, iguais às mulheres todas, submissas, inseguras, ou então extremamente agressivas – dava para sentir que estavam brigando com a vida, com a falta de coragem, não estavam "lutando pela Revolução". O problema era outro.

Leila era diferente delas nisso. Ela "era" revolucionária. Não tinha discurso nenhum. Seu discurso era o bom humor, a liberdade de falar o que sentia e da maneira que escolhesse.

O dia amanhece na praia de Ipanema. Nós três deitados na areia, descalços. Ela embrulhada no camisão do Eduardo, molhada e nua depois de ter nadado muito. Parecia um peixe, um disco voador, menos uma menina. Mas aí sorria, cantava uma música de criança: "Viva o sol,/o sol da nossa terra,/vem surgindo/detrás daquela serra!", e virava rapidamente uma menina igual a todas as meninas.

ASSIM LUIZ CARLOS apresenta Leila Diniz, "uma mulher magrinha e pequenina, mas a mulher mais forte do Brasil!". O livro vai percorrendo a trajetória da amiga. O comportamento dela chama atenção por ser inesperado para uma menina: fica nua na praia e fala palavrão, como os garotos. Leila, para o autor, é "revolucionária" na linguagem e no comportamento, contrastando com as mulheres que, apesar do discurso político, são submissas. Ela é uma mistura de Marilyn Monroe com Dercy Gonçalves. "Tem um lado de menina, terno, até ingênuo, e outro escrachado, popular, debochado. Dois lados que parecem antagônicos, que não combinam numa pessoa só. Nela combinam, são harmônicos."

No livro, Leila é feminina/masculina, ingênua/debochada, não-agressiva/revolucionária, pequenina/corajosa, terna/escrachada, magrinha/forte, doce/irreverente. Foge do padrão feminino de comportamento ao mesmo tempo em que é uma menina igual a todas as outras meninas. Leila é uma menina/mulher que adora crianças, não fica puta com ninguém, é solidária e generosa com os amigos. Leila nunca se cansa de comemorar a vida.

Várias vezes o autor afirma, com ênfase: "Leila é louca!", por não medir a repercussão de seu comportamento: faz amor na praia e é levada pela polícia; exibe a barriga grávida; fala o que lhe vem à cabeça na entrevista a *O Pasquim* e no teatro de revista.

O livro mostra que Leila se sentiu triste e traída ao descobrir que Isaura não era sua verdadeira mãe, aos 15 anos.

O autor retrata um lar harmonioso, em que tudo era uma maravilha até Leila descobrir a mentira. Mas, rapidamente, Leila supera suas dificuldades e tristezas.

> Está muito triste, uma fase difícil. Descobriu que a verdadeira mãe não é a que a criou. Ficou muito irritada, se sentiu traída. Uma história louca, de folhetim. Quando ela tinha dois anos de idade, a mãe ficou tuberculosa, foi internada e ficou dois anos num sanatório. Nesse tempo, o pai dela, que é um líder bancário, militante do Partido, conheceu outra mulher, se apaixonou. Aí a mãe ficou boa, saiu do sanatório. Mas achava que não tinha mais saúde para cuidar dos filhos e abriu mão deles. O pai casou com a nova mulher, teve mais filhos, e a Leila foi criada com todo amor e carinho nesse lar harmonioso, apesar da testemunha e da memória dos dois irmãos mais velhos que, adolescentes, se rebelaram e foram

> morar com a mãe. No meio dessa confusão, onde antes tudo era uma maravilha, a dúvida total, a mentira. Leila vai morar com a mãe e os irmãos do primeiro casamento em Santa Teresa, mas também é tudo muito complicado. A mãe é uma pessoa mergulhada numa extrema religiosidade, vive na igreja, e Leila é esse ser despojado, livre, descompromissado, vital...

O livro sugere que a vocação de Leila é ser professora e que a carreira de atriz surge como conseqüência do meio que a cerca. Percorre a trajetória profissional de Leila, seu início como corista aos 17 anos, em uma boate de Carlos Machado, no Leme, em um show para turistas na base do rebolado. Depois de cuidar de crianças e fazer alguns comerciais, Leila inicia sua carreira como atriz em peças infantis montadas por Domingos de Oliveira. Em outubro de 1966, estréia *Todas as mulheres do mundo*, com enorme sucesso. Leila é uma atriz diferente.

> Ela se diverte, é amiga do pessoal da técnica, das camareiras, as chamadas camadas populares, que ela adora e onde reina soberana e feliz... Leila é íntima de todos e muito respeitada. É uma estrela de um tipo de que nunca se teve notícia. Popular, igual, verdadeiramente democrática. Essas outras atrizes, especialmente da televisão, são empostadas, ridículas, com o rei na barriga.

O livro descreve o momento político em que Leila viveu. Quando nasceu, em 1945, a guerra estava por acabar, o Brasil vivia a euforia democrática que varria o fascismo do planeta. Depois de 1964, queda de Jango, incêndio no prédio da UNE, repressão, torturas, anos de trevas. Luiz Carlos, militante comunista, reconhece que Leila é uma verdadeira "revolucionária", mas se pergunta por que ela não é militante, apesar de o pai dela e os irmãos serem comunistas.

> Não consigo entender uma pessoa tão livre, tão preocupada com as questões da liberdade, não estar engajada. Ela se nega a participar. Fico pensando que essa forma assim descomprometida, ao mesmo tempo com atitudes antiburguesas, compõe um quadro próprio do anarquismo. Mas um anarquismo nada ideológico. Um anarquismo na maneira de ser.

Leila acolhe um perseguido político em seu apartamento, apesar do perigo que corria.

> Nunca vi uma pessoa tão solidária. Todo mundo morre de medo de se envolver... E Leila está visada, a ditadura está de olho nela. Mas ela é corajosa. Não sei de onde ela tira essa coragem, essa energia que a faz ser solidária apesar do clima ameaçador... Mas a sua segurança logo contagia a gente, e o cara, que tem um nome fictício, logo se enturma, conversa conosco, olha com estranheza o meu lance com as drogas. Leila convive com tudo isso e não se envolve com nada. Quer dizer, se envolve com o afeto, com a necessidade dos outros, com a falta de carinho. Ele, com a luta armada, acredita que vai mudar o país, coitado, um rapaz fraco. E nós acreditamos que através da droga vamos mudar a cabeça das pessoas, abrir com o LSD o véu de concreto que barra o conhecimento de nós mesmos. Ele e a sua revolução sangrenta, eu e a minha revolução pessoal, do escracho, do desbunde. Leila passeia nesse campo minado com sua mão carinhosa sobre nossas cabeças. Ela e a sua revolução mansa, a suavidade que transforma a dureza dos nossos corações.

Leila foi perseguida após a entrevista a *O Pasquim*: respondeu a inquéritos, sofreu uma tentativa de seqüestro do serviço secreto do Exército e ficou sem trabalho. O ministro da Justiça diz que Leila está a serviço do comunismo internacional.

> Depois da entrevista que Leila deu para *O Pasquim* falando de amor livre e de tudo o que ela pensa sobre sexo, política, casamento, o governo baixou um decreto que estabelece a censura prévia no país. O decreto foi apelidado de Leila Diniz, e o ministro vai decretar a prisão preventiva dela... O ministro da Justiça mandou uma circular para todos os órgãos de comunicação desaconselhando a divulgação da imagem dela. De atriz de todas as novelas importantes ela ficou sem trabalho, sem dinheiro. Mas é a mesma pessoa alegre e feliz... O Marcelo conseguiu que o ministro suspendesse a prisão de Leila. Coisas de Brasil, graças a Deus. Mas ele transformou num inquérito policial no Departamento de Ordem Política e Social. Leila foi lá, nervosa, assinou um papel se comprometendo a não dizer palavrões e não pregar o amor livre.

Os amores de Leila têm um papel de destaque no livro. Primeiro, o namorado poeta, Eduardo. Depois, Domingos de Oliveira, com quem Leila foi morar aos 17 anos e de quem se separou: "apesar de amá-lo muito... Leila cansou. Quer ser livre, amar muita gente, conhecer outras pessoas." Um dançarino argentino, lindo, apelidado de "Cachorro". Namora um compositor e, ao mesmo tempo, tem um caso com um ator paulista casado. "Adora os dois. Ela diz que homem casado 'é a glória da vida' porque não pode ficar enchendo o saco, cobrando porra nenhuma." Namora Ivo, assistente de câmera; Nando Delamare, rico e muito bonito; um "padeirinho"; o ator Arduíno. "Todos os homens queriam Leila."

Leila obriga os homens a serem liberais, a se colocarem de uma forma inusitada na vida. Ela é mais forte que todos os preconceitos. O seu desprendimento, a sua falta de pecado em tudo o que transa. Ela é limpa, inteira, cristalina. Os homens vêem nela os seus ridículos rostos de machos enfurecidos, e relaxam, ou ultrapassam a barreira do ódio, sei lá. Sei que saem novos. Um novo homem que essa mulher obriga a se parir.

O último parceiro de Leila é Ruy Guerra, com quem ela teve a filha Janaína, nascida no dia 19 de novembro de 1971. A gravidez causa escândalo.

Rio, agosto de 1971. Leila é louca! Foi ao ginecologista, com a barriga de seis meses, perguntou para ele se era bom tomar sol na barriga. Aí saiu, comprou um biquíni e foi para Ipanema. O médico devia estar imaginando que ela ia pegar sol no terraço, ou na piscina. Mas ela é realmente sem nenhum preconceito, chega a ser desprotegida nesse sentido. Foi para a praia. Nunca nenhuma mulher fez isso. Foi um escândalo. Ela não liga, não tem noção de que seja absurdo, ela é saudável, quer o sol para o bebê, mais nada. Aí, aquela zona, capa de revista, jornal, tudo. Teve até carta de leitores protestando contra a exibição vulgar de um estado de graça que é a maternidade. Leila, sem querer nenhum alarde, dessacralizou essa maternidade. Expôs ao sol a felicidade que seu corpo de mulher estava vivendo.

O autor relata seu último encontro com a amiga, no dia 14 de junho de 1972. No livro, a notícia de *O Globo*, de 15/6/1972.

O cineasta Ruy Guerra estava jantando no Antonio's com seus amigos, Miguel de Faria e Tarso de Castro, quando recebeu pelo telefone a notícia de que sua mulher, Leila Diniz, encontrava-se entre os passageiros do avião acidentado na Índia. Ruy voltou lentamente para a sua mesa, na varanda, Tarso foi mais uma vez ao telefone confirmar, e só então é que as outras pessoas que se encontravam no restaurante tiveram conhecimento da trágica notícia.

As mesas foram pouco a pouco baixando seu tom de voz e todos, em sua maioria amigos pessoais ou conhecidos de Leila, começaram a deixar o restaurante. Em pouco tempo não havia mais ninguém.

A rota em que viajava Leila, que leva de Tóquio à Europa, pelo Sul da Ásia, é conhecida como a rota do perigo. É a preferida dos sabotadores, terroristas e seqüestradores para os seus atos de violência. O avião da atriz (que o tinha apanhado em Bangcoc) saíra de Tóquio e iria até Frankfurt escalando em Hong Kong, Bangcoc, Nova Délhi, Teerã, Cairo e Roma – um vôo sobre o barril de pólvora que é toda aquela região do Oriente. A outra alternativa entre Tóquio e Europa leva o viajante pelo Norte, com escalas em Anchorage (Alasca) e Moscou. É um vôo bem mais rápido e bem menos perigoso.

O livro tenta ser um registro detalhado da trajetória de Leila Diniz e de sua amizade com Luiz Carlos Lacerda. Percorre a vida de Leila de forma muito semelhante à do filme, fornecendo algumas informações novas, principalmente com relação à descoberta da mãe verdadeira.

Luiz Carlos Lacerda, com o filme e o livro, mostra seu vínculo profundo de amizade com Leila Diniz, desde a adolescência. Primeiro poetas, freqüentando os mesmos lugares, depois ele como diretor de cinema e ela, atriz. Ele escolhe alguns dos caminhos possíveis para um jovem de sua geração: a militância política, o movimento hippie, as drogas, a homossexualidade. Leila segue um caminho sem vinculação a grupos ou ideologias. Luiz Carlos mostra uma mulher que faz de sua própria vida um exemplo de liberdade. Uma mulher que rompe com o padrão de comportamento feminino de sua época, sem ter consciência dos escândalos ou das represálias que poderia provocar.

Luiz Carlos situa Leila como uma mulher carioca dos anos 1960. Ao redor de sua história, é traçada a história de uma geração que tomou drogas, lutou pela liberdade sexual, assumiu a homossexualidade, tornou-se hippie, amou Cuba e Che Guevara, sofreu com a queda de Jango e com a ditadura, participou do Cinema Novo. Uma geração que foi perseguida não apenas por suas manifestações políticas, mas, também, por suas inovações comportamentais.

Em alguns momentos Leila afirma que não é política. Quando é perseguida, depois da entrevista a *O Pasquim*, não ser política é uma negação da acusação que sofre. Em outros, é uma afirmação que faz para contrastar com os amigos que têm um discurso politizado. Leila é uma mulher "revolucionária", sem teorias ou ideologias. "A atriz mais popular e mais querida do Brasil" que, ao divulgar publicamente suas idéias e seus comportamentos, causa polêmica e escandaliza a sociedade. Uma mulher que sofre sanções sociais e políticas, mas consegue superar com coragem e alegria todas as adversidades. Uma mulher que é acusada de puta, mas que lembra, com sua figura de mãe e amiga generosa, uma santa.

O OLHAR DA FÃ

Cláudia Cavalcanti escreveu, aos 19 anos, um pequeno livro, de 86 páginas: *Leila Diniz.*

> Julho de 82 foi inteiro de lembranças pelos dez anos de um país saudoso. Houve no Rio o Festival do Amor e

Humor em sua homenagem: filmes, mesas-redondas, exposições retrospectivas. Então me interessei mais a fundo (mais e mais encantada) por Leila. O que resultou do encantamento está nas páginas seguintes, com dúvidas cronológicas e, às vezes, pura imaginação, recurso utilizado mais para sanar o que para mim seria tão delicioso quanto essencial: conhecer Leila Diniz.

O eixo do livro é a entrevista de Leila Diniz a *O Pasquim*, em novembro de 1969. Em torno desse eixo, Cláudia acrescenta algumas informações recolhidas em jornais e revistas. A autora contextualiza o momento e o meio em que Leila viveu.

Leila faria parte da geração pós-guerra, o pessoal que mais balançou o coreto daquilo com que não concordou. Como a família-modelo, por exemplo. A menina cresceu numa delas, das mais típicas. Nunca teve grandes traumas na infância, apesar de seus pais terem se separado quando ainda era pequena, mas o fato não pareceu influir na sua vida. Seu Diniz se casou novamente e dona Isaura assumiu as vezes de mãe dos rebentos da primeira união, o casal Elio e Eli, além de Leila. Do segundo casamento, Lígia e Regina. Cinco irmãos felizes. O pai, bancário; a mãe adotada, professora. Com 14 anos, então, a cabeça adolescente de Leila não devia estar menos embaraçada do que a de todo mundo. Afinal, ela sempre foi de muitas perguntas e nunca de acomodações, ainda mais na adolescência. Foi aí que resolveu mexer com a sua estrutura familiar e fugiu de casa – era uma necessidade sua. E mexeu. Ninguém soube o porquê daquela atitude extrema, logo Leila, que se dava tão bem com os do lar. É verdade, sempre foi uma criança inquieta – na escola era malcomportada, mas, muito simpática e extrovertida, todos a adoravam – não a ponto de dar no pé (quem

> podia imaginar?). O que mais podia querer a menina de 15 anos, possuidora de bens invejados por todos – uma vida saudável, ao lado de uma família bem-arrumada? Muito, além de tudo liberdade – era assim que pensava, e, assim sendo, foi embora outra vez, agora pra valer, com permissão do pai. Leila foi morar em Santa Teresa, com a "primeira" mãe.

Cláudia não fala dessa "primeira" mãe. Detém-se mais no pai de Leila, apresentado como um homem "severo, mas liberal no trato com o próximo". Leila, diz ela, tinha "mil namorados" e "uma vontade enorme de ser feliz".

> Seus namoradinhos, no entanto, não pensavam assim e tinham medo. Mas Leila tinha rara capacidade improvisadora e não fez por menos: pediu pra uma amiga que lhe arrumasse um que finalmente desbravasse florestas de matas ainda virgens. Encontrado o "bandeirante", fizeram, ela e ele, o que antes era só teoria de difícil prática pras meninas, colegas de praia. O rapaz, ainda assim, sentia-se culpado e não dispensou um draminha. Leila fazia o possível para compreender como um fato que deveria ser normalíssimo se tornava um monstro-de-sete-cabeças na moral dos jovens seus amigos.

Leila, aos 17 anos, se "amigou" com Domingos. A entrada na carreira artística vai se dando por fazer parte da "patota". "Simplesmente era mulher de Domingos e começava a demonstrar interesse pela arte de representar."

Em 1969, a entrevista a *O Pasquim* causou um grande impacto. Leila se transformou "num grande perigo para os filhos de boa família".

O fato é que Leila escandalizou todo mundo. Falou abertamente da vida, dos amigos, dos seus homens. Falou do amor, diferenciando-o da relação sexual, e defendeu o amor livre. Tudo isso com muitos asteriscos – os palavrões que dizia e que evidentemente não foram publicados. Leila acabara de demonstrar que não dava a mínima importância pros fantasmas que rondavam a consciência pouco aberta dos brasileiros, mesmo os intelectualmente mais favorecidos. E foram eles que fabricaram a imagem de Leila-Musa-de-Ipanema.

Eleita Rainha das Vedetes e Madrinha da Banda de Ipanema, viu seu nome ser dado à "forte gripe que tomou conta da cidade" do Rio de Janeiro em 1970, "apelidada de 'Leila Diniz', a que leva todo mundo pra cama". Grávida de Ruy Guerra, "um cineasta dos mais politizados do novo cinema no Brasil", "estavam juntos, mas sem morar sob o mesmo teto, numa relação almejada por muita gente". Foi a "gravidez mais badalada dos últimos tempos". A barriga de Leila tornou-se a última moda em Ipanema.

Gostava de praia e não imaginou a indignação que causaria ao aparecer com uma barriga enorme de biquíni, quando todas neste estado usavam maiô. Ela se sentia bem na praia e tinha o maior prazer em mostrar a barriga pra todo mundo. Estar grávida parecia vergonhoso para a grande maioria das mulheres. O que é que havia de errado? Ninguém entendia: os padrões morais e até estéticos estavam definidos para todo o sempre. E Leila, que pra variar não teve a intenção de chocar ou provocar, estava de novo na berlinda. Abertos os debates, todos discutiam o assunto. Convenhamos, era a primeira vez em que alguém expunha publicamente a barriga, gravidíssima, em areias movimentadas de praias conhecidas. Valores cristãos tornavam intocável a condição

> de grávida – uma imagem de santa mulher, algo parecido com as histórias da Bíblia. Leila desmitificou a Virgem Santíssima. Ser mãe não é padecer no paraíso e ponto; ser mãe é absolutamente normal.

Ruy Guerra, diz Cláudia, estava no Antonio's quando recebeu a notícia da morte de Leila em um acidente aéreo e "caiu em prantos". "Ipanema amanheceu de luto", numa manhã chuvosa. "Ipanema sem Leila vai virar um hospício", "não foi à toa que no dia 15 de junho de 1972 o consumo de álcool na Zona Sul carioca aumentou vertiginosamente...".

> Leila representou o que todas as mulheres gostariam de ser. Um símbolo, sem dúvida. Símbolo de uma vida movida a força, com pés no chão e cara lavada, antes de mais nada. Soltar as amarras acabou sendo gostoso em vez de temível; necessário, inclusive. Mergulhar de cabeça sem pensar se há pouca água: fantasiar um marzão e ir fundo no que se acredita.

Revolucionária, corajosa, infantil, transgressora, imprevisível, escandalosa, "uma mulher como todas as mulheres gostariam de ser": essa é a imagem de Leila Diniz que aparece nas páginas do livro de Cláudia Cavalcanti. Assumindo do início ao fim a sua postura de "encantada", Cláudia percorre a trajetória de Leila através de dois caminhos: o público e o privado. Do lado público, praticamente repete o que já se encontra dito na entrevista a *O Pasquim*, não acrescentando muito ao que já é amplamente conhecido. Do lado privado, Cláudia construiu uma imagem com base no que leu e, muitas vezes, com pura imaginação. Não silencia sobre os possíveis dramas (que não conhece), mas inventa uma história familiar compatível com a imagem socialmente consolidada de Leila Diniz de musa, mito, ídolo e símbolo da liberdade feminina.

Desde o início pode-se notar o tipo de construção que vai sendo feita sobre a vida de Leila. Sem conhecer a história familiar de Leila, Cláudia a imagina como fruto de uma família feliz, sem dramas, cinco irmãos felizes, "nunca teve grandes traumas na infância". Chama a atenção a insistência com que a autora se refere à família de Leila como "família bem-arrumada", "família-modelo", "família unida". Essa insistência de Cláudia provoca uma questão: por que a necessidade de idealizar a vida familiar de Leila Diniz?

Ao contrário de Luiz Carlos, que prefere silenciar ao máximo, Cláudia cria uma história familiar harmônica, saudável e feliz para Leila. Luiz Carlos minimiza os possíveis sofrimentos de Leila. Cláudia imagina uma história em que Leila é fruto, basicamente, do contexto social e político em que viveu e de suas próprias necessidades e seus desejos. Mais importante do que assinalar a história familiar imaginada por Cláudia é buscar entender o tipo de construção que ela faz da vida de Leila. Colocando como internas a Leila suas motivações para ser livre, corajosa, "revolucionária", ela faz da atriz um ser excepcional, não explicado por circunstâncias familiares. Leila foge de casa porque essa, segundo Cláudia, é uma necessidade sua. Qual é essa necessidade? "Liberdade", responde Cláudia.

Idealizando essa família e essa infância, Cláudia procura em outro lugar as razões para a ruptura de Leila com a família. Encontra o motivo na situação do Brasil no fim da década de 1950. Afinal, "o Brasil fervia". Cláudia busca demonstrar que o pano de fundo do comportamento de Leila é o contexto político, econômico e social do país. Sua rebeldia encontra solo fértil no meio artístico, intelectual e boêmio do Rio de Janeiro dos anos 1960.

O contraste com o livro de Luiz Carlos se faz muito mais, então, quando a autora aborda aspectos não-conhecidos publicamente da vida de Leila. Enquanto Luiz Carlos demonstra intimidade e conhecimento, Cláudia demonstra desconhecimento. Luiz Carlos silencia, Cláudia inventa.

LEILA PARA SEMPRE DINIZ

O vídeo *Leila para sempre Diniz*, de oito minutos, exigiu um ano de pesquisa dos produtores e diretores, o casal Marisa Leão e Sérgio Rezende. Apenas três depoimentos: da irmã Eli Diniz e dos amigos Luiz Carlos Lacerda e Ana Maria Magalhães. Imagens de Leila dançando, cantando, declamando, grávida, com Janaína, desfilando no carnaval, em *Todas as mulheres do mundo*. A narração é de Paulo José, o texto, de Carlinhos de Oliveira, e a música, de Milton Nascimento.

O vídeo inicia com uma forte associação entre Leila Diniz e Ipanema.

> Ipanema, Leblon, essa grande família de artistas amadores. Esses bueiros que produzem as ilusões e as advertências que fazem sonhar o homem brasileiro. Ipanema tem um corpo de mulher, um sorriso de mulher e um nome: Leila Diniz.

Luiz Carlos Lacerda é o primeiro a falar. Conta que conheceu Leila aos 14 anos e que foram amigos por toda a vida. Em seguida, Eli Diniz diz que Leila tinha uma inclinação muito grande por teatro e por poesia.

A voz de Leila é ouvida: a gravação da entrevista a *O Pasquim*. Ela fala que acha bacana fazer cinema e televisão porque se diverte trabalhando: "Eu geralmente faço uma zona onde eu trabalho e trabalho sempre com gente que eu gosto." O narrador diz que, apesar de se divertir e brincar, Leila trabalhava muito, com enorme seriedade profissional.

> Leila encontrou sucesso em 1968 e em menos de dois anos se firmou como a estrela mais ativa do cinema brasileiro. Fez 13 filmes, várias novelas de televisão e graças a ela o teatro de revista reviveu seus grandes momentos em Ipanema. Na peça infantil *A oncinha que era boa* e muitos anos mais tarde nos desenhos que fez, Leila revelava o mesmo grande amor pelas crianças do seu tempo de professora primária. Em 1969 ela declarava, numa entrevista: "Eu adoro crianças, eu gostaria de ter vinte filhos para fazer minha escolinha em casa. Deixei de ser professora por covardia. Porque tinha que brigar muito com os pais e com os diretores do colégio. Apesar de não estar em Summerhill, na minha sala todo mundo fazia o que queria."

Outra vez a voz de Leila dizendo que é sozinha, desde os 16 anos. E que sempre soube que sua maior força é sua energia, alegria e a vontade de viver.

> Tá todo mundo procurando um caminho, então a gente se perde nesse negócio e a gente fica muito sozinha. Eu sei porque eu fico muito sozinha. Eu sou sozinha. Então acho que nesse negócio de ser sozinha fico com carência afetiva. Cafuné na cabeça, malandro, eu quero até do macaco.

Ana Maria Magalhães afirma que Leila era "uma pessoa que se ouvia muito, ouvia muito o íntimo, coisas que as pessoas buscam através da religião, da psicanálise, durante muitos anos, a Leila tinha quase naturalmente". Luiz Carlos fala da importância de Leila para a libertação das mulheres de sua geração.

O narrador finaliza dizendo que "muitas lágrimas correrão hoje em Ipanema. Hoje amanhecemos sem nossa irmãzinha querida, nossa irmã de eleição: Leila". Luiz Carlos Lacerda conclui falando que Leila "foi um cometa que surgiu, teve uma vida muito intensa, muito breve, mas que iluminou com a sua luz o coração do Brasil".

O vídeo é uma imagem rápida de Leila Diniz, de sua carreira breve mas significativa de atriz mais ativa do cinema brasileiro. Uma mulher que simboliza o bairro de Ipanema. Uma mulher libertária, que pagou um preço por isso. Nesse vídeo, o que importa é a intensidade da vida, breve demais, de uma mulher que foi importante para toda "uma geração feminina no sentido de libertação de uma série de preconceitos, de uma nova visão de mundo".

JÁ QUE NINGUÉM ME TIRA PARA DANÇAR

O vídeo *Já que ninguém me tira para dançar*, com direção e roteiro de Ana Maria Magalhães, feito em homenagem a Leila Diniz dez anos após sua morte, tem oitenta minutos de depoimentos, fotos e imagens de Leila e cenas com três atrizes que a interpretam: Lígia Diniz, Lídia Brondi e Louise Cardoso.

A voz de Ana Maria inicia lendo uma carta para Leila em que recorda momentos das duas na praia de Ipanema. "Sempre o sol com você." O primeiro depoimento é o da irmã, Eli Diniz, que conta que Leila desde pequenininha tinha um charme muito grande e que, também, desde pequenininha, o meio de expressão dela foi a poesia. "Ela sempre teve mania de escrever diário." Eli destaca a influência do pai na vida de Leila com seu amor pela liberdade. Fala de Leila como uma pessoa muito tolerante e ousada, com a capacidade de viver até as últimas conseqüências os seus valores desde cedo.

DEPOIS DESSA breve lembrança da Leila-menina, o vídeo passa para a Leila-adolescente, que viveu intensamente os anos 1960, na cidade do Rio de Janeiro, freqüentando um meio boêmio-artístico-intelectual. Luiz Carlos Lacerda lembra aquela vida dos anos 1960: bares movimentados, discussão muito grande nos meios todos, a época do Cinema Novo. O ator Hugo Carvana fala que Leila costumava ir a uma galeria que era um universo de artistas, de escritores, pintores e malucos. A jornalista Marta Alencar afirma que Leila, garota ainda, freqüentava uma turma de poetas, de músicos irrealizados, de artistas. A atriz Maria Gladys lembra-se de Leila, com 15 anos, dizendo loucuras que a impressionavam muito, como: "Eu queria ser Cleópatra, trepar com os homens e depois matar por trás."

Em seguida, o depoimento mais longo do vídeo, do diretor Domingos de Oliveira. Por meio desse depoimento percebe-se que Domingos teve um papel fundamental no início da carreira artística de Leila.

> É uma história de fábula que mais ou menos eu boto no *Todas as mulheres do mundo*, mas na vida real é melhor do que no filme, de alguma forma. Porque eu dava uma festa de Natal todos os anos, eram umas festas animadíssimas. Naquele tempo, a gente bebia muito. Um tempo de turma, uma turma chamada Ipanema. Era realmente uma loucura e aí eu estava embrulhando os presentes. Eu sei que tava pronto pra sair, era qualquer coisa parecida com dez da noite ou onze, quando tocou a porta. E eu lembro de uma mocinha de trancinhas que eu nunca tinha visto, uma mocinha muito interessante, muito gostosinha, que me disse: "Me disseram que vai ter uma festa de Natal aqui, eu vim." Eu falei: "Vai ter, mas só depois da meia-noite, porque eu vou sair. Mas se você quiser fica aí embrulhando os

presentes porque eu já estou atrasado." E foi assim que eu conheci Leila. Ela ficou embrulhando os presentes e aí começou a festa e durante cinco ou seis horas eu não a vi, ou melhor, vi no meio do porre, uma moça que dançava animadíssima. A festa terminou cinco horas da manhã, aquela loucura, foi todo mundo embora. Aí eu fui levar alguém em casa e voltei seis horas da manhã, amanhecendo. Isso eu realmente me lembro como se fosse hoje, de entrar naquela casa absolutamente devastada pela festa, cobertura do Bairro Peixoto, e numa poltrona aquela moça, a Leila, ela tinha ficado lá. Foi uma loucura, uma coisa muito reveladora, acabamos ficando juntos três ou quatro anos. Ela não podia ter 15 anos, devia ter 16. Fizemos a nossa peça chamada *Em busca do tesouro*, em que ela fazia o papel da Oncinha, que eu já escrevi o papel meio pra ela. E eu me lembro, é a história clássica, eu juro por Deus que eu a empurrei para dentro de cena. Teve aquela cena clássica que "não entro, tô morrendo de medo etc. e tal" que você dá aquele semi-empurrão "Entra sim".

Maria Gladys fala da separação de Domingos e Leila e do nascimento do filme *Todas as mulheres do mundo*.

Domingos tinha milhões de namoradas, a Leila sofria que nem uma louca, chorava, e o Domingos sempre arranjando milhões de namoradas, dizendo milhões de coisas pra ela e ela segurando, segurando, segurando, até um dia em que ela não agüentou mais, arrumou as malas e foi embora. Aí ele ficou muito louco mas aí tudo bem, porque nasceu *Todas as mulheres do mundo*, de que nós participamos, e foi aquela beleza.

Fim de um "casamento" e início do sucesso de Leila. Domingos diz que o filme *Todas as mulheres do mundo* "redimiu" a relação dos dois.

> Ela inclusive resistiu muito em fazer o filme porque o filme era nitidamente um trabalho e, ao mesmo tempo, uma tentativa de reconciliação, uma tentativa de volta da relação. O que eu quero dizer é que podia ser um bode, né?, e podia ser uma maravilha. Mas não foi um bode, foi uma maravilha do ponto de vista humano mesmo. Limpou a nossa relação. Eu fui uma coisa importantíssima na vida dela. Eu fui o marido. Ela sempre dizia isso. A gente brincava disso adoidado até muito depois da gente se separar, ela me chamava de marido. Ela brincava comigo que dez anos depois a gente ia voltar. Ela foi minha mulher e eu o homem dela, no sentido de casamento mesmo. É que eu era muito idiota e nós dois muito jovens, senão nós teríamos tido uma relação muito mais longa.

O vídeo focaliza a atriz Leila Diniz. O ator Cláudio Marzo enfatiza o aspecto lúdico com que Leila encarava o trabalho e a vida. Diz que ela lhe "apresentou uma nova maneira de viver: mais alegre, mais otimista, mais fraternal. A Leila me ensinou muitas coisas. Acredito que a Leila foi uma das pessoas que mais me ensinou coisas verdadeiramente na minha vida". A atriz Marieta Severo fala da seriedade profissional de Leila. Ela conta que conheceu Leila na novela *O sheik de Agadir* e que logo ficaram muito amigas, "foi amor à primeira vista". O câmera Paulo Netto afirma que Leila era uma profissional séria quando estava em cena, mas que quando terminava de atuar "virava uma garotinha de 17 anos, armava com todo mundo, aplicava em cima de todo mundo, do técnico, do contra-regra, do próprio ator".

Paulo Netto afirma que Leila era muito sincera e muito disponível para os amigos e que ela "tirava a vida de letra, ela não fundia a cuca". A atriz Betty Faria conta que em 1968, quando enfrentava problemas com a censura, foi Leila quem conseguiu seu primeiro papel em uma novela. O ator Paulo José chama atenção para o fato de Leila se dar muito bem com o pessoal da técnica e que para ela o mais importante era o relacionamento com as pessoas, o prazer em atuar, e não sua carreira como atriz.

> Até espantava um pouco porque, no meio de tantos atores e atrizes, ela, em vez de ficar com as pessoas assim da sua categoria, se misturava pra beber cachaça no boteco e fazia programas no botequim. De repente ia pra casa de um cara no subúrbio porque ele ia fazer um churrasco na casa dele. A idéia da atriz como uma profissão, a idéia de ser apenas e simplesmente uma atriz, para ela certamente seria uma idéia horrorosa. Então, na escolha entre um grande papel que um filme podia oferecer e uma grande convivência que uma outra produção podia oferecer, certamente ela ia para essa grande convivência, às vezes contrariando as evidências do que seria o sucesso para ela.

Os diretores de cinema Paulo César Saraceni e Nelson Pereira dos Santos afirmam que Leila era uma atriz de cinema, que se interessava por papéis que representavam na tela o que ela valorizava na vida: a liberdade e uma moral não-tradicional. Nelson fala do espírito libertário de Leila e que, em seus filmes, "ela que fazia o papel de mãe, ela que dava o padrão de comportamento, desviava todo mundo da aceitação do bode, da tristeza, do baixo-astral".

Maria Gladys conta que Leila fazia coisas, como ser vedete ou trabalhar na televisão, que outras atrizes da época se recusavam a fazer. "A gente sempre brigava. A Leila era contra os filmes sérios, as coisas que eu fazia, o teatro jovem, aquelas peças. Ela curtia outra coisa." O jornalista Tarso de Castro conta a "idéia louca, absurda" de fazer um show com

Leila. O ator Carlos Leite lembra que Leila entrava e dizia "Tô aí, não sei o que eu vou dizer, tô com vocês" e começava a rir. Ela estava "com o seio cheio de leite, começava a pingar leite, aquele negócio, e o público começava e ela: 'Como é que é, quer beber um pouquinho?' Era uma loucura. Era uma mulher de um brilho, de um carisma e de um astral maravilhoso. Pra mim a Leila foi a grande vedete do Brasil".

Depois de mostrar a atriz, o vídeo retrata a mulher carioca que se tornou Rainha da Banda de Ipanema, musa de *O Pasquim*. O sambista Nelson Sargento fala que Leila gostava muito de samba.

> A Leila prezava muito o samba, inclusive você vê que ela ficou muito jubilosa quando fizeram aquele samba pra ela: "Como diz Leila Diniz/homem tem que ser durão". Ela vivia solfejando isso. Eu acho que a Leila faz parte de qualquer contexto que seja Brasil, samba, circo, qualquer coisa que seja Brasil. Ela saiu na Mangueira, aliás, escola à qual pertenço. Ter uma Leila na avenida era motivo de orgulho para todos nós.

Paulo César Saraceni afirma que Leila foi "a pessoa mais carioca que conheci, tão ligada a revolucionar a Zona Sul" que representa a "alma" de Ipanema. Albino Pinheiro diz que Leila ser Rainha da Banda de Ipanema foi uma coisa natural, porque a Banda "no fundo foi o resultado de uma forma de pensar e de agir de gente igual a Leila Diniz, gente que tinha, acima de tudo, o repúdio e o ódio a qualquer tipo de preconceito, a qualquer tipo de hipocrisia". "A Leila foi muito mais do que madrinha, a Leila era rainha, porque ela simbolizava, através do seu temperamento, do jeito que ela agia, do jeito dela viver, aquilo que foi depois representado, logo depois, por um jornal chamado *O Pasquim*."

Tarso de Castro diz que "Leila foi o nosso grande intérprete. O que a gente não sabia dizer, ela sabia".

> Para te dar um exemplo claro, quando houve a entrevista do *Pasquim* da Leila foi aquele escândalo: que horror, como se faz uma coisa dessas, lembra?, asteriscos. Aí coincidiu isso com o início do nosso namoro, e todo mundo dizia assim: A Leila nunca vai te perdoar. Aí a gente se encontrou em Brasília e ela disse: "Mas que bom, que maravilha, saiu tudo." Tinha saído tudo que ela realmente queria dizer e que na verdade ela transformou a mentira de Ipanema numa Ipanema verdadeira.

O vídeo mostra a Leila mulher, feminina, apaixonada, mãe. O jornalista José Carlos de Oliveira afirma que Leila era "uma mulher bastante mulher".

> O mito que se forma em torno dela às vezes pode desfigurar, porque Leila Diniz, nessa liberdade, liberalidade, liberação, era uma mulher bastante mulher, bastante razoável como mulher. Por exemplo, ela era uma mulher fiel ao homem dela, ela não era mulher de transar com dois homens ao mesmo tempo de maneira nenhuma. Ela tinha um homem e se entregava a esse homem quase que como uma gueixa. Era assim a relação dela, era uma mulher verdadeira, uma mulher feminina. Não tinha frescura nenhuma de ter homens de vários lados não. Ela teve um caso de amor que ela teve que esperar o sujeito se separar, e ela fazia viagens de ônibus a 300 quilômetros de distância só para dar um beijo nesse homem na estação rodoviária e voltar para casa. Era uma mulher absolutamente dedicada ao homem que ela amava e esperando encontrar um homem que ficasse com ela a vida inteira. O resto é mitificação.

Lígia Diniz passeia com Janaína Diniz no Jardim Botânico. Betty Faria conta que Leila "aproveitou intensamente essa filha oito meses". Marieta Severo diz que era uma constante na vida de Leila o sonho de ter um filho. E, também, que os amigos eram muito importantes na vida de Leila e que ela vivia brincando: "'Ai, meu Deus do céu, ainda hei de ter um casarão pra botar todo mundo dentro e morar todo mundo junto.' A Leila foi uma das pessoas que conheci que mais gostava de gente." Maria Gladys assinala que Leila era uma grande amiga, que "dava muita força à mulher" em uma "época de muita disputa". Tarso de Castro confirma isso com um exemplo: "Um dia eu falei mal de uma ex-mulher minha e ela falou: 'Se você falar mal de sua ex-mulher eu não namoro mais você.'" Betty Faria diz que Leila "foi a primeira atriz que me mostrou ser possível uma amizade entre duas mulheres bonitas e atrizes".

O vídeo passa a focalizar o lado revolucionário, irreverente, inovador de Leila Diniz. Maria Gladys conta que "Leila não só botou a barriga de fora, ela também botou os pentelhos ao léu, como ela dizia. Saía da água e dizia assim 'pentelhos ao léu'. Foi a mulher que inaugurou os pentelhos aparecendo, ela não raspava". Luciana de Moraes, filha de Vinicius de Moraes, lembra que quando tinha 12 anos ia à praia com Leila, que saía de casa já de biquíni. "Nessa época era um escândalo. Não se via uma mulher de biquíni na rua. A gente ia da Sá Ferreira até a Montenegro em fila cantando essas musiquinhas chamadas proibidas que ela ensinava pra gente."

Nelson Sargento diz que Leila contribuiu muito para a emancipação da mulher. "Ela desconhecia essas coisas de se era para homem ou para mulher, era para ser humano fazer e ela ia e fazia independentemente de pensar na condição de mulher." Marieta Severo afirma que em uma época em que as feministas eram agressivas, rasgavam o sutiã, Leila era feminina, doce. José Carlos de Oliveira diz que as mulheres que "estavam doidas para abrir uma brecha nessa intolerância machista saíram atrás de Leila Diniz". Nelson Pereira dos Santos considera que "naquele momento os homens não estavam preparados para acompanhar uma Leila". Diz que as mulheres estavam oprimidas, "havia algumas que podiam manifestar essa aprovação mas não podiam imitá-la, e muito poucas que conseguiram seguir o mesmo caminho". Tarso de Castro acha "que este país deve muito a ela, deve muito em todos os sentidos. As mulheres passaram pra melhor com seus maridos".

O advogado Marcelo Cerqueira diz que a entrevista a *O Pasquim* foi considerada pelos "homens do poder" muito agressiva e, em função disso, Leila foi perseguida e intimada a prestar depoimento na Polícia Federal, quando assinou um termo de responsabilidade dizendo que não diria mais palavrões.

> Eu me recordo de que foi expedido um mandado de prisão contra ela e eu consegui uma audiência com o ministro da Justiça da época, que era o Buzaid. E nessa entrevista o Buzaid foi extremamente duro nos termos em que se referia a Leila. Ele dizia: "Olha, doutor, a sua cunhada, ela é uma imoral, ela não pode entrar nas nossas casas." E eu ali me contendo, porque imorais eram eles, eles é que invadiam as casas das pessoas. E a Leila, o que era a Leila? A Leila era o amor. Então na verdade a Leila era o amor e ele era o ódio, e eu ali obrigado a ouvir aquelas sandices. Mas a ordem de prisão contra a Leila foi por ele revogada.

Lígia Diniz representa a irmã, Leila, dando refúgio a um perseguido político em sua casa. Ele escreve em um quartinho onde Leila e as amigas experimentam roupas, de seios nus. É marcante o contraste entre a alegria de Leila/Lígia e a seriedade e preocupação do rapaz. Ela chega em casa furiosa com o analista porque ele lhe disse que sua vontade de fazer vestibular para ser psicóloga infantil na verdade refletia o desejo de ser mãe. Depois, passa a escolher, junto com o rapaz, um pai na longa lista de seus namorados.

Ana Maria Magalhães interpreta uma dona de loja dizendo que não pode aceitar o cheque de Leila Diniz "porque a loja não aceita cheque de puta".

O vídeo finaliza com os amigos falando da morte de Leila. Marcelo Cerqueira recorda o acidente de avião.

> Porque eu jamais vi a Leila fazer uma restrição a ninguém, nem àqueles que na televisão a perseguiam e que, pela memória tão bondosa dela, eu não vou revelar. Eu me lembro de que um deles me telefonou para Tóquio, quando eu vinha com o corpo dela, quer dizer, com as cinzas, com o que sobrou dela, coitadinha, e ele conseguiu falar comigo em Tóquio e dizia que a empresa queria fazer o enterro de Leila e eu recusava no telefone: "Não instrumentalize a morte dela porque senão eu digo o mal que você fez a ela."

Paulo César Saraceni afirma que foi uma das maiores perdas do cinema brasileiro, "num plano aproximado à perda de Glauber Rocha". Domingos de Oliveira fala que não concorda com essa morte, que é um absurdo: "podia estar aí fazendo a cabeça de muita gente". Nelson Pereira dos Santos diz que Leila estava apenas começando: "ela ficou devendo muitos filmes e o cinema ficou devendo muitos filmes pra ela". Diz que se fosse um historiador iria fazer uma comparação de Leila com Chiquinha Gonzaga. Tarso de Castro afirma que depois de Leila ele é um outro homem: "Ela me fez subir um degrau." Luciana de Moraes diz que "quando o Vinicius morreu eu logo pensei as pessoas que sentariam na mesa dele, e uma das pessoas é ela, sem dúvida, que deve estar sentada agora nesse fim de tarde tomando um uisquinho".

Quem fala de Leila? A irmã Eli Diniz, os amigos e parceiros de trabalho, o marido Domingos de Oliveira, o namorado Tarso de Castro e o cunhado Marcelo Cerqueira.

O que falam de Leila? Do seu charme, de seu amor pela liberdade, sua mania de escrever diário e poesias, suas brincadeiras permanentes no trabalho, suas amizades, sua alegria, suas dificuldades, seus namoros, seu desejo de ser mãe. Leila musa, mito, símbolo, cuja história está profundamente ligada à cidade do Rio de Janeiro. Falam do clima dos anos 1960, das discussões políticas acaloradas nos bares, do Cinema Novo, da perseguição política que Leila sofreu.

Ana Maria, que trabalhou com Leila em filmes e no teatro de revista, se detém em depoimentos sobre a importância e a originalidade do trabalho da atriz Leila Diniz – intuitiva, sem preconceitos, completamente entregue à arte de filmar. Retrata as molecagens e brincadeiras de Leila, mas também sua seriedade profissional.

O vídeo destaca a Leila amiga. Mostra sua relação especial com as mulheres, sem competição, sempre disponível para conversas ou ajudas concretas. Por fim, o vídeo ressalta a importância de Leila para a liberação da mulher brasileira. Mostra, também, uma mulher apaixonada, dedicada aos seus amores e à sua filha.

A trajetória familiar de Leila praticamente não é mostrada. Dos irmãos: a fala de Eli e a imagem de Lígia. Nada sobre as mães, somente uma frase sobre o pai. O relato da vida de Leila começa já na adolescência, percorrendo as noites e as madrugadas da cidade do Rio de Janeiro.

UMA COMPARAÇÃO ENTRE AS BIOGRAFIAS

Em primeiro lugar quero destacar o momento em que se fala de Leila Diniz. Luiz Carlos Lacerda fez o filme e o livro 14 anos após a morte da amiga (coincidência ou não, com 14 anos de idade conheceu Leila). Parece ter necessidade desses anos para se distanciar da dor pela perda da "melhor amiga", para, então, construir uma imagem filtrada, selecionando determinados fatos de sua trajetória. Uma imagem elaborada de tal forma que quem vê o filme ou lê o livro tem a certeza de estar diante de uma mulher "revolucionária". A identidade dessa mulher especial vai sendo construída de forma contrastiva – isto é, a identidade surge no jogo entre as diferenças e as semelhanças de Leila e os amigos, familiares, e outras mulheres de sua geração.

Leila é percebida como uma mulher única: rebelde sem ser agressiva, livre das amarras de ideologias e convenções, precursora das lutas pela liberdade feminina, "a única barricada de alegria num país mergulhado na treva". O silêncio sobre os possíveis dramas familiares pode ser percebido como uma tentativa de não macular a imagem da mulher forte, positiva, alegre e sem problemas que o autor quer transmitir.

A postura adotada por Luiz Carlos em seu testemunho é a de transmitir suas recordações reconstruindo a trajetória de uma mulher exemplar. Para construir a trajetória de Leila, não enfatiza, apesar de se referir a eles, os momentos de conflitos e dificuldades, os momentos em que Leila é frágil (e não forte), triste (e não alegre), dependente (e não autônoma). Essa imagem de Leila parece não permitir ao autor se deter na figura do pai, das mães, dos irmãos. O filme e o livro são construídos de forma a dar coerência à imagem de Leila Diniz como símbolo de liberdade, prazer e alegria.

Os vídeos são feitos em dois momentos diferentes. O de Sérgio Rezende e Marisa Leão, logo após a morte de Leila, é sintético, buscando manter sua imagem como mulher-símbolo do Rio de Janeiro. Ana Maria Magalhães fez o vídeo dez anos após a morte de Leila, valorizando seu papel como amiga e atriz. O livro de Cláudia, publicado um ano depois, busca manter viva a lembrança de Leila para as novas gerações.

Essas construções propiciam uma noção sobre quem tem legitimidade para falar de Leila Diniz. Parece haver uma hierarquia entre as instâncias do discurso sobre a vida de Leila, encontrando-se em um nível superior de legitimidade a família, os amigos e os parceiros amorosos. É o que Becker (1977) chama de "hierarquia de credibilidade", as pessoas que parecem saber mais de Leila Diniz do que quaisquer outras. A pessoa que mais fala de Leila é a irmã mais velha, Eli. Lígia aparece apenas representando Leila no vídeo de Ana Maria. O irmão Elio e a irmã Regina são praticamente ignorados. Além de Eli, amigos, parceiros de trabalho, marido e namorados também falam de Leila. Destaca-se, no material analisado, o silêncio de Ruy Guerra. Ruy é sempre citado como pai de Janaína e último companheiro de Leila, mas não aparece nos vídeos ou depoimentos escritos.

São cinco maneiras diferentes de contar a vida de Leila Diniz. Os livros utilizam a voz de um autor que narra a história de Leila, de acordo com seu olhar particular e seu (des)conhecimento. O filme se utiliza de uma outra atriz que busca encarnar, o mais fielmente possível, Leila Diniz. Nos vídeos, alguns entrevistados falam de Leila. Apesar de muitos pontos em comum, as versões apresentam algumas diferenças. De comum: a mulher carioca, autêntica, alegre, irreverente, livre, corajosa, e os grandes marcos de sua vida pública: *Todas as mulheres do mundo*, *O Pasquim*, a barriga grávida e a morte. As construções destacam a época em que Leila viveu, um dos períodos mais repressivos da história brasileira, e como ela, com seus comportamentos inovadores, foi vítima da repressão.

A imagem de Leila Diniz no material analisado articula oposições muito marcadas na sociedade brasileira, que podem ser sintetizadas no seguinte quadro:

VIDA	MORTE
filha/alegria	repressão
sol/praia/mar	censura
FEMININO	MASCULINO
sensualidade	palavrão
feminilidade	liberdade
	iniciativa sexual
PRIVADO	PÚBLICO
SANTA	PUTA
mãe	sexualidade fora do controle masculino
generosidade	vedete/corista
amizade	

Apesar da recorrência e da força dessas representações, as cinco construções não são coincidentes. O filme e o livro de Luiz Carlos Lacerda enfatizam o lado alegre e irreverente, a facilidade com que Leila superava as dificuldades, os namoros sucessivos e a liberdade sexual. Luiz Carlos mostra uma mulher sem preconceitos, que convive com pessoas que optaram por caminhos diferentes dos seus. Mostra, também, uma adolescente e mulher ingênua e louca, que age de forma desconcertante e, às vezes, inconseqüente. Uma mulher que "todos os homens queriam" e que amou muitos homens. Uma mulher "revolucionária", que subverte os papéis femininos da época.

O livro de Cláudia Cavalcanti trabalha com materiais publicados em jornais e revistas para construir uma trajetória que dê coerência ao personagem que ela cria. Cláudia assume a postura de fã de Leila, que para ela simboliza a liberdade feminina. O que mais chama atenção nesse livro é a idealização que Cláudia faz da vida familiar de Leila.

O vídeo de Sérgio Rezende e Marisa Leão retrata rapidamente a mulher carioca que foi uma atriz importante do cinema nacional.

Ana Maria Magalhães ouviu grande número de pessoas associadas a diferentes momentos da vida de Leila Diniz. Não se preocupa com a vida familiar de Leila e dá maior ênfase à sua importância como profissional, aspecto menos valorizado nas versões de Luiz Carlos e Cláudia, que se centraram no comportamento inovador de Leila. Nesse vídeo, Leila aparece inovando também na carreira de atriz, como uma profissional talentosa e importante para o cinema brasileiro. Leila, além de mulher "revolucionária", é uma atriz "revolucionária". O vídeo situa a trajetória de Leila dentro do contexto cultural da época mais do que no contexto político, como faz Luiz Carlos. Percorre os pontos de encontro dos artistas e os espaços culturais da cidade do Rio de Janeiro. No filme de Luiz Carlos prevalece o relacionamento de Leila com os homens, ao passo que no vídeo o que mais importa é a forma especial com que ela se relacionava com as amigas. Pode-se pensar em dois tipos de olhares: um olhar masculino (o do amigo) e um olhar feminino (o da amiga), que destacam traços diferentes de Leila. Talvez para Ana Maria, também atriz e mulher, que teve um filho de um homem casado e assumiu o filho sozinha, o comportamento sexual de Leila não chamasse atenção, sendo considerado mais natural do que para Luiz Carlos. Um olhar feminino de quem vive sua sexualidade e afetividade de forma semelhante e, portanto, não se surpreende com o comportamento de Leila nesses aspectos.

A estratégia narrativa dos quatro autores foi a de evitar abordar ou minimizar a tensão existente na infância de Leila (o silêncio sobre a mãe verdadeira) e a ruptura na adolescência (com a família, a escola, a profissão de professora). Aprofundar a análise sobre a história familiar de Leila implica mexer em dramas, sofrimentos, conflitos e ressentimentos que modificariam completamente a construção e a consolidação de sua imagem pública. Assim, os autores delimitam as "fronteiras do dizível" (Pollak, 1986) por meio de uma série de censuras sobre o que pode (e o que deve) ser dito e sobre quem tem legitimidade para falar de Leila Diniz.

Para um olhar reflexivo sobre o material analisado, é importante lembrar que essa postura seletiva é muito comum entre autores que escrevem sobre a vida de mitos, heróis ou santos. A existência dessas pessoas exemplares passa a ser contada, como lembra Duby (1987), mediante a construção de determinadas frases, da escolha de palavras, de um jogo de memória e esquecimento que confessa e oculta. Exagerando os méritos e "mantendo na sombra o que é menos glorioso, apagando mesmo o que possa deslustrar a imagem". A avaliação dos quatro irmãos de Leila Diniz sobre o filme de Luiz Carlos Lacerda é um forte indicativo desse silêncio. O filme, única das cinco construções conhecida por todos os entrevistados, foi considerado emocionante mas parcial.

Eu não acho que o filme retrate bem a Leila, acho que passou uma imagem meio irresponsável, uma imagem muito bandalha. Deram muita ênfase ao lado sexual da vida dela em detrimento dos outros lados. Foi bom o filme, uma homenagem, mas não achei que foi o que ela era na realidade (Elio).

Eu acho que o filme do Bigode foi feito com carinho, por uma pessoa muito próxima da Leila e que quis fazer uma homenagem. Não acho que o filme tenha distorcido fatos. Alguns aspectos da vida e da personalidade pública da Leila ele mostrou bem. Esse aspecto da mulher liberada, independente, que defende seus valores. Agora, há outros aspectos que são passados muito por alto, porque é um filme leve, quase uma comédia. Então ele é superficial sob uma série de aspectos, tem mil coisas que ficaram de fora, que ele não conseguiu captar. É um retrato parcial, focalizando esse aspecto mais público, mais conhecido, esse lado que ficou na cabeça das pessoas: uma pessoa alegre, musa de Ipanema (Eli).

Nós todos, quando assistimos à pré-estréia do filme, choramos muito. Quando acabou o filme, eu soluçava. Começamos a chorar quando apareceu o papai. O Tony Ramos está igual ao meu pai, até os óculos do papai, o jeitão do papai, as coisas que papai falava. A Louise Cardoso está muito parecida com a Leila, tem horas em que está igual. O riso da Leila é inimitável, e ela conseguiu fazer muito parecido. Ela deu uma incorporada legal. Baixou a minha irmã. Se eu fosse espírita, ia achar isso. É claro que não aparece tudo sobre ela. Nem dá pra fazer um filme de duzentas horas pra poder aparecer tudo. Está bem resumido. Ele não mostra muito como era a nossa vida familiar, que foi um lado

> muito importante da vida da Leila. Ela era extrema mente fraternal, amiga dos irmãos, e tinha um amor filial muito grande, tanto pelo meu pai como pela minha mãe. Acho que mostrou muito o lado sexual da vida dela, em detrimento dos outros (Regina).

> Acho que o filme do Bigode é uma das imagens da Leila. Ele passou uma coisa meio de porra-louca, uma porra-louca muito alegre. Se eu fizesse um filme sobre a Leila teria uma outra visão, mas acho que ela tem tudo isso também: aquela alegria, irreverência. Faltou todo um lado mais profundo do ser dela, faltaram as partes mais reflexivas dela. Achei que faltou profundidade, mas achei honesto, tudo que ele botou ali aconteceu de verdade, não tem mentira nenhuma. Ele fez flashes de coisas sem mostrar o conteúdo desse ser humano. Agora, quando eu vi o filme pela primeira vez me emocionei muito, sinal de que um lado dela ele mostrou, eu vi a Leila ali. Depois, vendo a segunda vez, já não tão emocionada, já botei um pouco de visão crítica e achei pouco, "isso aí é um pedacinho da Leila" (Lígia).

Como afirmam os irmãos, o filme, ao mesmo tempo em que revela certos aspectos da vida de Leila Diniz, silencia sobre outros. O mesmo pode ser dito sobre as demais construções. São narrativas que buscam não macular a imagem de mulher "revolucionária", símbolo da alegria, do prazer e da liberdade. Parece que as tentativas de silenciar ou reduzir o significado dos dramas familiares decorre da idéia de que esses dramas são incompatíveis com essa imagem. Considero, ao contrário, que analisar a trajetória familiar de Leila pode revelar seu esforço para superar os sofrimentos no sentido de (re)construir a própria existência. Em sua trajetória, alguns elementos não levantados por esses materiais, ou abordados de forma muito ligeira, são decisivos na construção de sua personalidade singular. Entre eles destaco: a personalidade marcante do pai, que proporcionou um ambiente familiar aberto a discussões sociais; o ateísmo e o comunismo do pai; a relação com Isaura; a descoberta da mãe verdadeira; a busca precoce da psicanálise; o diário; a ruptura familiar. Construindo a imagem de uma mulher "revolucionária", principalmente no que diz respeito à sexualidade, os autores deixaram de lado a elaboração particular que Leila fez de seus dramas familiares. Acredito que um olhar sobre o "não-dito" nessas narrativas se faz necessário para humanizar essa mulher que se tornou tão marcante em nossa história. Por isso, além de analisar o material biográfico, fui buscar com seus irmãos o que eles próprios chamam de uma visão mais profunda sobre a vida de Leila Diniz. Assim, ao compreender melhor a trajetória de Leila, ao humanizá-la, posso entender melhor a luta de outras mulheres na tentativa de (re)inventarem a própria vida.

Leila Diniz ajuda nessa compreensão com a carta que escreveu ao educador inglês, A. S. Neill, autor de *Liberdade sem medo*, seu livro de cabeceira durante muitos anos. Nela, uma Leila que não silencia seus dramas, que tem conflitos com os pais, que sai de casa, que busca psicanálise, que começa tudo muito cedo: o trabalho, o casamento, a separação.

> Meu amigo,
>
> Esta carta é importante porque eu gostaria de lhe dizer o quanto você tem me ajudado em muita coisa na minha vida. Leio seu livro há seis anos. Leio e releio.
>
> Saí de casa cedo por problemas de revolta e desentendimento com meu pai e minha mãe adotiva. Fui morar em casa de amigos, tios e de minha mãe. Levei

uma vida meio nômade enquanto terminava o ginásio e o clássico, procurei emprego e ainda não tinha 16 anos quando consegui o meu primeiro emprego mesmo, como professora em uma escola de jardim de infância. Fiz um curso de aperfeiçoamento no Ministério da Educação que não serve pra nada. Procurei esse emprego porque gostava muito de crianças e realmente sabia me entender com elas. Mas nem sempre me entendia muito bem com os pais, que não acreditavam em mim devido à minha pouca idade e me pareciam muitas vezes uns monstros de tão absurdos. Por essa ocasião, comecei a fazer análise com um médico no Instituto de Psiquiatria, onde eu podia pagar barato.

Uma amiga me indicou seu livro, e ele passou a estar sempre comigo. Ele me deu aulas e o apoio de que eu precisava.

Depois disso, muita coisa aconteceu, ensinei numa escola e noutra, mas ganhava pouco e, como estava sozinha e queria morar sozinha, acabei arranjando outro emprego e tive que abandonar a escola. Passei a ser modelo de propaganda e comecei a fazer teatro. Me casei e me separei. Hoje em dia sou atriz, tenho 22 anos, moro sozinha. Trabalho muito, mas consigo me manter. Sou a atriz de cinema mais em evidência no meu país.

Não tenho filhos, não sou casada, e vivo num país atrasado, subdesenvolvido e infeliz. Mas não é só por isso que nunca os tive. É que sei que não estou material e principalmente emocionalmente preparada para isso. Desde os 15 anos que me educo eu mesma. Aliás, penso que desde antes. Também pelas mesmas razões evitei filhos durante o casamento. Meu ex-marido é escritor e diretor de teatro e atualmente meu grande amigo. Por não estarmos também preparados, nosso casamento não deu muito certo, eu resolvi mais uma vez ir embora.

> Fui morar num apartamento que dividíamos entre três (um rapaz e duas moças). Eu trabalhava na televisão, no cinema, no teatro, e ainda fazia anúncios quando o dinheiro apertava. Meu ex-marido por essa época resolveu escrever e dirigir um filme com dinheiro emprestado de bancos e muita gente, e fez. E eu trabalhei com ele. O filme fez o maior sucesso que um filme pode fazer aqui no Brasil.
>
> É difícil lhe explicar o quanto você foi necessário e ainda é. Hoje tive vontade de lhe escrever, estava relendo o seu capítulo sobre o medo. E foi bom ter me lembrado disso, porque não tinha muita coragem.

Neste capítulo preocupei-me com o que posso apreender e perguntar com base nessas cinco construções, nas respostas que encontrei para minhas questões, no "dito". No capítulo seguinte, irei me deter no "não-dito" nesses relatos, nos silêncios, nas lacunas, nas respostas que não encontrei, nas dúvidas que me coloquei. Opção que implica um novo olhar, diferente de um olhar de amigos ou de fãs. Um olhar que, acredito, acrescenta, ajuda a compreender sua transformação em um símbolo de mulher "revolucionária". Sem deixar de analisar a face alegre de Leila Diniz, uma outra face se faz presente ao se percorrer sua trajetória. Tentei colocar alguma luz sobre essa face obscura, entrevistando pessoas que conviveram intimamente com ela. Essa busca maior de compreensão passa por uma análise dos determinantes familiares, políticos, culturais, mas, também, pelo processo particular como Leila Diniz vivenciou e geriu sua trajetória, a maneira como ela inventou a própria vida.

2
A vida familiar de Leila Diniz

> "Tem-se que brigar com o passado, ou melhor, estudá-lo. Arrancar de dentro da gente as raízes burguesas e mesquinhas, as tradições, o comodismo e a proteção. É preciso se separar de todos esses problemas criados na infância, do bom, do direito e acho que é aí, nessa separação, nesse rompimento, que a gente tem medo da solidão. Medo de não ser aceito. Acho que é preciso se deseducar para se reestruturar, para se chegar aos instintos verdadeiros dentro da gente, para descobrir o certo da gente. Quando se está livre de toda capa de educação, de boa educação, de direitinho, das normas, dos preconceitos, de tudo que é ensinado pra gente, se pode ter uma visão de vida e de mundo, uma maneira de viver muito mais livre e divertida, muito mais aberta."
>
> Leila Diniz

Neste capítulo analiso a configuração familiar de Leila Diniz, tentando compreender o não-dito nas biografias estudadas no capítulo anterior. Considero fundamental, neste momento, apresentar os entrevistados que permitiram a reconstrução da trajetória de Leila Diniz.

Elio Diniz

Elio é o irmão mais velho de Leila. Nasceu em 1938, primeiro filho de Ernestina e Newton Diniz. É o único homem entre os cinco filhos de Diniz. Seu apelido, desde a infância, é New. É casado há mais de trinta anos e tem dois filhos e duas filhas. Elio está aposentado do Banco do Brasil e pinta quadros como *hobby*. Fez curso de tecnólogo em processamento de dados e inúmeros cursos de especialização nessa área. Estive duas vezes em sua casa, em Jacarepaguá, e as entrevistas tiveram um total de quatro horas. Elio se mostrou surpreso ao ser procurado, já que, segundo ele, "a maior parte das pessoas nem sabe que a Leila tem irmão. Quando chega no noticiário, falam da Lígia, da Baby, mas irmão nem sabem direito que tem".

Eli Diniz

Eli é a segunda filha de Ernestina e Diniz. Está em seu segundo casamento e tem duas filhas. É doutora em Ciência Política pela Universidade de São Paulo. Trabalha como professora e pesquisadora. É mais conhecida como Baby, seu apelido de infância. Fiz seis entrevistas com ela em seu apartamento no Jardim Botânico, num total de 12 horas, somadas a uma série de encontros informais e telefonemas. Eli tinha, há muitos anos, o projeto de fazer um livro sobre a vida de Leila, projeto em que fui também incorporada, sendo convidada a escrever um artigo. Em função desse projeto, Eli tomou a iniciativa de me telefonar muitas vezes, estabelecendo um relacionamento mais freqüente e próximo do que tive com os demais entrevistados.

Regina Diniz

Regina é a filha mais velha de Isaura e Diniz. Nasceu em 1949. É médica, formada pela Universidade Estadual do Rio de Janeiro. Tem dois filhos e uma filha. Ela e o marido, também médico, estiveram, desde o início de 1992, trabalhando em um hospital de Bahrein. Em uma breve visita que fez ao Rio, em julho de 1993, a entrevistei duas vezes, num total de 11 horas. A entrevista foi em um apartamento de uma amiga de Regina, em São Conrado, mesmo bairro onde ela mora.

Lígia Diniz

Lígia é a filha caçula de Isaura e Diniz. Nasceu em 1951. É psicóloga, formada pela Faculdade Santa Úrsula. Está em seu quarto casamento. Seu primeiro filho, Thiago, nasceu em 4 de janeiro de 1995. Foram nove horas de entrevistas, durante três encontros em seu apartamento em Copacabana.

Dario Diniz

Dario é o irmão mais velho de Diniz. Nasceu em 1912. Tem dois filhos. Completou o segundo grau e trabalhou como funcionário dos Correios e Telégrafos. Aposentou-se em 1976. Poucos meses antes da entrevista, sua esposa, com quem se casou em 1936, faleceu. A entrevista, em seu apartamento na rua das Laranjeiras, teve cinco horas de duração.

Lucy Diniz

Lucy é a irmã caçula de Diniz. Nasceu em 1917. Tem o segundo grau completo e trabalhou como costureira. Está casada há 55 anos e tem duas filhas e um filho. A entrevista, de três horas, foi em seu apartamento em Copacabana. Leila, na adolescência, morou cerca de dois anos com Lucy, em Vila Isabel.

Deise Diniz

Deise, filha mais velha de Lucy, nasceu em 1938. Tem dois filhos do primeiro casamento e está casada há 19 anos com seu segundo marido. É fonoaudióloga. A entrevista foi no apartamento de Nilse e teve uma hora de duração.

Nilse Diniz

Nilse, filha caçula de Lucy, nasceu em 1945, em Vila Isabel, sendo apenas um mês mais velha do que Leila. Está em seu segundo casamento e não tem filhos. Nilse formou-se no clássico no Souza Aguiar, onde estudou com Leila. Trabalha em um escritório como chefe de um setor. A entrevista com Nilse teve cinco horas de duração, em seu apartamento no Flamengo.

Wilson Chebabi

Chebabi foi o psicanalista de Leila. Formou-se em Medicina em 1955 e fez psiquiatria no Instituto de Psiquiatria, onde Leila foi atendida. A entrevista teve duas horas de duração e foi em seu consultório, no Jardim Botânico.

A MÃE BIOLÓGICA de Leila Diniz, Ernestina Roque Diniz, nascida em 1914, não concordou em dar entrevista, limitando-se a responder um questionário que enviei por intermédio de Eli. No dia 12 de janeiro de 1994, aos 79 anos, morreu de infarto agudo do miocárdio.

Quero destacar que desde o primeiro momento foi impressionante a total receptividade dos entrevistados para com a minha pesquisa. Parece que para eles um trabalho sobre Leila Diniz poderia contribuir para mantê-la viva, por meio da socialização de suas lembranças para um número maior de pessoas.

Diferentemente de meus trabalhos anteriores, neste estudo trabalhei com uma personalidade pública. Escrever sobre Leila Diniz, seus familiares e amigos implica citar pessoas conhecidas, sem o artifício amplamente utilizado no trabalho antropológico de substituir os nomes verdadeiros por outros, fictícios. Para minimizar esse problema, apresentei este estudo, após tê-lo concluído, para Elio, Eli, Regina e Lígia, e incorporei ao resultado final todas as sugestões feitas por eles.

Ortiz (1991) chama atenção para a dificuldade em se trabalhar com entrevistas, "já que a lembrança diz respeito ao passado, e quando ela é contada sabemos que a memória se atualiza sempre a partir de um ponto do presente". O autor ressalta que "as lembranças nunca são falsas nem verdadeiras, elas simplesmente contam o passado através dos olhos daquele que o vivenciou". Um trabalho de negociação e compromisso, que consiste em interpretar, ordenar ou selecionar toda experiência vivida de maneira a torná-la coerente com uma identidade construída.

Eli afirmou que durante o correr dos anos foi encontrando explicações e percebendo fatos que não percebia enquanto Leila era viva e, assim, foi reavaliando seu olhar à luz da importância que a irmã adquiriu. Os dados dos entrevistados podem ter sido, então, filtrados, interpretados e lembrados de modo a dar coerência a uma imagem de Leila Diniz consolidada após sua morte.

Acredito que consegui atenuar essa possibilidade utilizando-me, ao analisar a trajetória de Leila Diniz, de diferentes olhares e diferentes vozes, realizando entrevistas em profundidade com pessoas que não foram ouvidas pelos jornais, revistas ou vídeos e fazendo um levantamento extenso do que foi produzido sobre a vida da atriz. A voz de Leila também se faz presente, por meio de suas entrevistas a jornais e revistas. Essas diferentes vozes e olhares permitiram uma compreensão mais abrangente sobre a trajetória de Leila Diniz.

OS PAIS DE LEILA: DINIZ E ERNESTINA

Newton Diniz, carioca nascido no Méier em 1914, era filho de um maranhense pobre, Dario, que veio de Caxias do Maranhão aos 17 anos para tentar a vida no Rio de Janeiro, tornando-se oficial da Marinha. A mãe de Diniz, Carlota, era filha de mãe brasileira e pai português, dono de uma quitanda perto do Largo do Machado. Diniz é o filho do meio, entre os irmãos Dario e Lucy.

Os comportamentos de Diniz na adolescência foram criticados por sua irmã.

> Eu respeitava meu irmão mais velho, Dario, como um pai, e era com ele que eu saía mais. O Dario era todo almofadinha, todo vestido bonitinho. Já o Newton dançava gafieira, que eu nem podia dançar, saía de chinelo, era boêmio, enchia a cara com os colegas. O Newton era outro tipo, era um rapazinho de pular a janela e ir dormir com a vizinha (Lucy).

Lucy fala do comunismo de Diniz como uma essência, enquanto o gosto pela leitura aparece como uma herança paterna.

> Papai só vivia lendo, e o Newton pegou esse hábito com ele. O Newton lia o tempo todo, de nós três o que mais lia era ele. Ele gostava de fazer poesias, fazia poemas lindos. O Newton tinha um papo completamente diferente do Dario; o Dario era todo democrata e o

> Newton sempre tendendo pro comunismo, já desde novinho. E não veio do meu pai isso, acho que já era dele mesmo, porque não tinha ninguém comunista na família. O meu pai lia tudo, estava a par de tudo, mas não era político, nem um pouquinho (Lucy).

Depois de concluir o segundo grau, Diniz prestou concurso para o Banco do Brasil e foi trabalhar em Vitória (Espírito Santo). Lá começou a namorar Ernestina, que nasceu em 1914, em Timbuí (Espírito Santo). Era a filha do meio entre sete irmãos. Concluiu o normal e era professora de Educação Física quando conheceu Diniz. Durante o namoro, Ernestina ficou grávida de seu primeiro filho, Elio, em 1938. Diniz e Ernestina deixaram a cidade para ir morar em Campos.

> Minha mãe estava grávida de mim quando casou, eu sou filho natural; quando eu descobri, sacaneei tanto a mamãe porque ela é tão cheia de preconceito de tudo. Numa época braba, ela deve ter fugido lá de Vitória... Ela nunca me falou nada, eu soube por terceiros, alguém lá de Vitória falou (Elio).

Depois de alguns meses no Banco do Brasil de Campos, Diniz pediu transferência para a cidade do Rio de Janeiro e foi morar, com Ernestina e o filho, na casa de seus pais, em Cavalcanti. A segunda filha de Diniz e Ernestina, Eli, nasceu um ano depois, nessa casa no subúrbio do Rio. De lá, o casal e os dois filhos foram morar em Icaraí, Niterói, onde nasceu Leila.

Ernestina é criticada por não cumprir com as expectativas familiares com relação a seu papel de esposa e mãe.

> O Newton não queria casar. Foi meu pai que o fez casar; enquanto não fez o casamento deles, não sossegou. Papai quis por causa do menino. O Newton e a Ernestina brigavam muito. Ela não trabalhava fora, mas queria que ele tomasse conta dos filhos, queria que ele fizesse o serviço de casa, ela não fazia quase nada a não ser a comida das crianças. Ele não reclamava nada mas se mandava e não tinha hora de chegar. Eu achava que ela não tinha a envergadura necessária para ser uma dona de casa (Lucy).

Leila nasceu no dia 25 de março de 1945, num casamento em crise. De acordo com Eli, emoções contraditórias acompanharam o nascimento de Leila: alegria/tristeza, começo/fim, amor/dor, aceitação/rejeição, desejo/recusa, vida/morte. Nasceu em uma situação de ambigüidades, "fora do lugar", situação que a acompanhou por toda a vida e parece ter sido decisiva na construção de sua personalidade singular.

> E foi assim que ao engendrar uma nova vida minha mãe via paralelamente sua própria vida caminhar para uma situação de ruptura, o que, no plano simbólico, pode evocar sentimentos de morte. Para uma mulher como ela, que abdicara de uma vida própria em função da família, destituída de um projeto que transcendesse a sua relação com o marido e os filhos, o fim de seu casamento confundia-se com o seu próprio fim. Toda essa turbulência deve ter tido repercussões muito profundas, propiciando uma gravidez marcada pela contradição entre o amor pela criança que estava sendo gerada, pela alegria proporcionada por essa condição tão especial e a tristeza associada à situação de abandono. Essa polaridade, traduzindo-se por bruscas oscilações entre a dor e a alegria, entre a morte e a vida afinal, não poderia deixar de produzir um clima particular-

> mente tenso. Pode-se dizer que se não houve uma rejeição por parte da mãe, não houve também uma aceitação plena. Minha mãe vivia sob um clima emocional muito especial, marcado pela tensão entre o desejo de ter a filha, alimentar essa filha, acompanhar seus progressos, por um lado, e, por outro, a sensação de perda e de morte. Tal ambigüidade produz um impacto de recusa ou pelo menos de não-aceitação integral (Eli Diniz, 1994).

Quando Leila estava com sete meses, Diniz e Ernestina se separaram. Ernestina, com tuberculose, foi internada em um sanatório em Correias. Mais uma vez, Ernestina se afastou da família. A primeira ruptura foi com a família de origem, quando saiu de Vitória grávida. A segunda, em 1945, quando se separou do marido. As duas situações podem ser pensadas como particularmente carregadas de estigma para uma mulher, naquele momento.

> O clima se agravou com o fato de minha mãe ter entrado num processo de depressão que a levou a alimentar-se cada vez pior, dormir mal, entrando em estresse e ansiedade, terminando por cair gravemente doente. Contraindo tuberculose, fechou-se em sua tristeza. Em conseqüência, fomos afastados de seu convívio (Eli Diniz, 1994).

A família se desestruturou. Diniz foi morar em uma pensão no Catete. Elio e Eli foram colocados em um colégio interno. Leila foi morar com os avós paternos, em Cavalcanti.

> Eu não sabia o que estava acontecendo quando meus pais se separaram. Quando a separação se consumou, na hora de sairmos daquela casa, papai disse: "Agora

> sua mãe não está bem, ela vai ter que se tratar e vocês vão ficar num colégio interno durante um tempo, a Leila vai pra casa de sua avó." E pronto, PT saudações, nenhuma explicação. Naquela época, não havia a preocupação em pensar que a estrutura psicológica da criança é uma coisa delicada, que a criança não tem condições de absorver da noite para o dia mudanças tão bruscas na sua vida familiar. Então, não foi nem por maldade do meu pai, simplesmente eu acho que era a forma como as crianças eram encaradas naquela época (Eli).

Elio, com seis para sete anos, e Eli, com cinco para seis, foram para um colégio interno na Tijuca, o Colégio São João Batista. Os dois não gostam de recordar esse período, demonstrando o sofrimento que a separação dos pais e o isolamento da família provocaram em suas infâncias.

> Eu e Baby ficamos num colégio interno. Foi traumático para nós dois, a gente não estava entendendo nada e eu e ela chorávamos o tempo todo. Chegava sábado todo mundo indo embora e ninguém ia buscar a gente, a gente ficava lá jogado. Foi tão traumático que apaguei essa fase, preferi esquecer. Não lembro nem quanto tempo foi: cinco, seis meses, não chegou a ser um ano (Elio).

> Por algum processo psicológico, eu bloqueio muito esse passado. Eu vivia pensando quando é que meu pai ia me tirar dali. Muito mais tarde vim a saber que minha avó não quis ficar comigo e com meu irmão. Ela alegou que com a Leila ela ficaria porque era muito pequenininha, tinha sete meses, mas que não podia arcar com a responsabilidade de ficar com os dois mais velhos porque era muita coisa pra ela (Eli).

Rodrigues (1983), com base nos trabalhos de Piaget, afirma que é por volta dos seis anos que a criança toma consciência do significado da morte e passa a temer que sua mãe morra e a abandone. Exatamente com essa idade, Eli e Elio sofreram a separação da mãe, o que gerou um sentimento de "orfandade".

> O fato de nos termos separado de nossa mãe numa idade muito tenra, permanecendo sem vê-la durante longos anos, levou-me a desenvolver a idéia de que éramos órfãos (Eli Diniz, 1994).

Depois de alguns meses, Elio e Eli também foram morar com os avós paternos. Parece haver então uma nova configuração familiar, com os avós substituindo a atenção e o cuidado materno e paterno.

> Eu e Baby fomos morar com meus avós, onde a Leila já estava. Vovô e vovó davam muita atenção pra gente, de certa maneira a família se reconstruiu. Moramos em uma casa grande em Cavalcanti, sempre cheia de primos, a gente pulava em árvores, roubava frutas do vizinho. Tivemos uma infância como deve ser toda infância. Passamos realmente um ano de moleque, aprontando, fazendo tudo que tinha direito: pipa, pião, corda, tudo (Elio).

Os adjetivos utilizados para descrever o avô paterno são reproduzidos nas descrições de Diniz, o que conforma a construção de uma imagem altamente positiva e valorizada para ambos. Essa construção parece estar relacionada aos papéis sociais masculinos e femininos, que reservam à mulher a responsabilidade pelo cuidado físico com as crianças (alimentação, higiene, saúde), enquanto restam ao homem os aspectos mais lúdicos do relacionamento. Nesse caso, as figuras masculinas são consideradas interessantes por contarem histórias e conversarem sobre política, enquanto as figuras femininas ficam mais restritas ao cuidado com a casa e com as crianças. Assim, é reproduzida a divisão tradicional entre o mundo privado das mulheres, pouco atraente e rotineiro, e o mundo público dos homens, interessante e inovador.

> Meu avô Dario era um avô maravilhoso. Era uma figura muito querida, boníssimo, paciente, esse avô que gosta de contar histórias para os netos. De modo que cativava todos os netos, todo mundo o adorava. Minha avó já era mais ranzinza, aquela coisa de mulher, mulher é mais chata. Também, ficava nas costas dela o trabalho. Porque ele era um anjo de pessoa, mas ela é que dava banho na Leila, fazia comida. Então, a mulher fica com menos paciência, é natural (Eli).

ERNESTINA: DO SANATÓRIO À RELIGIÃO

Ernestina ficou dois anos internada em um sanatório em Correias, tuberculosa, sem receber a visita de Diniz ou de sua família de origem, que morava em Vitória. A experiência de total isolamento familiar parece ter provocado (ou reforçado) em Ernestina duas características de sua personalidade destacadas pelos entrevistados: a religiosidade e a hipocondria.

> Quando meu pai se separou da minha mãe ela ficou em um sanatório dois anos totalmente reclusa. Deve ter sido uma experiência muito dura porque, de repente, ela ficou sem marido, sem filhos, sem amigos, sem ver ninguém durante dois anos. Ela se fechou numa coisa

> de autocomiseração, autopunição, muito amarga, muito neurótica, hipocondríaca ao extremo. Acho que foi nessa fase que ela passou a ter essa ligação fortíssima com a religião. A religião virou quase tudo pra ela, uma coisa de proteção (Eli).

> Ela teve tuberculose. Naquela época, era um troço que quase matava. Então, deve ser daí o pavor que ela tem de doença, esse processo hipocondríaco dela. Ela se preocupa demais com as coisas, tudo pra ela é complicado. Primeiro, essa religiosidade que atrapalha um pouco. Segundo, manias, detalhes, preocupação exagerada com doença, chega a ponto de ferver maçã. Tem três filtros porque um só não dá. Ela vive em médico, está sempre sentindo alguma coisa. Acho que papai não se separou da mamãe por causa da Isaura, acho que ele se separaria de qualquer maneira. Porque mamãe era chata, é muito difícil de se conviver com ela (Elio).

É de se perguntar se determinadas características de Ernestina precederam ou foram desenvolvidas a partir desse processo de isolamento familiar. Esse isolamento se revelou, também, na minha pesquisa. Ernestina foi a única pessoa que se recusou a dar entrevista. Essa recusa sugere que ela percebia sua situação como frágil, vulnerável, algo a ser escondido.

Quando saiu do sanatório, Ernestina foi morar no bairro de Santa Teresa, no Rio de Janeiro, e prestou concurso para o Ministério da Fazenda, onde trabalhou até se aposentar. Depois de alguns anos, Ernestina voltou a ver os filhos.

> Eu me separei da minha mãe com cinco anos e fiquei sem vê-la uns quatro anos. Então, ela conseguiu, por intermédio de um advogado, permissão pra ver os

> filhos. Isso durou muito pouco, talvez umas seis vezes, porque minha mãe parou de solicitar essas visitas. Ela mesma desistiu. Provavelmente, porque era uma situação muito artificial e constrangedora para todo mundo. Nós não tivemos nenhum contato com ela durante esses anos todos, e a Leila nem sabia para onde estava sendo levada. Acho que a Leila captava sinais de que alguma coisa não estava muito correta naquela história toda, acho que sentia a fragilidade de certas coisas (Eli).

Para Badinter (1985), é no século XX que se solidifica o "mito do amor materno", sendo considerada uma "boa mãe" aquela que se dedica inteiramente a seus filhos. A mãe, afirma a autora, é usualmente comparada a uma "santa", cuja principal razão de viver são seus filhos. A mulher que não corresponde a essa concepção de maternidade como sacrifício e não assume a responsabilidade pelo cuidado físico e bem-estar da criança sofre acusações de egoísmo, maldade, desequilíbrio e anormalidade. Ernestina é objeto de algumas dessas acusações.

> Meus irmãos não devem ter dito, mas a dona Ernestina não quis ficar com nenhum dos filhos. Minha mãe segurou essa peteca porque ela não quis ficar. Ela sempre dizia que era doente. Meu pai assumiu posse e guarda deles. A mãe legalmente sempre tem o direito ao pátrio poder. Se ela dissesse "não dou o pátrio poder", na hora que saísse da clínica poderia ter ficado com os filhos. Meu pai disse "pode deixar que eu fico". Eu me lembro da Leila dizendo: "Isso que eu nunca perdôo a minha mãe. Eu posso comer o pão que o diabo amassou, posso ficar doente, sem dinheiro, que não abro mão da Janaína. E a minha mãe nem sequer lutou pelos filhos." A Leila não podia admitir que por doença nenhuma

neste mundo, que era uma doença hipocondríaca, uma mãe abrisse mão dos filhos e dela tão pequenininha, com menos de um ano. Acho até importante meus irmãos desculparem ela com essa história de doença. É muito chato e difícil acusar a própria mãe. É muito mais fácil acusar a madrasta (Regina).

ISAURA: MÃE E MADRASTA

Diniz, após a separação de Ernestina, foi morar com Isaura, que nasceu em 1909 e faleceu em 1989. Foi criada na Tijuca e veio morar em Copacabana em 1939. Seus avós maternos eram portugueses. Seu pai era português, comerciante, e morreu quando Isaura tinha dois anos. Ela era a filha caçula, tendo mais quatro irmãs e um irmão. Isaura cursou o normal e sempre trabalhou como professora primária, até se aposentar.

Diniz, com seus três filhos, e Isaura foram morar em um pequeno apartamento de sala e quarto em Copacabana. Nota-se, ao longo da trajetória de Diniz, uma nítida ascensão social. Filho de um oficial da Marinha originário da zona rural do Maranhão, nasceu e viveu a adolescência no subúrbio do Rio de Janeiro, estabelecendo-se em Copacabana em 1947. Mudou-se para apartamentos alugados cada vez melhores, sempre em Copacabana, comprou um carro, contratou uma empregada e uma babá, e, por fim, comprou um apartamento de três quartos em Copacabana e um sítio em Miguel Pereira.

Eu peguei uma fase melhor. Ninguém era rico, meu pai era funcionário do Banco do Brasil, mas a gente tinha bicicleta, ele conseguiu ter uma casa de campo, um apartamento, um carro. Eu tive babá porque melhorou a situação financeira. E a primeira vez que fiz análise,

> meu terapeuta, que hoje em dia acho um babaca, disse que a babá substituiu a mãe e que eu tinha problemas com isso. Eu me lembro de que contei pra minha mãe e ela falou: "Foi a única que teve o luxo de ter babá e ficou traumatizada com isso?" (Lígia).

Isaura, com 38 anos, era quase cinco anos mais velha do que Diniz e, diz Eli, era considerada "solteirona, porque naquela época se considerava uma mulher solteira dessa idade solteirona". Em 1949, aos 40 anos, Isaura teve sua primeira filha, Regina. Dois anos depois nasceu Lígia. Isaura foge dos padrões femininos de seu tempo: foi morar, sem ser casada, com um homem com três filhos e teve filhos mais tarde. Nota-se, em alguns momentos, a preocupação dos entrevistados em compreender as dificuldades de Diniz, Ernestina e Isaura ao enfrentarem situações atípicas para a época em que viveram.

> Minha mãe se apaixonou por meu pai assistindo a um discurso dele. Eles começaram a sair, namorar. Depois que já estava apaixonada, ele jogou essa bomba em cima dela: que tinha três filhos, estava se separando. Ela comprou a barra: "Tudo bem, resolve teu desquite, vamos morar juntos e traga as crianças todas para eu criar." Ela sempre dizia: "Eu não casei com seu pai, mas ele foi o único homem da minha vida e foi por amor que me entreguei a ele." Minha mãe, com todo o destrambelhamento dela, era uma pessoa muito corajosa. Ela se juntou com um homem separado, com três filhos, e pra época era um escândalo (Lígia).

As filhas de Isaura destacam o comportamento da mãe, raro em mulheres de sua época. Um comportamento estigmatizado pela sociedade é valorizado positivamente pelas filhas, sendo a mãe considerada "revolucionária" por ter conseguido romper com o padrão feminino de seu tempo, fim da década de 1940.

> Para a época, mamãe foi muito ousada. Isso talvez meus irmãos mais velhos não entendam porque têm muito ressentimento dela. Leila entendeu e me abriu os olhos: "Olha que barra a Isaura pegou." Minha mãe era católica, filha de Maria, conheceu meu pai do Partido Comunista, se apaixonou. Quando ele foi pedir minha mãe em casamento, óbvio que aceitou. Existia um detalhe: ele já era casado e tinha três filhos. Você imaginou? A cuca da minha mãe... Pra pegar essa barra ela precisava de um apoio psicológico que não teve. Mas pelo menos ela enfrentou a coisa, não ficou de braços cruzados, como as mulheres daquela época. Minha mãe também foi, a seu modo, revolucionária. Acho que isso influenciou a Leila. Muita mulher não entra nessa até hoje, com ou sem amor. Ela era apaixonada pelo meu pai, um amor até doentio (Regina).

O comportamento sexual de Isaura também é considerado diferente do das mulheres de sua geração. Modelos concorrentes de ser mulher estão presentes nessa configuração familiar. O modelo tradicional da mulher virgem e esposa-mãe – a santa – e um modelo socialmente estigmatizado, da mulher "juntada" que tem prazer sexual – a puta.

> Minha mãe tinha um discurso de que a gente devia casar virgem. Só que a prática era outra, a prática é que ela não casou, ela se juntou com um homem separado. Enquanto na nossa época as famílias eram muito reprimidas, o comportamento sexual da minha mãe e meu pai era muito solto, se agarravam, se beijavam, se

> acariciavam, era evidente que gostavam de trepar um com o outro, que tinham tesão. Acho que minha mãe passou isso pra gente: "Seja mulher, trepar é bom, sexo é bom." Ela tinha cara de mulher bem comida (Lígia).

Em 1979, após mais de trinta anos vivendo juntos, Isaura e Diniz casaram-se no civil. Parece que Isaura quis o casamento para oficializar a identidade de esposa-mãe. Mesmo antes do casamento legal, utilizou o sobrenome Diniz, o que indica a necessidade de fugir do estigma de concubina, buscando uma identidade mais favorável. Ernestina, ao não conceder o desquite, permaneceu com a situação legal de esposa de Diniz, enquanto Isaura era a amante que se juntou com ele. É interessante como Ernestina é tratada como a "outra".

> Quando veio o divórcio, que maravilha pra mamãe, porque papai conseguiu se divorciar da outra. Porque a outra também não era fácil, não dava desquite, não dava divórcio. Não ficou com os filhos, mas ficou com pensão e com apartamento (Regina).

A nova família que se configurou quando Diniz foi viver com Isaura criou uma série de tensões e dificuldades para seus filhos mais velhos. Para Elio e Eli, Isaura é a madrasta que os rejeitou.

> Infância, pra mim, sempre foi uma luta. A única infância boa que tive foi na casa dos meus avós. Eu e Baby fazíamos as coisas muito juntos, era quase uma defesa contra a estrutura familiar. Porque fomos largados juntos, fomos pra Cavalcanti juntos e a Isaura nos considerava os intrusos. A Leila, não, porque era muito nova, e ela considerava a Leila quase filha. Mas nós éramos

grandes. Então, nós éramos os intrusos, e ela sempre deixou isso muito claro. Teve fases na vida que eu queria que ela sumisse. Não digo morrer, mas seria ótimo se ela não existisse (Elio).

Minha madrasta era uma pessoa muito autoritária, dominadora, tirânica, meio despótica mesmo pra usar o termo mais apropriado. Ela era intolerante, essencialmente isso. E, portanto, era muito difícil a convivência com ela. Sobretudo porque nós não sentíamos apoio no papai, não tínhamos defesa. Minha madrasta era muito possessiva, e era uma relação em que meu pai se deixava muito levar por ela. Coisa estranha, porque ele não era submisso. Pelo contrário, era uma pessoa com grande capacidade de liderança no trabalho e no Partido também (Eli).

Regina é a filha predileta de Isaura, e, como tal, tinha uma série de privilégios que os demais não tinham. Regina é percebida como a única herdeira de uma série de desejos e características da mãe.

A Leila me ajudou a compreender minha mãe. Eu tinha um ressentimento enorme por ela ter me separado dos meus irmãos mais velhos. Minha mãe fazia muita diferença entre os filhos. Eu era beneficiada, mas para o beneficiado também é muito ruim, o beneficiado cresce com uma carga de culpa. Entre as irmãs, eu sempre fui a mais culpada de todas. Por exemplo, se meu irmão comia minha banana, era um escândalo. Eu não sabia de nada, mas eu engolia a banana com uma carga de culpa. Depois que cresci, eu questionava muito por que fui paparicada, e achava que com isso lesei meus irmãos. Eu era realmente a preferida, para quem ela escolhia o melhor colégio, mas essa não era uma opção minha (Regina).

Minha relação com a Leila era exageradamente forte, até por sentir muita insegurança nessa família em que as pessoas sumiam e minha mãe protegia a Regina. A Regina, por ser dois anos mais velha e primeira filha da minha mãe, foi muito mimada e brigava muito comigo. Minha mãe adorava medicina, queria ter casado na igreja, queria ter uma vida social, queria ter um monte de burguesias que não teve com meu pai, que era comunista totalmente desprendido de qualquer valor material. Então, ela quis se realizar por intermédio da Regina, criou a Regina para fazer tudo o que ela não fez na vida (Lígia).

NEWTON DINIZ: DO COMUNISMO À MORTE TRÁGICA

Em 1945, ano em que Leila nasceu, o Partido Comunista apresentou-se livremente ao eleitorado. Por um curto período o Partido funcionou na legalidade. Em 1947, uma onda repressiva da direita levaria à suspensão do registro do Partido e à cassação de seus parlamentares, incluindo Prestes, que tinha sido eleito senador pelo então Distrito Federal. Durante esse breve período de legalidade, a família Diniz compareceu às festas do Partido Comunista no Rio de Janeiro.

Meu pai foi um líder bancário de peso no Banco do Brasil. Ele tinha um certo carisma, era capaz de virar uma assembléia, todo mundo respeitava o que ele falava, até funcionários superiores. Logo depois da redemocratização, o Partidão na legalidade costumava realizar festas em algum subúrbio do Rio. Numa dessas festas a Leila foi, bem pequenininha. Eu ficava fascinada com essas festas, porque tinha muita bandeira

> vermelha e retratos de Lênin, Stalin. Quando o Prestes chegava, parava tudo. "Prestes, Prestes, Prestes, chegou Prestes", e todo mundo embevecido, ouvindo Prestes falar. Eu achava que era um deus, na minha imaginação delirante de criança chegou um deus" (Eli).

Em função dessa presença do comunismo em sua infância, Eli deu à irmã o apelido de Leiluska, apelido que acompanhou Leila até a vida adulta.

> Eu dei o apelido de Leiluska para a Leila porque eu tinha mania de nome russo. Influência do meu pai. Ele nos deu uma coleção Romance do Povo que era dirigida por gente do Partido, daquela época do stalinismo. Fiquei muito cedo familiarizada com os nomes russos. E achava lindíssimos. Também por conta dos livros de Dostoiévski, Tolstói, Maiakóvski, que eu amava. Tive até tartaruga que botei nome de poeta russo (Eli).

Durante o governo Dutra, Diniz foi preso.

> A prisão do meu pai me marcou muito. Foi em 1947, no governo Dutra. Os investigadores da polícia desde a véspera já estavam olhando nossa casa. No dia seguinte, quando meu pai saiu para o trabalho, minha madrasta foi com ele até o ponto de ônibus. Aí os caras esperaram ele subir no ônibus, subiram atrás e prenderam. Ele desceu já debaixo de pancada, apanhou pra burro na prisão, ficou todo machucado. Ele foi bastante perseguido politicamente. No Banco do Brasil, era um funcionário exemplar, muito respeitado por todo mundo, chegou ao máximo que poderia chegar na carreira burocrática, mas tudo que dependia de indicação política foi barrado (Eli).

Após a prisão de Diniz, Isaura fez muita pressão para que ele abandonasse o Partido. Quando Regina e Lígia nasceram, Diniz já estava desligado do Partido Comunista, apesar de continuar defendendo suas idéias.

> Quando nasci, meu pai já não era do Partido, mas ele continuou com as idéias de comunismo, sempre citava Lênin, Marx e Prestes. Meu sonho era conhecer a Rússia, porque achava que devia ser uma maravilha: igualdade, liberdade, justiça. Enquanto minhas colegas do colégio achavam os Estados Unidos uma maravilha e a União Soviética um horror, eu achava o contrário. Ele falava que depois que foi preso, que apanhou, ficou acovardado. Dizia que estava se aburguesando. "O ser humano, quando começa a comprar geladeira, televisão, está perdido", ele dizia (Lígia).

A participação política de Diniz influenciou a trajetória de seus filhos. Elio e Eli foram filiados ao Partido Comunista. Elio por apenas um ano e Eli durante o período em que cursou a faculdade de Ciências Sociais (1961-1964). Regina foi militante estudantil, mas nunca se filiou a nenhum partido O comportamento revolucionário de Leila é percebido, ao mesmo tempo, como uma essência e como uma reconversão do comunismo do pai.

> A Leila puxou demais ao papai. Meu pai era um revolucionário educado no Partido, ela era uma revolucionária pela própria natureza. Nunca foi ativista política e nunca teve vontade de revolucionar nada. Tanto que quando ela foi perseguida politicamente nem se deu conta. Esperava tudo, que perseguissem meu pai, a minha irmã Baby, que foi do Partido, meu cunhado Marcelo Cerqueira, que foi da UNE e do Partido, o New,

> que também foi do Partido. Até eu, que fiz parte do movimento estudantil no científico. Minha mãe ficava nervosa com isso. Meu pai dizia: "Deixa a menina, a menina está lutando pelo que é direito." Fui fazer política por influência do meu pai (Regina).

Amante dos bons livros, apaixonado pelo carnaval, pelo Flamengo e pela música popular brasileira (Noel Rosa, Marília Batista, Aracy de Almeida, Dolores Duran, Elis Regina), Diniz marcou decisivamente a infância de seus filhos.

> Meu pai lia muito para nós, Machado de Assis, José de Alencar, Castro Alves, Olavo Bilac... Ele lia "O navio negreiro" pra gente. Eu ficava impressionada. Lia com entonação, se emocionava. "I-Juca Pirama", de Gonçalves Dias, invariavelmente, quando ele terminava de ler, nós estávamos todos chorando. "Tu choraste em presença da morte, em presença da morte choraste, não descende o cobarde do forte, se choraste, meu filho não és." Leila sabia de cor o "I-Juca Pirama", "O navio negreiro" e outras poesias. Eu era muito de ler, aliás, minha família inteira é de ler, meu irmão devorava livros, novinho já tinha lido *Guerra e paz, Os irmãos Karamazov,* Dostoiévski, Tolstói. Pra guri de 12 anos é um negócio pesado. A Baby e o New liam muito mais do que eu. A gente via meu pai lendo muito. Lendo e recitando. Meu pai fazia poesias lindas. Ainda tenho guardados uns poemas dele (Regina).

O ateísmo do pai foi outro elemento importante para seus filhos. Em um país católico, estudando em escolas em que eram dadas aulas de religião, eles eram diferentes das demais crianças. Não porque tivessem outra religião, o que era mais comum e também objeto de estigmatizações, mas diferentes porque "não eram nada".

Na minha casa eu achava tudo fantástico: o mundo é materialista, nada de Deus criou, Jesus foi um homem normal, não é filho de Deus porra nenhuma, ninguém teve filho sem trepar, Virgem Maria, não tinha nada disso. Mas na hora em que estava no grupo me incomodava um pouco não ser nada e todo mundo ser alguma coisa. No colégio eu me sentia diferente, porque no primário e no ginásio tinha aula de religião e a professora dizia "Quem não for da Igreja católica tem o direito de sair e não assistir à aula", e eu saía. Aí alguém dizia "sou israelita", "sou protestante" e eu: "Não sou nada". Ficava incomodada às vezes, "por que eu não sou nada?". Leila e Regina também não assistiam a essas aulas. Se você prestar atenção, minha família sempre foi um pouco diferente dos outros, não pertencia de alguma forma à maioria (Lígia).

Esse sentimento de ser diferente demonstra como a conduta considerada desviante depende do ponto de vista das pessoas que participam de tal conduta, como acredita Becker (1966). Para a sociedade mais ampla, ser desviante é não ter religião e negar a existência de Deus. Para os filhos de Diniz, ser desviante era freqüentar igrejas, indo contra as idéias e os valores paternos.

Meu pai tinha orgulho de dizer que era materialista: achava que a religião é o ópio do povo. Uma época da minha vida eu entrava nas igrejas escondida do meu pai. Não que ele proibisse, mas na minha cabeça aquilo era transgredir algo em que meu pai acreditava. Sempre comparo os antigos militantes do Partido Comunista com os jesuítas e sua Ordem: são dogmáticos, inflexíveis, muito disciplinados. Isso afetou nosso cotidiano, porque ele era uma pessoa muito rígida e austera. Tinha com o lado mais prazeroso da vida uma

> relação semelhante à que o jesuíta tem com o prazer, ou seja, nenhuma afinidade. Nós não comemorávamos datas que todo mundo comemora, e eu tinha uma frustração terrível com isso. No Natal, quando todo mundo estava alegre porque ia armar a árvore, ia ter presente, toda a família ia se reunir, lá em casa era um dia como outro qualquer, sem graça nenhuma. Um religioso diria: "Essas coisas mundanas não nos afetam, são irrelevantes." Ele, na linguagem do militante comunista, traduzia: "Ora, são veleidades que não têm importância diante de uma causa maior que é a liberdade do povo, a luta contra a exploração etc. etc. etc..." (Eli).

A importância de Diniz para seus filhos está fortemente relacionada aos problemas com as figuras maternas, de Ernestina ou de Isaura. Nota-se a dificuldade das filhas em se identificarem com um modelo feminino percebido como predominantemente negativo.

> Acho que eu e Leila fomos muito filhas do meu pai. A Baby diz que é filha só de pai, que não tem mãe, mas acho que ela é filha de um pai mais rígido e exigente, que não é o mesmo pai meu e da Leila. Ele parecia um sábio, que tudo o que dizia era verdade, profundo. Não impunha as idéias, não dizia "você tem que fazer isso". Mesmo com todos os abandonos, a Baby e o New adoravam meu pai. Porque ele era uma pessoa fascinante, era a perfeição, um deus, digamos assim. O que hoje em dia eu não acho porra nenhuma, mas na época ele era o amigo, o companheiro, o pai, o marido, o tudo. Deixou de ser deus e passou a ser humano quando fiz análise. Deve ter deixado de ser deus pra Leila quando ela fez análise. Mas mesmo como ser humano era maravilhoso. Era uma coisa doentia a relação da minha mãe com ele. Ela tinha ciúmes de tudo, não era só ciúme

sexual, tinha ciúmes do afeto dele. Os filhos que não eram dela, Baby e New, devem ter padecido, porque eu e Regina, que éramos filhas dela, que ela amava, ela tinha ciúmes. Era impressionante: era ele, ele, ele, ele, ele, ele e depois vinha a gente. Nós todas ficamos muito carentes de uma proteção materna autêntica, não tivemos uma mãe adulta com quem contar. Todo o lado que a gente precisava de uma conversa, de um apoio, era com meu pai. Então meu pai, nesse sentido, foi pai e mãe (Lígia).

Os filhos destacam a total submissão de Diniz a Isaura como causa de muitos conflitos familiares e cenas de violência. Todos analisaram criticamente a idealização que fizeram da figura paterna.

> Eu tinha uma nítida preferência pelo meu pai. Todos os filhos, a Leila também, a relação mais forte que ela teve foi com papai. Acho que comigo, Leila e Lígia ele foi um pai muito mais condescendente. Ele foi ficando mais velho e foi aceitando mais as coisas. A gente sempre desculpou meu pai de tudo, papai era nosso ídolo. Eu não conseguia colocar nenhum arranhão naquela imagem. A gente culpava nossa mãe porque meu pai era o santo. Mas ele também foi muito culpado. Minha mãe precisava de um homem que dissesse "chega, não vai ser do seu jeito". Juro que ela se enquadrava. Hoje em dia meus irmãos, apesar dos ressentimentos contra mamãe, reconhecem que papai podia ter feito isso. Não é só culpa da mamãe. Ele era conivente (Regina).
>
> Meu pai era muito sensível para as coisas do mundo exterior, defendia a igualdade, a justiça, a liberdade. Minhas conversas com ele eram sempre sobre política ou livros, tudo assunto intelectualizado. Ele não abria

espaço para conversar sobre emoções. Aliás, ele achava que essas coisas são bobagens, fraquezas, que você tem que ser superior às emoções. Enfim, o mito do homem que tem que ser racional. Ele era uma pessoa encantadora, muito tolerante. Nós todos idealizávamos muito meu pai, só prestávamos atenção nas qualidades e nunca nos defeitos. Nós todos acabávamos perdoando meu pai, desculpando meu pai de tudo, de todas as omissões, porque ele tinha um lado também muito fraco (Eli).

A seguinte relação de adjetivos pode ser organizada com base nos depoimentos dos entrevistados:

Diniz: *carismático, encantador, cativante, marcante, sedutor, fascinante, despojado, desprendido, generoso, altruísta, preocupado com os outros, simples, sem preconceitos, democrático, paciente, tolerante, atencioso, receptivo, sensível, amoroso, carinhoso, amável, doce, admirado, honesto, bom, perfeccionista, líder, amante da liberdade, coerente, maravilhoso,* respeitado, sério, responsável, político, ateu, comunista, inteligente, culto, adorado, rígido, austero, dogmático, inflexível, disciplinado, submisso, dominado, omisso, depressivo.

Ernestina: religiosa, hipocondríaca, auto-referida, fechada para o mundo exterior, preocupada, complicada, preconceituosa, estranha, ressentida, amarga, inerte, falsa, omissa, egoísta.

Isaura: *corajosa, louca, revolucionária,* infantil, instável, escandalosa, briguenta, destrambelhada, histérica, explosiva, violenta, ciumenta, possessiva, dominadora, tirânica, autoritária, despótica, manipuladora, intolerante, nervosa, mal-humorada, depressiva, ausente, egoísta.

Por meio desse quadro, verifica-se que o pai é percebido, predominantemente, como possuidor de qualidades valorizadas de maneira positiva, enquanto as mães são percebidas de modo negativo. As palavras grifadas apareceram, ao longo das entrevistas, também para qualificar Leila. Constata-se, assim, que existe uma forte associação entre as qualidades que foram citadas para o pai e as qualidades citadas para Leila. Leila aparece como herdeira de seu pai e não de suas mães, em especial de Ernestina, já que não se encontra nenhuma qualidade comum às duas.

Duby (1987) destaca que aqueles que escrevem sobre a vida de heróis e santos dão muita importância aos ancestrais, pois considera-se que "da boa árvore nasce o bom fruto". Nos depoimentos, Diniz aparece como a árvore que explica muitos dos comportamentos e valores de seus filhos, em especial os de Leila.

> Abacate vem de abacateiro, não vai dar em limoeiro. O abacateiro era o papai e o abacateirão era o velho Dario. Esta frase é de Leila: "Filha de Diniz, neta de Dario." Papai, como Leila, era simples, coerente, amante da liberdade, sem preconceitos. A maior influência que Leila teve na vida foi meu pai, não tenho dúvida nenhuma. Ela pode ter tido trilhões de homens, mas o homem que teve mais importância na vida da minha irmã pode ter certeza de que foi meu pai. O grande homem da vida dela (Regina).

Duby assinala que é comum encontrar nas narrativas de vida de heróis e santos suas virtudes já manifestas na infância e em seus ancestrais. Ao analisar a vida de Guilherme

Marechal, verifica que ela começa pela linhagem, porém não vai muito longe por essa via. "Pois esse herói era um homem novo. Punha sua glória em nada dever a ninguém, a não ser a si próprio." Para os entrevistados, Leila puxou ao pai, de quem herdou muitas características, mas outras são apontadas como inatas.

> Acho que a Leila puxou muito ao pai. No Banco do Brasil, desde o presidente até o contínuo, todo mundo adorava ele, e a Leila era uma pessoa assim também, tinha muitos amigos, desde artistas de sucesso até o pessoal da técnica. Ao mesmo tempo, tem muitas coisas que vieram dela mesma, do interior dela, nasceram com ela. Ele não era uma pessoa tão forte como a Leila, era muito fácil de ser dominado, não sabia se impor como ela. O que eu lembro é que a Leila, aliás não só ela, todos os filhos eram loucos pelo pai (Nilse).

Por meio das representações sobre Diniz é possível refletir a respeito da construção social da identidade masculina. Algumas oposições podem ser construídas para pensar a equação masculino/feminino, tais como: dominação/submissão, razão/emoção, público/privado, ativo/passivo. A liderança política de Diniz no mundo público é anulada no domínio privado, no qual ele é percebido como dominado por Isaura. Enquanto no domínio público Diniz corresponde às expectativas sociais existentes a respeito dos papéis masculinos (ativo, líder, racional, corajoso), no domínio privado ocupa uma posição inversa (passivo, submisso, dominado, omisso, fraco). Essa inversão é considerada uma patologia do relacionamento e das personalidades de Isaura e Diniz.

> Eu me lembro de coisas ruins da minha infância, como quando minha mãe cismou que meu pai não podia mais fumar e beber. Ela quebrou todos os cinzeiros da casa e todos os cascos de cerveja. Eu e Leila ficávamos quietas, não falávamos nada, numa cumplicidade, "vamos esperar o que vai acontecer". Eu me lembro de uma cena horrorosa, eu tinha 12 anos. A Regina é muito estudiosa, só que minha mãe achava que ela tinha que estudar mais e começou uma brigalhada. Meu pai teve um acesso de raiva contra si mesmo que era uma coisa alucinante, corria até a parede do corredor e tacava a cabeça na parede, aí voltava e fazia de novo... Aí minha mãe se meteu na frente pra ele não arrebentar a cara e ele bateu com a cabeça no nariz dela e quebrou o nariz dela. Aí a cena... ele parou quando viu o sangue escorrendo pela cara dela, acho que saiu daquele transe. Entrou no banheiro, tomou um banho frio e saiu. Essa cena foi a mais forte, mas teve outras. Até meio disfarçadamente eu sentia que ele dava soco na mesa. Ele engoliu muita raiva a vida inteira, um controle exagerado. Às vezes, por uma coisa sem muito motivo, podia desencadear esse vulcão que estava lá dentro reprimido (Lígia).

A dificuldade de Diniz em lidar com as próprias emoções, a morte de Leila, a submissão a Isaura, a sensação de inutilidade com a aposentadoria foram apontadas como as principais causas da depressão que o levou ao suicídio, em agosto de 1981.

> Meu pai achava que a pessoa tem que ser produtiva, não podia ser parasita. Ele devia ter uns 50 anos quando se aposentou, se sentiu muito inútil. Agora, o grande baque da vida dele foi quando a Leila morreu, não se conformou, achava um absurdo um filho morrer antes

dele. Daí em diante ele foi ficando pior. Foi uma fase negra, triste. Ele já tinha tendência à depressão. Na época ninguém tratava essas coisas como se trata hoje. Ele foi cortando muita coisa da vida dele. A primeira coisa foi a política, porque minha mãe morria de pavor que alguma coisa acontecesse com ele. Até por proteção, eu entendo, mas cortou uma coisa que ele amava, a vida dele era a política. Depois o cigarro, parou de fumar. Ele bebia as cervejas dele. Um dia bebeu um pouco demais e bateu com o carro, arrebentou a cara, quase morreu. Depois do acidente, parou de beber por insistência da família (Regina).

Meu pai, a vida inteira, foi o altruísta. Qualquer coisa que estivesse errada, a culpa sempre era dele, e ele se punia tanto que foi pra punição máxima, que é o suicídio. Enquanto minha mãe, se tivesse que arrebentar, arrebentava os outros, ele sempre foi ferindo ele mesmo. E não pedia ajuda nas horas que tinha que pedir... Infelizmente tudo isso que entendo hoje de comportamento humano foi depois de ele morrer, senão eu saberia que ele estava precisando de ajuda e não precisava ter morrido assim. Ele foi uma pessoa importantíssima para a família inteira. As mulheres, as mães, as esposas do meu pai foram simples coadjuvantes, ele sempre foi o protagonista (Lígia).

Falar do suicídio do pai causou muita tristeza e lágrimas, demonstrando o sofrimento, culpa e até raiva que esse fato causou nos filhos.

Meu pai era muito fechado, não se abria... ele nunca chegou pra mim e disse "eu te amo". Eu tinha que deduzir "bom, meu pai gosta de mim", embora algumas atitudes até desmentissem isso. Eu o achava um homem

> muito inteligente, honesto, idealista, preocupado sempre com o povo, com os outros. Às vezes, talvez, até em excesso, sei lá. Com defeitos, como todas as pessoas. Eu gostava muito dele. Pensei que o compreendesse bem, mas, pelo visto, não compreendia. Se compreendesse, talvez pudesse ter evitado. Porque ele nunca falou nada. Deve ter sido por isso que ele acabou se su... se matando. Justamente por não se abrir com ninguém. Chegou um ponto em que não tinha como falar: "Olha, não sou nada daquilo que vocês estão pensando, tem mais de dez anos que estou numa puta merda." Talvez a morte da Leila tenha influído, mas acho que não. Acho que já era anterior, as pessoas vão se cortando, quando vê está sem braço, sem perna, sem mão, não sobra nada. Porque ele foi muito podado, sempre podado, sempre podado (Elio).

Rodrigues (1983) acredita que em todo suicídio existe uma dimensão de poder: é sempre contra alguém ou alguma coisa. Pode ser uma vingança, um modo de acusar alguém, o único instrumento encontrado pelo suicida para enfrentar o poder de alguém, ou, ainda, uma demonstração de que a vida tal como é não merece ser vivida.

> O tio Newton se enforcou na casa dele. Ele premeditou tudinho: comprou a corda, se barbeou, se arrumou todo pra não dar trabalho a ninguém e se enforcou. Não deixou carta nem nada. Quem encontrou foi a Isaura, deve ter tido um choque terrível (Nilse).

> Quando meu pai morreu eu estava grávida, não agüentei o choque e perdi o neném, uma menina, nasceu morta de oito meses. Tive uma depressão psicológica tremenda, o que me deu uma depressão imunitária. Esqueci que estava grávida, tanto que o neném parou

de mexer e só uma semana depois percebi. Disseram que meu pai tinha morrido do coração e só um tempo depois eu soube que tinha se suicidado. Aí tive a sensação de ele ter me abandonado. Ele se matou, é vontade dele, né? Eu estava contando com ele pra me ajudar com o neném. Cheguei a sentir um pouco de raiva dele. Foi uns dois dias antes do Dia dos Pais, eu já tinha comprado o presente dele. Um pouco antes eu o levei ao psiquiatra, ele estava numa fase de depressão, logo depois ele se matou. Eu me senti culpada da morte do meu pai, de não ter enxergado antes, de não ter evitado. Se eu estivesse no lugar da minha mãe, eu tinha me matado também, porque ia achar que a culpa era minha. Ela azucrinava muito a vida do papai. Parecia que ele quis que ela o encontrasse morto. Ela até falou: "Puxa, parece que ele fez de propósito." Eu a culpei muito, meus irmãos também. Pra eles até é mais fácil culpá-la. Imagina chegar em casa e encontrar o marido morto e logo depois de uma briga que eles tiveram por causa do Dia dos Pais. Sempre as mesmas coisas. Porque eu estava querendo juntar os filhos todos. Minha mãe começou a selecionar as pessoas. Ela não queria ter trabalho, não queria fazer comida, brigaram por causa disso. Eu, se estivesse no lugar dela, ia assumir toda a culpa. Ela não se sentia culpada de nada (Regina).

Apesar de todos os problemas vividos na infância e adolescência, os depoimentos destacam que não é possível esquecer que o fato de os cinco irmãos terem alcançado realização afetiva e profissional na vida adulta revela que também existiram coisas boas nessa família.

Se você pensar bem, a bagagem cultural que nós temos, a vida familiar de todos, a união que existe entre nós... Além disso, somos muito alegres, nenhum de nós é

> deprimido. Papai não foi só infeliz com mamãe. Ele foi feliz também. Eles tinham uma relação sexual boa, tinham afinidades intelectuais, tinham coisas em comum. Quando eles casaram, em 1979, a iniciativa foi da minha mãe, mas não me pareceu que meu pai tenha se casado forçado. Eu fui madrinha desse casamento. Acho que o casamento em si não foi o que o levou à depressão (Regina).

A morte de Diniz, quase dez anos depois da explosão do avião, não faz parte da vida de Leila. O que faz parte de sua vida é a relação conflituosa do pai com Isaura.

> Um pouco antes do Newton morrer ele disse pra mim "eu sou um morto-vivo". Foi quando ele disse "A Isaura quer casar". Casou velho porque ela queria, enquanto não casou, ela não sossegou. Ele sempre foi contra casamento e achou uma bobagem depois de viver uma vida inteira. A Isaura tolhia tudo o que ele gostava. Tirou ele do Partido. Gostava de tolher na bebida. Com os filhos também, ele adorava o Elinho e a Baby e não podia estar com eles porque a Isaura não deixava. Até a mamãe ele estava proibido de ver. Ele sofreu muito, foi muito infeliz, ficou tolhido, então dizia que era um morto-vivo (Lucy).

Não pretendo aqui discutir os motivos que levaram Diniz a se suicidar, mas apontar como esse desfecho trágico revela a intensidade dos conflitos e dos dramas vividos por todos os membros da família. Quero também enfatizar que, ao contrário da idealização feita em algumas das biografias analisadas no capítulo anterior, a vida familiar de Leila Diniz não foi harmônica, saudável e feliz. A revelação dos dramas e conflitos existentes pode ajudar a compreender o "trabalho sobre si" feito por Leila para encontrar seu lugar no mundo.

Quando Diniz foi morar com Isaura, Leila tinha cerca de dois anos. Leila ocupou um lugar intermediário na família, entre os filhos rejeitados por Isaura (Elio e Eli) e as filhas verdadeiras (Regina e Lígia). A diferença de idade entre Elio e Eli é de um ano, enquanto a diferença entre Regina e Lígia é de dois anos. Leila ficava no meio, com cerca de cinco anos de diferença de Eli e cinco de Regina. "A Leila ficava no meio disso tudo. Ela era justamente a filha do meio" (Regina).

Leila não vivenciou como abandono o afastamento da mãe biológica nem foi obrigada a esquecê-la, por ter sido separada dela muito precocemente. Não foi para um colégio interno, isolada do afeto familiar. A ambigüidade se instalou desde cedo, pois Leila, sem saber os motivos, conviveu com as irmãs mais novas, criadas com mais atenção e privilégios, e os irmãos mais velhos, criados sem muito amor. Leila ocupou uma posição intermediária: não foi rejeitada, mas também não era verdadeira, era "como se fosse", era e não era filha de Isaura.

Primeiro, uma fase de separação da mãe biológica. Em seguida, uma fase de transição, quando Leila foi acolhida pelos avós. Por fim, a incorporação a uma nova família, com Isaura tratando Leila "como se fosse" filha. Elio e Eli viveram rejeições sucessivas. Para os dois, ao abandono materno seguiram-se o abandono paterno (colégio interno) e a rejeição dos avós. A ausência de carinho e amor da madrasta somou-se à falta de apoio paterno. Isaura, por sua vez, viveu como uma ingratidão a recusa de Elio e Eli reconhecerem seus esforços para criá-los adequadamente. Elio e Eli estão "fora do lugar" dentro de um modelo idealizado de família:

não se adaptam ao modelo de filho que ama, é grato e reconhecido à mãe que o criou.

> Por que Leila foi tão alegre? Comparando com a Baby e o New, ela não sofreu a rejeição que eles sofreram, porque foi afastada da mãe muito pequenininha e não tem lembrança disso. Foi aceita pela avó e pela madrasta. Ela não sofreu o "não quero você". Minha mãe teve vontade de criar a Baby e o New, só que não agüentou a barra. Tinha muitos ciúmes porque eles sabiam que tinham outra mãe e não a chamavam de mãe. Ela se sentia traída, dizia que eles implicavam com ela, que queriam botar o meu pai contra ela. Ela acha que fez o papel dela como madrasta de deixar todo mundo bem na vida: que era muito boa, que criou eles, que a bruxa da mãe deles não quis saber de nada, que eles hoje são assim porque ela educou. Ela gostava demais da Leila, acho que tratou a Leila como me tratou, talvez puxou um pouquinho mais a brasa pro meu lado. O negócio é que a Regina era a primeira, era escancaradamente privilegiada pela minha mãe, depois vinha eu, depois vinha a Leila, depois vinha o resto (Lígia).

Em matérias de jornais e revistas Isaura sempre aparece como a mãe de Leila. Esse fato foi apontado por Elio como um dos motivos pelos quais ele achava que Ernestina se recusava a me conceder uma entrevista.

> Acho que mamãe tem um pouquinho de mágoa de a Leila ter sido afastada dela. Ela tem um certo pé atrás porque todo jornalista que fala da Leila diz que a Isaura é a mãe. Na realidade a Isaura criou a Leila, mas não foi culpa dela. Então ela tem essa mágoa (Elio).

Para Elio e Eli, Isaura era a madrasta. Para Leila, ela era a mãe. A comparação da atitude de Isaura com a situação das práticas de adoção fornece elementos para a compreensão dessa configuração familiar.

> Assumir de verdade, minha mãe assumiu a Leila. A Leila era o xodó dela. Minha mãe adotou a Leila integralmente, de coração. E não adotou nem o New nem a Baby. Mamãe os aturava porque eram filhos do papai. Estando errada ou não, mentindo ou não, a Leila era adotada da minha mãe, era filha da minha mãe, não foi filha da Ernestina. Isso foi dito pela própria Leila. Também digo isso com minha experiência, porque meu filho mais velho é adotado. Ele pode até me questionar, mas se disser: "Você não é minha mãe, eu não sou seu filho" vou olhar pra cara dele e rir (Regina).

Essa idéia de Leila como filha adotiva é interessante de ser desenvolvida para esclarecer sua trajetória familiar. Apesar de não ser um caso típico de adoção, sua incorporação a uma nova estrutura familiar contém elementos que podem ser pensados como semelhantes aos de um filho adotivo. O conceito de adoção, de acordo com Costa (1988), é entendido como a incorporação de novos membros à família através de procedimentos e meios que não o do nascimento: laços de natureza biológica são substituídos por outros, que são meramente culturais. A adoção de uma criança depende do abandono, da morte ou da desistência por parte de sua mãe biológica, o que pode ser percebido como uma rejeição do filho.

Na adoção de uma criança, a ênfase dos pais se dá nas relações que são atadas pelo amor e pela escolha do filho adotivo, contrapondo-se assim aos laços de sangue, ou, como diz uma das entrevistadas de Costa: "Eles não são filhos da barriga, são filhos do coração." Para a autora, é reconhecida socialmente como mãe verdadeira a que cumpre a função de gerar e criar um filho. Articulam-se, assim, as dimensões da natureza e da cultura na representação sobre a maternidade, que deve somar os laços de sangue aos laços do coração.

O filho adotivo, de acordo com Costa, está sujeito a ser estigmatizado porque se contrapõe a um modelo de família normal. Para fugir desse estigma é comum os pais adotivos recorrerem ao segredo. O segredo da adoção envolve uma série de procedimentos e tabus relacionados ao desejo de corte radical com o passado do adotivo, no intuito de evitar relações que possam lembrar o fantasma da mãe biológica. O segredo decorre do desejo de que se processe total transferência do adotivo aos pais que o adotam, por meio de uma ruptura definitiva com os laços de sangue. Nesse desejo está presente a crença de que os pais biológicos mantêm direitos permanentes (sagrados ou naturais) sobre seus filhos, o que sugere uma fragilidade dos laços de adoção e a possibilidade de que venham a se desfazer.

No caso de Leila, essa ameaça pode ser percebida como maior pelo fato de se constituir uma nova família em que o fantasma da mãe biológica estava muito presente: pai e irmãos eram testemunhas de uma história que deveria ser mantida em segredo para que ela acreditasse que Isaura era sua mãe verdadeira.

> Meus irmãos sabiam e não podiam dizer pra Leila que ela tinha uma outra mãe. Hoje eu tento desculpar minha mãe, entender a insegurança dela. Eu vivi um pouco isso porque meu filho mais velho é adotado. Vivi isso na minha análise, a gente tem a sensação de que roubou o filho de alguém. Eu faço questão de contar para os

> meus filhos a verdade. Não é assim: "Você é adotado", não marquei um dia pra contar. Eu eduquei mostrando que ele não nasceu da minha barriga, mas é meu filho igual, tão querido quanto os outros (Regina).

Refletir sobre o segredo da adoção é fundamental para se entender as distintas atitudes de Isaura para com os filhos de Diniz. Enquanto Elio e Eli foram separados da mãe com mais de cinco anos e se recordavam dela, o mesmo não ocorreu com Leila. Assim, para Leila, a ruptura com o passado era possível, desde que os irmãos mais velhos mantivessem segredo. Costa aponta para a necessidade de o segredo ser socialmente compartilhado, o que exige cumplicidade de todos os envolvidos, mesmo crianças que não poderiam entender o motivo de tal segredo. Um dos elementos explicativos para o comportamento de Isaura pode ser a dificuldade em lidar com crianças que mantinham a lembrança da mãe biológica e que poderiam revelar o segredo para Leila. Essa situação familiar aparece como um cenário, um jogo, sugerindo que Leila, desde a infância, viveu em um espaço em que crianças e adultos representavam papéis. Há uma analogia entre a vida real e o teatro, indicando que a representação de papéis sociais é constitutiva da vida de Leila.

> A Leila foi criada na ilusão de que era filha da Isaura. A Isaura fazia questão de que a Leila achasse que era filha dela, e nós todos tínhamos que chamá-la de mãe. Foi montado um verdadeiro teatro. Eu e meu irmão sabíamos que era uma coisa fictícia, mas não rompíamos com aquele cenário, aquele jogo, porque aquela era nossa família, e meu pai fazia parte disso, nós tínhamos medo de perdê-lo, todo nosso amparo era ele. A Isaura não permitia que nós tivéssemos contato com minha mãe, não permitia nenhuma lembrança, nada que

> evocasse a figura dela: nenhum retrato, nenhuma palavra, era um assunto tabu, proibido. A Isaura tinha uma dificuldade muito grande de lidar com o passado do meu pai. A forma que ela arranjou de conviver com isso foi negar completamente a existência da minha mãe, era como se ele não tivesse passado. Isso criou muitas dificuldades até mesmo com relação à família do meu pai. Aos poucos ela foi cortando a comunicação com eles, e nós quase nunca os víamos (Eli).

De acordo com Costa, o segredo nada mais é do que o silêncio compartilhado, um acordo que envolve uma cumplicidade obrigatória de todos os envolvidos. Romper com o segredo é romper com o pacto de cumplicidade, o que pode resultar em graves ônus, como a ruptura das relações sociais estabelecidas. Nos casos de adoção estudados pela autora, muitas vezes os pais adotivos mudam de residência e forjam novos vínculos de amizade com pessoas que desconhecem o segredo e, portanto, não o colocam em perigo de revelação. As ameaças de revelação podem partir de crianças que não firmaram esse pacto ou não avaliam sua importância e em uma briga ou brincadeira falam a respeito. Esse temor da revelação do segredo talvez possa explicar o afastamento de Isaura da família de origem de Diniz.

Costa faz uma interessante distinção entre o filho adotivo e o filho de criação, que pode ser pensada como análoga às situações vividas pelos três irmãos. Enquanto o filho adotivo tem uma posição estrutural na família que corresponde à de um filho legítimo, o filho de criação não é completamente incorporado à nova família, permanecendo marginal a ela. Embora os filhos de criação tenham, da parte dos pais, tudo o que lhes garanta a sobrevivência (alimentação, abrigo, higiene, saúde), além da transmissão de valores e de uma moralidade, falta-lhes a demonstração de afeto e amor, que é dedicada aos filhos adotivos. De acordo com a autora, essa distinção entre filhos adotivos e de criação é expressa pela dicotomização entre "aceitação" e "fazer diferença".

> Baby sofreu muito com essa coisa de mãe pelos dois lados. A mãe dela não foi uma boa mãe. A mãe dela não quis ficar com ela e demonstrava preferência pelo New. Entre os dois, minha mãe tinha preferência pelo New. Até antes de morrer minha mãe sempre disse isso. Minha mãe não assumiu ser mãe dos dois e muito menos dela. Baby sabia que de todos a menos amada pela mamãe era ela. Mamãe sempre fez diferença direitinho (Regina).

Os problemas com Isaura fizeram com que Elio fosse paulatinamente afastado do convívio familiar. Primeiro, foi interno no Colégio Militar, e, depois, "convidado" a ir morar com a mãe verdadeira.

> Quando fiz 13 anos fui interno no Colégio Militar, durante quatro anos. Não sei por que cargas-d'água me botaram interno. Até imagino: era menos um filho pra alimentar, pra morar em casa, que era pequena. Ou porque a Isaura não gostava de mim. É uma barra pesadíssima o internato do Colégio Militar, tem de tudo: órfão, criança abandonada pelos pais, criança que ficava um ano sem ver a família. Tudo quanto é criança com problema vai pro internato, é mais ou menos como um reformatório da vida. Eu só ia pra casa fim de semana, às vezes não ia um mês, evitava ao máximo ir. Quando fiz 17 anos, a Leila devia ter 11, saí de casa. O fato detonador foi uma briga com a Isaura por causa de uma banana que comi. Ela pegou uma vassoura, eu avancei pra cima dela, a Leila se meteu no meio e

> evitou que eu agredisse ela. Aí sumi de casa, passei três dias sem ninguém saber de mim, vagando pela rua. Papai ficou desesperado e conseguiu me encontrar. Eu me lembro até hoje disso, ele me pagou um almoço, coisa que nunca fazia. Tomei uma cerveja e ele explicou que eu não poderia voltar pra casa. Disse: "Então você vai viver com sua mãe, eu já falei com ela." "Tudo bem, vou viver com ela, prazer, mamãe." Aí que, praticamente, eu vim a conhecê-la. Durante dez anos não voltei mais na casa do papai, só fui lá depois que minha primeira filha nasceu (Elio).

Cerca de um ano depois de Elio ir morar com Ernestina foi a vez de Eli ser "expulsa" de casa.

> A Isaura tinha ciúme do meu pai comigo. Eu era aquela mania de perfeição, menina-modelo, estudava feito louca. Sei lá quais os fantasmas que povoavam a cabeça dela, o fato é que ela tinha uma guerra comigo. Ficou dois anos sem trocar uma palavra comigo, como se eu fosse uma estranha. Estava me expulsando a cada dia, só que não dizia "sai daqui". Era uma outra forma de me enxotar, tentando me vencer pelo cansaço, pensando: "Vou criar um clima tão infernal pra essa menina que ela vai embora espontaneamente." Ela me hostilizava 24 horas por dia, só não me hostilizava quando estava dormindo. Não me deixava um segundo sozinha com o meu pai. A minha paixão era o *Grande Teatro Tupi*. Se eu sentava pra ver televisão perto do meu pai, ela podia estar pronta pra dormir, de camisola, que ia pra sala e ficava plantada lá. Fui me sentindo tão acuada que um dia levantei pra ir pra escola, meu pai estava no banheiro fazendo a barba e entrei pra escovar o dente, aí pensei com os meus botões: ela vai entrar atrás de

mim neste maldito banheiro. Não deu outra. Aí me irritei profundamente e falei: "Será possível que você tem que viver atrás de mim o tempo todo, não me deixa em paz, vou me embora desta casa." Naquele dia mesmo fiz minha trouxa e fui pra casa da minha mãe. Meu irmão já estava morando lá, e de vez em quando eu os visitava. E meu pai, como fazia todas as vontades da Isaura... Sabia que ele não ia me defender e que eu ia estar sozinha nessa briga. Ele disse: "Então vai, não dá certo mesmo." Totalmente omisso, como sempre foi, porque, apesar de todos nós termos essa adoração pelo meu pai, sabíamos que ele era uma pessoa passiva nessas coisas. Acredito que ele sofresse com isso. Eu não pensava em sair de casa, mas ficou impossível continuar vivendo naquele mesmo espaço. Foi uma imposição, não foi um ato de escolha, mesmo porque eu era muito ligada ao meu pai e às minhas irmãs. Senti muita falta, sobretudo por ter ficado isolada, não poder ir lá, não poder ver minhas irmãs, não poder telefonar. A Isaura não deixava. Saí de casa com 17 anos e só fui rever a Regina e a Lígia quando eu tinha uns 24 anos (Eli).

Diniz sugeriu aos filhos mais velhos que morassem com a mãe verdadeira, o que demonstra que os laços com Ernestina não tinham sido completamente rompidos. Depois de saírem de casa, Elio e Eli continuaram encontrando com o pai, em seu trabalho, mas foram proibidos, por Isaura, de verem as irmãs. Assim como Elio e Eli não receberam explicações sobre o que estava ocorrendo quando se separaram da mãe, o mesmo aconteceu com suas irmãs quando os dois foram viver com Ernestina. O "não-dito", o segredo e a mentira fizeram parte dessa configuração familiar.

Era tudo cheio de coisas não-ditas. Minha irmã Lígia era bem pequenininha, e mais tarde nos contou que ficava apavorada porque via progressivamente os irmãos saindo de casa. Primeiro o meu irmão, depois eu, depois a própria Leila. Cada hora via um irmão sumir sem nenhuma explicação e ficava em pânico pensando: "Qualquer hora vai chegar minha vez e vou ter que sair porta afora sem saber por quê." É uma coisa meio surrealista, né? É como se houvesse um ato institucional permanentemente baixado dentro de casa e uma forte censura em cima de determinadas questões (Eli).

Assisti à briga quando meu irmão saiu de casa, foi terrível. Um dia ele comeu minha banana e minha mãe começou a brigar com ele, com uma vassoura. E eu, horrorizada, gritava. O New segurava a Leila: "Dá a minha irmã pra cá", a minha mãe puxava a Leila. O meu irmão saiu e minha mãe pegou a gente e foi pra praia, disfarçar. Tudo da minha mãe era assim. Ela levava a gente pra brincar de areinha e eu, a Lígia, a Leila, angustiadas, querendo saber de tudo o que se passou. Lembro de noite ela conversando com meu pai, colocou essa questão: "Ou ele ou eu." Depois vejo meu pai atirando prato na parede, deu um ataque, fiquei apavorada. Minha mãe: "Dorme, dorme." Como a gente ia dormir num caos daqueles? Dia seguinte em diante meu irmão não estava mais lá, saiu de mala e cuia. Só bem depois fiquei sabendo que foi pra casa da mãe dele. Cresci com essa imagem que minha mãe botava filho pra fora de casa. Eu tinha uma insegurança tremenda com relação a isso. Gostava dela, mas criar um vínculo afetivo era uma coisa temerosa. Depois foi a Baby. Eu dormindo de manhã, me lembro dela chorando. "Porque eu adoro as minhas irmãs." Eu, com uns sete anos, essa frase nunca esqueci, pensei: "Eu também te adoro, Baby." E depois

> não a vi mais. Minha mãe dizia que ela estava na casa de uma amiga. Na minha cabeça de criança perder uma irmã mais velha que eu adoro, está na casa de uma amiga e não me procura. Eu achava que ela não gostava de mim, sofri muito. A Baby me fez uma falta tremenda. Para mim foi como se ela tivesse me abandonado. Porque ela não podia se comunicar comigo, minha mãe não deixava por medo de que ela falasse que tinha outra mãe. Mais tarde eu soube que a Baby entregou pro meu pai, no banco, uma pulseirinha no dia do meu aniversário. Eu era o xodó dela. Ele não entregou porque minha mãe não deixou. Eu só fui ver meus irmãos novamente com 13 anos (Regina).

A descoberta da mãe verdadeira e de uma situação familiar repleta de mentiras parece ter sido decisiva na trajetória de Leila Diniz. Enquanto para Elio e Eli a situação era clara, eles eram os intrusos, Leila viveu uma situação de ambigüidades e segredos, era e não era filha de Isaura.

> Sei exatamente como a Leila soube que não era filha da mamãe. Eu sei como foi porque a Leila me contou. Foi a tia Nita, irmã mais velha da minha mãe, que contou para ela. Tia Nita era muito carinhosa, calma, muito diferente da minha mãe. Tenho impressão de que a Leila soube porque os irmãos insinuaram alguma coisa. Ela devia ter uns dez anos. A Leila pode até ter desconfiado quando meus irmãos saíram de casa. Frases soltas que ficam sacudindo a cabeça da criança, como a frase da minha mãe: "Eles não são meus filhos." Essa é uma frase que não se esquece, fica no inconsciente. Como a Leila ficou supertriste e grilada e começou a questionar minha mãe, que não queria falar, tia Nita saiu passeando com ela de bonde e contou tudo com carinho, até tentando desculpar minha mãe um pouco,

porque a Leila ficou revoltada por causa da mentira. Daí minha mãe disse que não queria que comentasse com a gente, e ela não comentou. A criança aceita muitas coisas por medo de perder a família, mas adolescente questiona muito. Aí começaram os atritos. Ela saiu de casa a primeira vez acho que tinha 14 anos. Mas muito antes ela descobriu a verdade. Ela ainda passou um tempo com mamãe, a peitar mamãe. Nunca ouvi ela falar direto: "Não sou sua filha." Eu lembro que um dia a Leila chamou mamãe de Isaura, coisa que ela nunca fazia, ela sempre chamava de mamãe. Acho que por ser adolescente de vez em quando ela chamava pra dar uma agredida na mamãe. Ela não saiu de imediato quando descobriu a verdade, teve uma defasagem. Ela ficou muito chateada com mamãe pelo fato de não ter contado a verdade. E como papai que era uma pessoa tão verdadeira admitia esse tipo de coisa? Um dia ela me disse: "Regina, você ainda não sabe que eu não sou filha da Isaura, que não nasci da barriga da mamãe?" Eu falei: "É, Leila?", e ela: "Ih, está por fora." Ela contou assim na brincadeira. Eu fiquei parada, debaixo do prédio, pensando nisso: "Meu Deus." Aí me lembrei do papai acusando mamãe, das brigas. Eu tinha 10 para 11 anos (Regina).

Mesmo não vivendo a rejeição sofrida pelos irmãos, Leila sofreu com a separação deles e a descoberta da verdade. Pode-se pensar que viveu um momento de crise de identidade, já que descobriu que a mãe verdadeira, referencial fundamental na construção da identidade feminina, era uma mulher desconhecida.

Acho que a vivência da Leila com essas coisas todas deve ter sido muito complicada, porque é como se ela tivesse várias vezes sofrido a perda da mãe. Teve a

> primeira perda com sete meses de idade: foi afastada da mãe verdadeira e foi viver com minha avó. Minha avó ocupou o lugar da mãe até os dois anos: cuidava dela, dava mamadeira, trocava fralda, dava banho. Se não me engano, minha avó comentou comigo que a Leila a chamava de mãe nessa época. Depois que ela constrói esse laço com essa avó meio mãe, nova ruptura, porque ela vai pra casa da minha madrasta, que se apresenta como mãe dela. Depois que ela estabelece um vínculo com a Isaura, um vínculo forte porque ela achava que a Isaura era mãe dela, na adolescência ela descobre que também não era a mãe dela. É como se fosse uma terceira perda da mãe (Eli).

Como lembra Costa, a descoberta de que se é adotado pode desencadear um trauma no filho adotivo, que se sente rejeitado ou abandonado pela mãe verdadeira. A descoberta da condição de adotivo pode causar uma revolta que muitas vezes se traduz na saída da casa dos pais, no rompimento definitivo de relações com a família ou na agressividade para com os pais adotivos. Além disso, o filho adotivo pode ter o desejo de reencontrar sua família biológica e sua mãe verdadeira.

Leila, na adolescência, saiu de casa e tentou uma aproximação com Ernestina, vivendo alguns meses com ela. Depois morou com amigas, tios, voltou para a casa do pai, até ir viver com Domingos de Oliveira.

> A Leila não tinha afinidade nenhuma com a mãe dela, não tinha nada a ver com a mãe, nada, nada, nada. Acho que ela gostava mais da Isaura, apesar de tudo o que aconteceu. Ela falava muito que a mãe dela era muito chata, era uma pessoa muito religiosa. Ela dizia: "Ih, morar lá foi um porre, minha mãe é um porre, ela só

fica rezando. Mas também, coitada, ficou sem os filhos, ficou sozinha." A Isaura era uma pessoa mais esclarecida. A Leila achava a Isaura mais mãe (Nilse).

Leila foi obrigada a lidar com o fato de ter uma mãe que a "pariu" e outra que a criou. Era filha de Isaura e de Ernestina.

> Depois que soube, a Leila ficou meio puta: "Por que não me contaram?" Saiu de casa, mas depois voltou, na boa. "Minha mãe", sem rancor. Sabia que minha mãe não suportava ouvir falar da outra, e ela não falava. Ela falava pra minha mãe: "Mãe é quem criou, tá, mãe? Mãe é quem limpou o cocô, mãe é quem deu de mamar, mãe é quem ficou acordada de noite, tá, mãe?" Tipo assim: "Não esquenta não que eu achei a outra, mas você é a mãe." Isso ela dizia demais: "Mãe é quem criou, não é quem pariu não." Mas, provavelmente, pra outra ela dizia: "Você me pariu, é ótimo." Ela queria todo mundo bem. Não teve mágoas nem rancores com nada dessa confusão da vida dela (Lígia).

> A Leila gostava demais da Isaura, ela mesma dizia que a Ernestina era mãe dela porque teve ela, mas a mãe que ela considerava mesmo era a Isaura. A Isaura gostava muito dela, tanto que me lembro até hoje das palavras da Isaura quando a Leila morreu: "Eu perdi a filha que mais me entendia, a filha que mais me compreendia." A Leila gostava muito da Isaura e dizia mesmo que ela considerava a Isaura a mãe dela, não a Ernestina (Deise).

Leila, em entrevistas, refere-se quase sempre a Isaura como sua mãe ou mãe adotiva. Em poucos momentos refere-se a ela como madrasta.

> A minha mãe de nascimento, a chamada puta que me pariu, mora em Santa Teresa. Eu fui criada por outra, minha madrasta, muito bacana também, eu gosto muito dela (Leila Diniz, *Nosso Tempo*, TV Manchete, 14/6/1992).

Ao contrário de Elio e Eli, que se sentiram órfãos de mãe, Leila contou com o cuidado e a atenção materna de diferentes mulheres. Além da avó paterna, de Isaura, e da tia-mãe Lucy, Leila teve outras mães adotivas durante sua vida: como as mães das amigas e algumas vizinhas. Em vez de optar por uma mãe ou outra, Leila encontrou uma maneira positiva de lidar com essa situação, somando as mães.

> Ela dizia que tinha várias mães, porque era adotada, um pouco, pelas mães das grandes amigas, que ela chamava de mães. Ela se tornava, com muita facilidade, muito querida pelas pessoas, então facilmente era adotada. Ficava na casa das amigas e as mães a recebiam como se fosse mais uma filha dentro de casa. Havia pelo menos três amigas com quem eu sei que ela tinha esse tipo de relação (Eli).

> A Leila foi somando as mães. Quando chegava o Dia das Mães ela dizia: "Puta que pariu, vou ter que dar uns dez presentes." Ela teve duas vizinhas quando morou em Ipanema. Gostava tanto dessas vizinhas que quando se mudou para um apartamento maior no Leblon ela ajudou a pagar o aluguel das vizinhas para elas também irem morar no Leblon. Elas fizeram o papel de mãe, cuidavam dela. Eram irmãs: uma, viúva, e outra, desquitada, bem mais velhas, e nada a ver com o temperamento da Leila. Eu me lembro de uma cena que morri

de rir. A Leila ia viajar e elas, ajudando a arrumar a mala, vieram com um pente grosso, esquisito: "Leila, não vai levar este pente?" Ela falou: "Que é isso? Isso é pente de pentear pentelho?" Elas adoravam a Leila, não a reprovavam em nada, só diziam "Essa menina..." (Lígia).

A ADOLESCÊNCIA: CRISE E BUSCA DE CAMINHOS

A adolescência é considerada uma fase de transição repleta de crises e conflitos, um período de profundas transformações psicológicas e físicas. Na adolescência, Leila se ligou ao mundo artístico e encontrou seus pares: amigos e namorados.

> A adolescência foi um corte muito grande na vida da Leila. Ela viveu conflitos muito intensos, foi uma revolução interior. Quando ela estava mais ou menos com 11 anos, o New saiu de casa, e depois eu saí. A Leila era muito independente, uma independência que beirava um certo desenraizamento. A Leila adolescente na minha imagem é uma Leila meio cigana, andarilha, que começa a ter muitos amigos e fica um pouco na casa de um, na casa de outro, fica um período na minha própria casa com minha mãe. Era uma dificuldade pra ela ir à escola, saía com os amigos e ia ler poesia, gostava muito de tomar chope naqueles bares de Copacabana (Eli).

Talvez por não conseguir encontrar seu lugar na família, Leila passou a transitar em diferentes mundos, tornando-se cigana, nômade, desenraizada. Leila fez dessa ausência de lugar a elaboração de um novo lugar.

> Leila saiu de casa a primeira vez depois de uma briga com minha mãe. Nunca tinha um lugar que a Leila pudesse achar que fosse a casa dela: a casa da minha tia não era, a casa da mãe dela também não era, a casa das amigas também não. Por isso acho que ela fez as pazes com mamãe e voltou. Acho que a Leila estava procurando um porto seguro. Então não ficava parada num lugar só. Depois já saiu pra ficar com o Domingos, novinha, com 17 anos (Regina).

Leila saiu de casa, pela primeira vez, aos 14 anos. Morou algum tempo em casa de amigas e voltou para casa. Saiu novamente aos 15, morou alguns meses com Ernestina e cerca de dois anos na casa de sua tia Lucy, em Vila Isabel. Diferentemente dos irmãos mais velhos, Leila continuou encontrando Isaura e as irmãs depois de sair de casa. Lígia, aos 18 anos, também saiu de casa, em função de brigas com Isaura. Durante um ano morou com Leila, mas após uma doença voltou para casa. No ambiente familiar de Leila, sair de casa após brigas com Isaura era o padrão. Enquanto os irmãos mais velhos foram expulsos de casa por Isaura, a decisão de Leila parece ter sido uma busca de encontrar um lugar seu, um espaço próprio, uma "alternativa individualizadora" (Velho, 1981).

> A Leila não chegou a brigar como a Baby e o New brigaram. Ela descobriu que tinha uma outra mãe e ficou puta da vida e disse que ia buscar essa mãe. Mas depois ela voltou, não chegou a romper relações com ninguém (Lígia).

Aos 16 anos, Leila começou a fazer análise com o psicanalista Wilson Chebabi. A terapia psicanalítica parece ter sido um instrumento fundamental para Leila elaborar seus sofrimentos. A terapia entrou em um momento de busca de um espaço próprio, quando Leila rompeu com a vida familiar e com os estudos.

> Ela começou a fazer análise depois que saiu de casa, que foi conhecer a mãe. Eu não sabia muito bem o que era ser um analista, mas sabia que o Chebabi era uma pessoa de quem ela gostava, que conversava muito com ele. Escutei falar do Chebabi muitas vezes: "Ah, porque o Chebabi me disse", mas pra mim, que era pequena, era como se fosse um amigo dela (Lígia).

A irmã de Leila mostra como a análise foi uma forma que Leila encontrou para lidar com conflitos e sofrimentos profundos, que poderiam levar a comportamentos autodestrutivos caso não fossem elaborados positivamente. A crise parece ter sido tão grave que Leila buscou ajuda muito precocemente, em um momento em que ainda era raro fazer análise no Brasil, início da década de 1960.

> Ela começou a fazer análise bem cedo e quem indicou o analista foi uma amiga minha. Eu nem tinha idéia do que era análise, não distinguia análise de bruxaria ou qualquer coisa assim. Quando entrou na adolescência, a Leila passou por uma crise muito grande, crise de adolescência mesmo, que nela foi mais aguçada por causa das circunstâncias familiares. Uma fase de sofrimento muito grande, de dúvidas a respeito de quais seriam os caminhos dela, qual seria a identidade dela, qual o lugar dela na família, seu projeto de vida. Houve um momento em que fiquei muito preocupada, com

> medo, porque achei que ela podia entrar numa coisa muito autodestrutiva. Então, a Leila fez análise com o Chebabi, e acho que ela conseguiu dar um salto qualitativo nesse processo todo. Naquela época, década de 1960, era muito raro, era muito no início da análise no Brasil. Ele atendeu a Leila praticamente de graça, porque ela não tinha um tostão e eu também não tinha dinheiro pra pagar. A análise fez uma grande limpeza de terreno, ajudou a vir à tona a personalidade dela, que era muito rica, mas ainda estava brigando com muita coisa. Havia muito conflito, contradição, tensão e angústia dentro dela, nessa fase de adolescência. A análise possibilitou um mergulho dentro da sua subjetividade, o que lhe permitiu integrar melhor sua personalidade, juntar suas melhores partes (Eli).

Leila, na entrevista a *O Pasquim*, fala de sua análise como algo relacionado às crises de adolescência, um momento de confusão: "Quando eu fui ao psicanalista, eu estava realmente batendo com a cabeça no poste." Ela fez análise dos 16 aos 19 anos, de 1961 a 1964, e retornou em 1970, com 25 anos, quando fez mais um ano. Chebabi ressalta que a procura da análise, principalmente num momento em que isso não era moda, era motivada pelo sofrimento.

> A Leila foi atendida por mim, pela primeira vez, lá no Instituto de Psiquiatria. Não se cobrava a consulta, era só uma taxa simbólica. Minha linha de trabalho, no início, era predominantemente kleiniana. O trabalho era com grupos de no máximo dez pessoas, mistos, durante uma hora, duas vezes por semana. Nos anos 1960, quando comecei a atender no Instituto de Psiquiatria, raramente as pessoas buscavam a psicanálise pelo interesse de se conhecer melhor. Inicialmente, acho que

> isso se sustenta até hoje, a força motriz de se buscar uma análise é o sofrimento. Acho que uma pessoa entra em análise de uma forma mais autêntica se procura a análise porque está sofrendo, e não porque a patota se analisa também. Chamo de consistência a possibilidade de utilizar a análise para viver melhor consigo mesmo e não para entrar na patota. A Leila foi fazer análise muito mocinha, um processo que ela levou muito a sério. Ela era uma pessoa muito séria. O que eu posso dizer é isto: que ela topou o processo e usou os recursos que a análise tem, e realmente foi descobrindo os caminhos dela. Depois fez análise individual comigo. Detalhes da análise dela eu não posso contar. Mas ela se utilizou verdadeiramente da análise, não foi como depois tanta gente fez, usar a análise com uma espécie de álibi: "Olha, eu estou em análise com o dr. fulano", isso não tinha a menor importância para ela. Importante eram as descobertas que ela ia fazendo na terapia. Não era para formar uma patota, não havia uma patota psi. O mergulho dentro de si mesmo para poder descobrir o que era verdadeiro e assumir as conseqüências de cada uma dessas descobertas. Isso é o que eu chamo de consistência, é o que chamo de um processo analítico consistente, seriedade consigo mesmo. Isso ela teve. Da imagem pública de Leila, eu admirava mais a coragem de rasgar o véu da hipocrisia, de falar o que todo mundo queria falar e não falava. Acho que a imagem dela ficou forte socialmente porque todo mundo sentia que ela peitava mesmo, que ela estava abrindo, que essa coisa revolucionária era verdadeira, era consistente, não era apenas um gênero. Ela bancava as conseqüências de cada coisa que ia abrindo (Chebabi).

Aos 13 anos Leila começou a escrever um diário. Gusdorf (1991) assinala que o diário surge em um momento de crise de identidade, e quem o escreve quer descobrir seu próprio segredo, o que desconhece de si mesmo, suas verdades escondidas. O diário tem para o adolescente valor de refúgio, de ponto de apoio e de afirmação de sua identidade em um período de crises, conflitos e descobertas. Para Gusdorf, a leitura do diário por outros é percebida como invasão da intimidade, dos segredos mais ocultos de alguém e, como tal, não deveria ser feita sem a permissão de seu autor.

> Na Anita Garibaldi, 80 tinha uma janela que dava para um morro que a Leila dizia que parecia um urso sentado. Ela adorava aquele urso, chamava de Cherri. Ela escrevia no diário: Cherri. E eu uma vez abri o diário dela. Se invadisse o diário, ela brigava. O diário era uma coisa sagrada. Eu enchia o saco, aquilo pra mim era fantástico, já que era uma coisa tão secreta. Eu queria ler só porque era proibido. Ela escrevia diário desde que eu me entendo por gente. Com essas descobertas de que minha mãe não era mãe dela, ela tinha que botar pra fora de alguma forma, ela não fazia análise ainda. Então ela conversava com o Cherri (Regina).

Atrás da imagem pública de uma mulher sempre alegre e cercada de amigos ficaram encobertos os momentos de tristezas e sofrimentos, que Leila desabafava, e muitas vezes resolvia, no diário.

> Era muito centrada (equilibrada). Nunca a vi mal-humorada, mas ela tinha grandes tristezas (quando então passava muito tempo sozinha, escrevendo). Leila escrevia todo dia e assinava com um desenho (um círculo com um ponto no meio). Isso simbolizava sua busca pela essência de si mesma (Marieta Severo, *Cláudia*, junho de 1982).

Junto com a terapia analítica, o diário parece ter funcionado como um veículo de autoconhecimento.

> Até parece um paradoxo. A Leila tinha momentos de muita introspecção contrastando com aquele vulcão explodindo. Ela não era o tempo inteiro só comunicativa. Também tinha os momentos de recolhimento, de auto-reflexão. Escrevendo de noite tudo o que aconteceu durante o dia, ela estava pensando sobre isso, né? Acho que era a forma que ela tinha de organizar aquela vida tão tumultuada, aquela horinha que ela parava e mergulhava em si mesma. Ela escrevia o diário para o Cherri: "Querido Cherri". A Leila era uma pessoa profundamente profunda, é até redundante, mas era exatamente isso: profundamente profunda. Ela começou o diário aos 13 anos, e quando a vida dela começou a ficar muito intensa de afazeres, poderia ter parado esse hábito porque não teria mais tempo. Mas não, ela cultivou esse hábito de escrever sobre sua vida. Então me parece que sempre foi uma maneira de ela fazer uma autoanálise profunda (Lígia).

Escrever um diário é, para Gusdorf, uma aventura, uma viagem ao centro do ser a fim de descobrir as suas razões de existir. Viagem ao centro e busca de desnudamento de si para si, de procura de compreensão, de clareza, de honestidade, dos próprios desejos e sentimentos, de não aceitar as restrições como fatalidades. Essa viagem é bem retratada em trechos do diário de Leila.

> São Paulo, 11 de novembro de 1969.
>
> Eu sou um círculo com um centro, um ponto fixo no centro. Esse ponto é a minha espinha dorsal, o meu fio, de onde vem a minha força, minha vontade, a fonte

> e a estrutura. No círculo só, eu me perderia, me diluiria, se não houvesse o ponto fixo, o centro dentro de mim. Eu quero dizer que tudo quanto eu me disperso, toda a minha porra-louquice, não me destrói, não me dispersa, porque está relacionada como um círculo ao seu centro, a um troço fixo que existe dentro de mim, uma vontade, uma verdade, uma autopreservação, um bicho também. Um troço sólido que eu não sei explicar bem e que eu chamo de ponto, espinha dorsal. Se eu fosse filósofa eu diria, talvez, que o que me interessa é não afastar o círculo do ponto, ao contrário, aproximá-lo. Ou melhor, o que eu diria é que eu quero chegar em mim mesma, no ponto fixo. Aí, então, eu seria inteira (*Jornal do Brasil,* 1/11/1987).

Gusdorf afirma que quem escreve um diário quer se decifrar, estabelecendo um diálogo profundo consigo mesmo, por meio de uma prática regular de introspecção. Essa pesquisa sobre si envolve tanto um projeto de conhecimento quanto um projeto de autodisciplina, exigindo que o escritor dedique, dia-a-dia, um tempo de solidão para um exame de consciência e busca de sua própria verdade. O diário de Leila parece ter sido um fator de equilíbrio e ter tido o valor de uma auto-análise.

> Como e por que tem que se dar razão a uma coisa com a qual não se concorda? Mas, porra, eu não quero perdê-lo. Mas também não quero ter que fazer isso e aquilo, ou deixar de fazer isso e aquilo, e planejar para não perder. Não acho isso bom. No fundo de mim, eu quero o quê? As coisas não se perdem dentro da gente, o que a gente tranca ou concede, não são sepultadas lá dentro, nem saem na urina ou no cocô, como a gente costuma dizer, não. Elas ficam e se transformam.

> As vontades em frustrações, em rancor, em dor, em raiva, e a gente acaba azedando ou despejando sem mais nem menos e sem saber por onde. Por tudo isso, que não são só teorias, mas são conclusões de coisas vividas e sentidas, vontade de aprender a viver, eu acho que estou procurando certo. Mas aí tem um bicho dentro da gente, tem a deformação da educação da gente, e quem é quem lá dentro? Queria que a minha cabeça raciocinasse melhor, que eu tivesse uma técnica de enxergar com a maior clareza e honestidade pra enxergar dentro de mim. Eu tenho, também, esse medo de perder. Pensou que eu fosse divina, é? Eu tenho também esses medos todos. E tenho também a vontade de ser fêmea e de ser mandada, de ser possuída e de ter dono? Acho que sim. E nesse caso, então, eu estaria fugindo disso. Não estaria querendo ver nem tomar conhecimento desse lado meu, que talvez seja mais profundo e mais forte do que eu possa pensar (*Jornal do Brasil*, 9/10/1987).

A escrita fixa os sentimentos e coloca em ordem o vivido. O diário eterniza os instantes, bons e maus, que sem ele desapareceriam da memória. Gusdorf acredita que o redator dos diários tem um desejo, mesmo que inconsciente, de ser conhecido e reconhecido após sua morte. O autor enfatiza que escrever um diário é típico da adolescência, por ser a fase das primeiras interrogações existenciais, e que, de maneira geral, o diário é abandonado no fim da adolescência, quando seu redator não se considera mais "*le centre du monde – ou le centre d'un monde*" e se engaja no trabalho e no casamento, com suas absorventes rotinas. Leila, ao contrário, escreveu seu diário, continuamente, até sua morte, aos 27 anos.

Os escritores de diários, diz Gusdorf, em geral, são pessoas introvertidas, que privilegiam a relação consigo mesmo. Leila aparece nos depoimentos como uma pessoa extrovertida, que privilegia a relação com o mundo: os amigos, os namorados, a praia, o mar... No entanto, em vários aspectos de sua vida nota-se essa volta para si mesma: nos diários, na psicanálise e na própria escolha da profissão de atriz.

3
Dois estilos de ser atriz

Leila Diniz – sobre as convenções esfarinhadas mas recalcitrantes, sobre as hipocrisias seculares e medulares: o riso aberto, a linguagem desimpedida, a festa matinal do corpo, a revelação da vida.

Leila Diniz – o nome acetinado do cartão-postal, o sobrenome de cristal tinindo e partindo-se, como se parte, mil estilhas cintilantes, o avião no espaço – para sempre.

Para sempre – o ritmo da alegria, samba carioca no imprevisto da professorinha ensinando a crianças, a adultos, ao povo todo, a arte de ser sem esconder o ser.

Leila para sempre Diniz, feliz na lembrança gravada: moça que sem discurso nem requerimento soltou as mulheres de 20 anos presas no tronco de uma especial escravidão.

Carlos Drummond de Andrade

Atriz

A morte emendou a gramática.
Morreram Cacilda Becker.
Não era uma só. Era tantas.
Professorinha pobre de Pirassununga
Cléopatra e Antígona
Maria Stuart
Mary Tyrone
Marta de Albee
Margarida Gauthier e Alma Winemiller
Hannah Jelkes a solteirona
a velha senhora Clara Zahanassian
adorável Júlia
outras muitas, modernas e futuras
irreveladas.
Era também um garoto descarinhado e astuto: Pinga-Fogo
e um mendigo esperando infinitamente Godot.
Era principalmente a voz de martelo sensível
martelando e doendo e descascando
a casca podre da vida
para mostrar o miolo de sombra
a verdade de cada um nos mitos cênicos.
Era uma pessoa e era um teatro
Morrem mil Cacildas em Cacilda.

Carlos Drummond de Andrade

Para analisar as trajetórias de Leila Diniz e Cacilda Becker, tomo como ponto de partida os poemas de Carlos Drummond de Andrade, publicados após a morte das duas atrizes. Mortes que ocorreram, coincidentemente, na mesma data: *14 de junho*. Cacilda morreu aos 48 anos, em 1969; Leila, aos 27, três anos depois. Mortes precoces e trágicas, que abalaram o país.

Os poemas de Drummond contêm elementos importantes para se pensar a respeito das imagens públicas de Cacilda Becker e Leila Diniz.

Cacilda *era um teatro*, atriz marcante, de papéis marcantes. Leila era o *riso*, a *festa*, a *linguagem desimpedida*, a *vida*, a *alegria*, o *samba carioca*, a *arte de ser sem esconder o ser*.

Leila tornou-se *para sempre Diniz*. Era a mulher carioca, autêntica e "revolucionária". Cacilda, nascida em uma pequena cidade do interior de São Paulo, *não era uma só, era tantas, mil Cacildas*. Atriz "descarnada" que veste completamente a pele de seus personagens, consagrada, a primeira grande atriz do moderno teatro brasileiro, atriz que reinou no Brasil nas décadas de 1950 e 1960, modelo de profissional que se entrega de corpo e alma ao teatro, primeira dama do palco brasileiro, símbolo do teatro brasileiro.

Leila era "todas as mulheres do mundo"; Cacilda era "todas as personagens do universo". Enquanto Maria Alice, de *Todas as mulheres do mundo*, é o personagem mais lembrado de Leila Diniz, o menino Pega-Fogo é o personagem mais marcante de Cacilda Becker.

Leila Diniz lembra o trabalho como diversão, prazer, irreverência; Cacilda, o teatro como devoção, autodoação, imolação, sofrimento.

Leila vivia intensamente a vida; Cacilda "vivia do teatro e para o teatro". Ambas foram "professorinhas". Ambas tiveram um nome em um campo cuja regra é "fazer um nome", sendo que uma construiu um nome associado à excepcionalidade de sua atuação no teatro e outra fez seu nome em função de uma série de comportamentos considerados transgressores.

Duas mortes trágicas e inesperadas: uma morreu no palco, representando um vagabundo que dizia, em prantos: "Eu queria tanto ser feliz..." Outra morreu no ar, escrevendo seu diário, registrando a saudade da filha de poucos meses.

Após a morte de Cacilda Becker os teatros de São Paulo ficaram de luto. Com a morte de Leila, "Ipanema virou um hospício", alguns bares fecharam, muitos cariocas sentiram-se órfãos.

Leila morreu aos 27 anos; Cacilda, aos 48. Suas histórias se cruzaram poucos anos antes. Cacilda foi a "maior atriz brasileira", atuou em 68 peças, durante 28 anos, tornando-se um marco na história do teatro brasileiro. Leila foi "artista na vida", "revolucionária", símbolo, musa e mito.

CACILDA BECKER × LEILA DINIZ

Por meio da comparação de duas trajetórias exemplares e de dois estilos de "fazer um nome" no campo artístico, irei analisar os padrões de ser atriz que Cacilda Becker e Leila Diniz contribuíram para impor e legitimar, em suas épocas.

Para Bourdieu (1983), não se pode pensar em cada um dos estilos de vida se não em relação a todos os outros estilos de vida, como distância, oposição, negação ou impossibilidade. As preferências, lembra o autor, são afirmações de uma arte de viver que implicam recusas a outras artes de viver. É a própria lei do campo artístico, diz Bourdieu (1987), que envolve os artistas na busca da distinção cultural, muitas vezes confundida com a procura a qualquer preço de uma diferença capaz de livrá-los do anonimato. O autor acrescenta que são poucos os agentes sociais que, como os artistas, dependem tanto, no que são e no que fazem, da imagem que têm de si próprios e da imagem que os outros e, em particular, os outros artistas têm deles e do que eles fazem. Existir, no mundo artístico, é ser conhecido e reconhecido por sinais de distinção: uma maneira, um estilo, uma especialidade, diferenças que tiram do anonimato e da insignificância. A concorrência e a busca de reconhecimento da originalidade fazem parte da lógica do campo artístico e compelem os artistas a romper continuamente com as normas estéticas vigentes. Os artistas procuram se distinguir no estilo, distinção que se constitui na confrontação com os demais estilos entre os possíveis oferecidos no campo artístico.

A escolha da trajetória de Cacilda Becker para ser analisada em contraste com a de Leila Diniz deve-se, principalmente, ao fato de que Cacilda ocupava uma posição dominante no campo teatral no momento em que Leila iniciou sua carreira. Posição reconhecida pela própria Leila Diniz.

> Não gosto de fazer teatro, porque cansa muito, depois ninguém vai ver mesmo, não é? Além do mais, não tenho tido bons papéis no teatro. Apenas um me deu boa oportunidade artística e humana, foi quando trabalhei ao lado de Cacilda Becker em *O preço de um homem*. O papel era pequeno, mas trabalhar ao lado de uma pessoa como a Cacilda é espetacular. Aliás, sou suspeita nisso, porque sou vidrada nela. Ela é uma espécie de mãe artística para mim (Leila Diniz, *O Jornal*, 19/11/1967).

Ao mesmo tempo, o estilo de ser atriz de Cacilda Becker, o teatro sério, foi permanentemente recusado pela atriz Leila

Diniz. Seu estilo de ser atriz se opõe a tudo o que é valorizado por Cacilda Becker: a disciplina, a entrega total, o sofrimento.

> Agora, o que detesto é teatro sério, não tenho saúde nem mesmo para assistir – só quando tem amigo meu trabalhando, porque aí eu vou e me acabo de bater palmas. Comecei pelo teatro e preciso voltar a fazer, mas ainda não tive saúde. Repetir todo dia a mesma coisa! (Leila Diniz, *O Jornal*, 9/11/1969).

> Acho que teatro é um saco. Mas não posso dizer isso porque nunca fiz um troço porreta em teatro. Só fiz papelzinho, papel pequeno. Eu comecei em teatro. Eu comecei com a Cacilda. Ela veio ao Rio fazer *O preço de um homem*, o Vanneau fez teste e eu fiz. Foi em 64. Mas acho teatro chato: aquela coisa de fazer toda noite aquela coisa. O que acho bacana em cinema e televisão é isso: eu me divirto muito trabalhando. Geralmente, faço uma zona incrível onde eu trabalho, e trabalho sempre com gente que eu gosto. O meu critério de escolha é esse: eu não escolho por peça, autor, diretor ou papel. Escolho pela patota e pelo que eu gosto (Leila Diniz, *O Pasquim*, novembro de 1969).

Ao mesmo tempo em que recusou o teatro sério, Leila reconhecia, como pode ser visto em um trecho do seu diário, a importância do teatro para o reconhecimento da carreira de uma atriz. Ao revelar a vontade de ser reconhecida como uma atriz séria, Leila mostra o que Elias (1994) chama de "curiosa contradição dos desejos dos *outsiders*": a tentativa de romper com o *establishment* e, ao mesmo tempo, a luta pelo reconhecimento e a aceitação desse mesmo *establishment*.

> Têm me chamado para teatro. Não sei se quero porque é boa a peça, pode ficar muito boa, se é um trabalho que eu vou curtir, se é só pra satisfazer minha vaidade de atriz – fazer *aquele* papel em teatro! Coisa que toda atriz ama e anseia por essa oportunidade. Eu cá não ligo pra isso, e teatro não me fascina nem um pouco. Esse tipo de teatro principalmente. Sei que existe o lado da vaidade que é o seguinte: se eu fizer um bom trabalho (eu sei que posso), as pessoas vão tomar um susto porque Leila Diniz faz um papel chamado sério.

Cacilda Becker estreou no teatro em 1941, no Rio de Janeiro. Leila nasceu anos depois dessa estréia, em 1945, e aos 19 anos fez seu único papel no teatro sério, ao lado de Cacilda Becker. Leila teve uma carreira irregular, iniciada em meados da década de 1960 e interrompida, com sua morte, no início da década seguinte, dividida entre o cinema, a televisão e o teatro. Cacilda se caracterizou como uma atriz de teatro, e sua participação no cinema e na televisão foi muito pouco significativa.

Leila iniciou sua carreira em um momento de grande criatividade cultural, momento de formação de um público urbano das camadas mais escolarizadas da sociedade (universitários, estudantes secundaristas, professores), quando houve uma expansão de atividades como o teatro, o cinema e a televisão. Cacilda se inseriu em um estágio bastante embrionário do campo, quando não havia praticamente mercado de trabalho instituído para o ator. Ela foi uma das primeiras atrizes profissionais do país e conquistou uma posição dominante nesse campo no Teatro Brasileiro de Comédia. A trajetória de Cacilda é reveladora da construção do campo e da criação de um público teatral. Sua carreira é exemplar na medida em que se percebe nitidamente, através dela, a internalização das necessidades da implantação de uma posição no campo teatral que correspondia aos padrões europeus do que era "o melhor teatro", em que predominavam as peças clássicas e os papéis que exigiam muito do ator.

Leila entrou num momento em que o campo estava mais consolidado e mais competitivo, quando se abriam espaços para a atuação no cinema e na televisão. Leila, como novata, que pretendia se inserir nesse campo, ou era herdeira de um estilo de representar, que se corporificava em Cacilda Becker, ou criava um outro estilo, uma nova forma de ser reconhecida. Leila passou rapidamente pelo teatro de Cacilda Becker para, em seguida, aceitar gêneros considerados menores, como novelas, filmes de cangaço e teatro de revista. Trabalhando tanto com diretores do Cinema Novo como em novelas de Glória Magadan, Leila oscilou entre uma posição de prestígio no mundo artístico e uma posição marginal nesse mesmo mundo.

> Ela fazia novela sem nenhum problema. Nem passava pela cabeça dela deixar de fazer alguma coisa porque ia ser criticada por A, B ou C. Ela não deixava de fazer uma coisa que estava com vontade por causa de pressões externas, de qualquer natureza. Ela tinha uma personalidade admirável sob esse aspecto (Eli).

Leila Diniz conquistou um lugar no campo artístico com papéis que se aproximavam de seus comportamentos na vida pessoal. Ao contrário de Cacilda, que "fez um nome" no teatro, Leila não deixou de ser uma boa atriz, para a época, mas "fez um nome" por meio da afirmação de determinados comportamentos femininos, na vida pessoal e profissional.

Antes de analisar as trajetórias de Cacilda Becker e Leila Diniz, farei um esboço do campo em que elas se inseriram. As trajetórias das duas atrizes fornecem importantes elementos para a análise da constituição e diversificação do campo artístico brasileiro. Examino, assim, as transformações que estão ligadas à expansão da atividade cinematográfica, teatral e televisiva entre os anos 1940 e 1970, período no qual as duas atrizes se inseriram no campo artístico.

O CAMPO ARTÍSTICO BRASILEIRO

Campo teatral

O teatro brasileiro, nas primeiras décadas do século XX, estava bastante distante dos centros culturais europeus. As companhias profissionais existentes, nas décadas de 1930 e 1940, organizavam-se ao redor de um astro ou estrela. Três delas obtinham o maior sucesso de público: a de Procópio Ferreira, a de Dulcina de Moraes e a de Jaime Costa. A regra era a comédia leve, engraçada, despretensiosa. A figura do diretor não existia e os atores recebiam apenas o texto correspondente às suas falas, antecedidas pela "deixa" da fala imediatamente anterior. Daí a importância do indivíduo que tinha a função de "ponto", o único que tinha acesso aos originais completos e orientava os atores em cena. O "caco", fala improvisada do ator, era muito freqüente.

O Teatro Brasileiro de Comédia, e anteriormente a ele alguns grupos amadores, alterou radicalmente esse estado do campo teatral. A peça *Vestido de noiva* (1943), de Nelson Rodrigues, encenada pelo grupo Os Comediantes, com direção de Ziembinski, é considerada o grande marco no nascimento do moderno teatro brasileiro. Sua linguagem parecia tirada do vocabulário cotidiano da pequena classe média carioca, contrastando com o diálogo empostado e artificial que prevalecia na dramaturgia. *Vestido de noiva* impôs uma visão moderna da estrutura dramática, substituindo a tradicional narrativa linear por três planos de ação interligados: o da realidade, o da memória e o do delírio.

O Teatro Brasileiro de Comédia nasceu em 1948, momento de efervescência cultural na cidade de São Paulo. A proposta do TBC era fazer no Brasil um teatro sério, de acordo com os padrões vigentes nos centros culturais mais desenvolvidos, em oposição ao teatro considerado comercial, que se fazia no Rio de Janeiro. O público do TBC, formado pelas camadas médias urbanas, pressupunha um capital cultural maior do que o público do teatro comercial. O criador do TBC, o italiano Franco Zampari, conta que a idéia da companhia nasceu numa noite de discussão com brasileiros que acreditavam que só era possível existir bons espetáculos na França, na Itália, na Inglaterra e nos Estados Unidos.

> Eu, estrangeiro, porém casado com uma brasileira de quatrocentos anos, me revoltei. As discussões ficaram bem violentas. E apostei que no espaço de um ano eu montaria uma companhia em São Paulo, dentro dos melhores moldes. Isso aconteceu em outubro de 1947. Em outubro de 1948, exatamente no dia 11, o Teatro Brasileiro de Comédia estreava em São Paulo com *A voz humana*, de Jean Cocteau, e *A mulher do próximo*, de Abílio Pereira de Almeida (Guzik, 1986).

O TBC procurou atingir a qualidade das montagens européias e norte-americanas, equiparando-se ao teatro que se fazia lá fora. Contando com um elenco estável, uma casa de espetáculos moderna e confortável, com um repertório de qualidade, bons diretores, cenógrafos, iluminadores, o TBC atingiu um nível de profissionalismo nunca antes experimentado pelo teatro brasileiro. O público cada vez maior, somado a um contingente de alunos egressos da Escola de Arte Dramática, numeroso demais para ser absorvido pelo TBC, propiciou o aparecimento de novos grupos teatrais. Havia um mercado consumidor para a arte teatral séria e profissionais capacitados para desempenhá-la.

O Teatro de Arena surgiu em 1953, tomando por base a experiência de um grupo de alunos da Escola de Arte Dramática motivados pela possibilidade de inovação estética do espaço teatral. Em 1956, Augusto Boal, que chegava dos Estados Unidos, foi contratado como diretor e radicalizou a postura "realista" do grupo.

> Em 1956, o Arena iniciou sua fase realista. Entre outras características que trazia, essa etapa significou um não respondido ao teatro que se praticava. Qual? Ainda nesse ano, o panorama paulista era dominado pela estética do TBC, teatro fundado – e quem o disse foi seu fundador – entre dois copos de uísque, para orgulho da cidade que mais cresce. Feito por quem de dinheiro para quem também o tivesse. Luxo indiscriminado cobrindo Gorky e Goldoni. Teatro para mostrar ao mundo: "Aqui também se faz o bom teatro europeu. *On parle français*. Somos província distante, mas temos alma de Velho Mundo." Era a nostalgia de estar distante, mas alegria de fazer quase igual. O Arena descobriu que estávamos longe dos grandes centros mas perto de nós mesmos – e quis fazer um teatro que estivesse perto (Boal, 1977).

A partir de 1958, com o sucesso de *Eles não usam black-tie*, de Gianfrancesco Guarnieri, o Arena definiu claramente sua opção por uma estética engajada e a idéia da função social do teatro. Essa peça salvou o Arena da falência, ficando em cartaz durante um ano, com 512 apresentações. Os espetáculos do Arena passaram a mostrar a realidade brasileira até então ausente da cena teatral: o futebol, o samba, a linguagem das classes trabalhadoras e a pobreza. O teatro de temática nacional encontrava eco num público potencialmente novo: estudantes, professores, intelectuais, pequena burguesia politizada.

> A partir dos meados da década de 1950 não dava mais para viver de costas para a realidade brasileira. A euforia nacionalista desencadeada sob o governo JK, a mobilização de amplas faixas da população para a discussão dos grandes problemas nacionais, as reivindicações de melhores condições de vida para as camadas mais sacrificadas do povo, endossadas e veiculadas pelos estudantes e por outros setores da classe média, a preocupação com o correto uso das riquezas nacionais em benefício do país, uma consciência generalizada da brasilidade aliada a um repentino orgulho de ser brasileiro – todo esse clima que se respirava na época tornou vulnerável o caráter cosmopolita e alienado dos problemas políticos e sociais que o teatro insistia em cultivar. Era inevitável que uma reação surgisse; e ela se fez sentir, vigorosa, a partir de um grupo de jovens reunidos no pequeno Teatro de Arena de São Paulo (Michalski, 1985).

Para compreender esse período, Ortiz (1991) assinala que é fundamental considerar a profunda convicção de seus participantes de estarem vivendo um momento particular da história brasileira. O autor chama atenção para a utilização recorrente do adjetivo "novo", que espelha o espírito dessa época: Bossa Nova, Cinema Novo, teatro novo, arquitetura nova, tendências que agrupavam produtores culturais animados pelo desejo de mudança social.

O TBC começou a perder seu público para essa nova estética teatral: engajada, atuante, comprometida com a realidade social brasileira. O sucesso de *Eles não usam black-tie* influenciou todo o teatro brasileiro, com a valorização da dramaturgia nacional.

> O público começava a se afastar de Júpiter, Diana, Endimião, Necros e Clepsia. A esses preferia Tião, Maria, Otávio, Romana, Chiquinho e Terezinha, a família de operários de Guarnieri (Guzik, 1986).

Como o Arena, o Oficina era um grupo amador que tinha suas origens no meio universitário, formado em 1958 basicamente por estudantes da Faculdade de Direito de São Paulo. Depois do golpe de 1964, o Oficina radicalizou a proposta de um "teatro de agressão". O espetáculo *Roda-Viva*, apresentado em 1968, escrito por Chico Buarque e dirigido por José Celso Martinez Corrêa, é o melhor exemplo dessa estética que despertou grande polêmica.

> Espetáculo agressivo, tudo que poderia chocar a platéia foi buscado como recurso expressivo: palavrões, gestos obscenos, nus, um fígado cru devorado em cena a respingar sangue nas primeiras fileiras, uma cena de longo silêncio em que os atores fixavam um espectador olhando-o insistentemente, uma passeata estudantil onde os atores jogavam-se literalmente sobre o público etc. Essa estética de *porrada* (como a chamou José Celso) efetivamente perturbava a placidez costumeira da relação palco-platéia (Mostaço, 1982).

O TBC afirmava que o importante era "fazer teatro pelo teatro". O Arena e o Oficina viam o teatro como um importante instrumento de conscientização e transformação da realidade brasileira. Com a criação do Centro Popular de Cultura, em 1961, da União Nacional dos Estudantes, o estético tornou-se cada vez mais subordinado ao político. O teatro passou a ser visto não apenas como instrumento de reflexão política, mas, também, como veículo de agitação e propaganda.

Ortiz (1991) salienta que o período que vai até 1964 é um momento de expansão de atividades como o teatro, o cinema, a televisão e a música. O autor acrescenta que entre 1964 e 1968, apesar do golpe militar, o espaço de liberdade de expressão continuou a vigorar, uma vez que o Estado autoritário, no início, voltou-se para a repressão dos sindicatos e das forças políticas que lhe eram adversas, e só depois, com o Ato Institucional nº 5, de 13 de dezembro de 1968, estendeu suas presas sobre a esfera cultural.

O Grupo Opinião surgiu no Rio de Janeiro, em dezembro de 1964, com um dos espetáculos mais marcantes do teatro engajado e da arte de protesto: o show musical *Opinião*, escrito por Oduvaldo Vianna Filho, Paulo Pontes e Armando Costa, dirigido por Augusto Boal e interpretado por Nara Leão (depois substituída por Maria Bethânia), João do Vale e Zé Kéti. O *Opinião* se tornou o principal porta-bandeira carioca da luta pela liberdade do teatro e contra o regime militar.

Em 1968, a censura tornou-se uma presença cotidiana na vida artística do país e alterou profundamente esse panorama.

> Uma ampla campanha de difamação do teatro é desencadeada, insistindo na imoralidade dos espetáculos e

> na quantidade dos palavrões ditos nos palcos. Aos poucos, começa a configurar-se também uma ofensiva de órgãos paramilitares contra o teatro: multiplicam-se as ameaças, as condições de trabalho tornam-se muitas vezes inseguras. A tensão chega ao auge em julho, quando o Comando de Caça aos Comunistas invade em São Paulo o teatro onde está sendo apresentada *Roda-Viva*, de Chico Buarque, espanca e maltrata vários membros do elenco e destrói o cenário e o equipamento técnico (Michalski, 1985).

O Decreto-lei 1.077, de 26 de janeiro de 1970, instituiu a censura prévia de livros e periódicos e declarou que o emprego dos meios de comunicação obedecia a um plano subversivo que colocava em risco a segurança nacional, o que dificultou ainda mais a produção teatral, cinematográfica e televisiva. A vigência da luta armada no país, inicialmente por meio da guerrilha urbana e depois rural, foi a justificativa para o endurecimento do regime militar. Vários artistas foram presos, alguns torturados, outros optaram pelo exílio, como Augusto Boal, José Celso Martinez, Caetano Veloso, Gilberto Gil, Chico Buarque. Muitos foram perseguidos e ficaram sem trabalho, como Cacilda Becker e Leila Diniz. As peças teatrais foram obrigadas a se adequar a um momento de forte repressão. As críticas políticas ao regime deixaram de ser diretas para serem mais sutis, nas entrelinhas.

> A ação da censura chega, em 1971, a um nível tão delirante que qualquer tomada de posição diante da realidade nacional, por mais metafórica que seja, torna-se virtualmente impossível. Com todas as suas alternativas temáticas e formais praticamente riscadas do mapa, os grupos são reduzidos a um estado de impotência que os sufoca (Michalski, 1985).

Nesse momento do campo teatral, fortemente associado ao momento político, Leila Diniz ressuscitou o teatro de revista. Houve a reapropriação de um gênero até então visto como comercial, em um estado do campo teatral extremamente visado pela repressão e pela censura, em que grupos como o Arena e o Oficina praticamente estavam impossibilitados de atuar. Houve uma revalorização de gêneros mais baixos da hierarquia de prestígio do campo artístico como forma de manter viva a atividade teatral.

Campo cinematográfico

Transformações semelhantes às do campo teatral ocorreram no campo do cinema. Como lembra Ortiz (1991), com o término da Segunda Guerra Mundial o expansionismo americano tornou-se agressivo, uma vez que os Estados Unidos assumiram uma posição de liderança internacional. Nas diferentes áreas culturais ocorreu um crescimento notável do predomínio americano. Nas décadas de 1940 e 1950, os filmes americanos dominavam o mercado cinematográfico brasileiro. Nos anos 1940 houve uma tentativa de se constituir uma cinematografia brasileira, com a criação de dois centros de produção: a Atlântida, grande produtora de chanchadas, criada em 1941 no Rio de Janeiro, voltada para um público mais popular, e a Vera Cruz, criada em 1949 em São Paulo, que buscou elevar o padrão de qualidade existente, produzindo um cinema mais sofisticado para um público da classe média urbana.

A recusa da chanchada foi análoga à recusa do teatro de revista, da comédia de costumes, que fez com que o empresário que criou o TBC, em 1948, Franco Zampari, tenha criado a Vera Cruz um ano depois. A meta era um cinema "igual ao estrangeiro", nos moldes de Hollywood, em termos de qualidade, e para isso Zampari construiu amplos e bem equipados estúdios em São Bernardo do Campo. Após um período de sucesso, em 1954, depois de produzir 18 longas-metragens, a Vera Cruz fechou suas portas, falida.

O Cinema Novo surgiu, sem esse nome ainda, na década de 1950, a partir da preocupação de alguns cineastas com a "temática nacional", com o homem simples do povo brasileiro: sua realidade, seu trabalho, suas dificuldades, seu modo de falar, de vestir, de andar. A afirmação de Glauber Rocha, "uma câmera na mão e uma idéia na cabeça", serviu de slogan ao Cinema Novo, negando assim o esquema industrial de produção cinematográfica da Vera Cruz, voltada para padrões e temáticas importadas. Para esses cineastas, a realidade brasileira deveria ser filmada "sem disfarces", e o cinema era um veículo de questionamento, denúncia e transformação social na medida em que poderia atuar politicamente sobre o público. Um pensamento típico da esquerda nacionalista da época que também estava presente em outras manifestações artísticas, como o teatro e a música.

> Cinema Novo foi um projeto bastante amplo e nem sempre claramente definido, mas existiu, e criou um movimento intelectual cujo desenvolvimento pode ser apreciado em inúmeras reflexões, na grande massa de escritos que gerou, como nos resultados estéticos finais a que chegou. Esse projeto lança uma grande discussão sobre a questão da cultura nacional como cultura colonizada, no auge do período nacionalista (Gerber, 1982).

Considerado, por muitos, o marco zero da produção do Cinema Novo, o filme *Rio, 40 graus*, de Nelson Pereira dos

Santos, mostrou o favelado carioca vivendo seus dramas, em contraste com a vida de uma burguesia abastada. Filmado em 1954, com um orçamento mínimo e ambientado em cenários naturais, o filme enfrentou problemas com a censura e só foi liberado após importantes manifestações de estudantes, artistas e intelectuais.

Na verdade, o Cinema Novo nunca interessou ao grande público ou ao povo que queria representar. Seu público era uma elite intelectual urbana: estudantes, profissionais liberais, intelectuais, artistas. Depois do golpe de 1964, o Cinema Novo, cujas temáticas principais eram, até então, o nordestino, o camponês e o operário, voltou-se para os problemas do homem de classe média das grandes cidades. Nesse momento há uma preocupação maior em atingir o público, e os cineastas começaram a produzir filmes que retratavam o próprio mundo dos cineastas.

> Tendo conquistado uma jovem platéia intelectualizada, particularmente entre os universitários dos grandes centros urbanos, o Cinema Novo pretende agora ampliar seu campo de ação e seu mercado interno, numa dupla ofensiva em que se confundem interesses culturais e comerciais. *Todas as mulheres do mundo*, um grande sucesso comercial, abriu caminho para a experiência de *Garota de Ipanema* (Viany, 1987).

A década de 1970 trouxe uma nova situação para o cinema brasileiro. Com a expansão significativa do mercado, surgiram as pornochanchadas, que não serão analisadas aqui porque refletem outro momento do campo cinematográfico do qual Leila Diniz já não mais fazia parte.

A televisão surgiu na cidade de São Paulo, em 1950, com a inauguração da TV Tupi, fundada por Assis Chateaubriand. Durante toda a década de 1950, a estrutura da televisão brasileira era bastante precária. Existiam somente alguns canais, e a produção e a distribuição televisivas (resumidas ao eixo Rio–São Paulo) possuíam um caráter marcadamente regional. No início, os aparelhos de televisão eram importados e caros para a maior parte da população. Somente a partir de 1959 começaram a ser fabricados aparelhos de televisão em maior quantidade no Brasil.

O início da televisão brasileira foi marcado por duas influências fundamentais: a do rádio – com seus programas populares, shows de auditório, programas humorísticos, música popular e radionovela – e a do teatro, com o teleteatro. Os profissionais de televisão vieram, em sua grande maioria, do rádio e, em menor número, do teatro. Entre esses profissionais estabeleceu-se uma hierarquia, decorrente da distinção atribuída socialmente ao teatro como arte de maior legitimidade cultural. Assim, a telenovela, originada da radionovela, ocupava o pólo dominado, sendo considerada uma forma dramática de menor prestígio do que o teleteatro.

A primeira novela da televisão brasileira foi *Sua vida me pertence*, na TV Tupi de São Paulo, em 1951. A partir de 1954, como uma tentativa de melhorar o nível das novelas, imprimindo ao gênero uma posição intelectual superior, as telenovelas passaram a ser adaptações de livros de escritores popularmente conhecidos, como Victor Hugo, Alexandre Dumas, Mark Twain ou Charles Dickens. Buscava-se inserir a narrativa novelesca num domínio de legitimidade ocupado e modelado pelo teleteatro. Em julho de 1963, surgiu a primeira telenovela diária, *2-5499 Ocupado*, com Glória

Menezes e Tarcísio Meira, na TV Excelsior. No ano seguinte, *O direito de nascer*, na TV Tupi, tornou-se um grande sucesso de público. Esse sucesso transformou a programação da televisão brasileira, pois a partir de então as emissoras – Tupi, Excelsior, Record e Globo (inaugurada em 1965) – passaram a investir pesadamente nas telenovelas diárias. Em meados da década de 1960, todos os canais exibiam novelas. A grande popularidade das novelas determinou o fim dos teleteatros. Entre 1963 e 1969, foram levadas ao ar 195 novelas. Essas novelas eram, em sua grande maioria, melodramas ou dramalhões escritos em Cuba, México e Argentina, que seguiam a linha do velho folhetim do século XIX.

> É nesse cenário que ganha força a figura de Glória Magadan, uma senhora cubana que viveu nos Estados Unidos e ganhou notoriedade como grande conhecedora dos mistérios que transformavam uma telenovela em sucesso absoluto. Sua especialização, no entanto, estava intimamente ligada aos folhetins. O estilo Magadan recheava os lares brasileiros de condes, duques, ciganos, vilãs sem qualquer lógica, mocinhas ingênuas e galãs totalmente comprometidos com a bondade. Muitos autores cobravam de La Magadan um posicionamento mais coerente com o Brasil e sua gente. Ela respondia que o brasileiro não era povo para lhe sugerir dramas e novelas (Fernandes, 1987).

Somente no fim da década de 1960 os escritores nacionais começaram a ter sucesso como roteiristas de telenovelas, instaurando-se, a partir de então, um estilo voltado para a realidade brasileira. O grande marco dessa mudança foi o sucesso da novela *Beto Rockefeller*, de Bráulio Pedroso, na TV Tupi, exibida de novembro de 1968 a novembro de 1969. A era Magadan, considerada alienada por esses novos roteiristas, estava encerrada e começava a era de autores brasileiros, como Janete Clair, Dias Gomes e outros. A Rede Globo, nos anos 1970, tornou-se a emissora líder de audiência, sendo as novelas seus produtos de maior alcance popular. O crescimento da popularidade da televisão a tornou, progressivamente, o principal mercado de trabalho para atores, diretores e autores nacionais.

Com esse breve panorama, até a década de 1970, tem-se uma visão das transformações que incidiram sobre o campo artístico em que se inseriram as atrizes Cacilda Becker e Leila Diniz. As possibilidades de gerir a carreira de atriz mudaram profundamente no período 1940-1970, e a própria hierarquia de gêneros – teatro, cinema e televisão – sofreu transformações. Os efeitos dessas mudanças sobre a carreira artística podem ser percebidos na análise dos estilos de Cacilda Becker e Leila Diniz.

A TRAJETÓRIA DE CACILDA BECKER

Cacilda Becker Yáconis nasceu em Pirassununga, interior de São Paulo, no dia 6 de abril de 1921, filha mais velha de uma professora primária e de um pai com profissão incerta. Os avós maternos eram alemães católicos que se tornaram protestantes luteranos. O avô paterno era grego e a avó paterna, calabresa. Cacilda tinha duas irmãs: Cleyde e Dirce. Em 1928, o pai de Cacilda abandonou a esposa e as três filhas.

> Meu pai, eu tenho desconfiança de que ele foi escroque, não sei. Ele conviveu conosco até quatro anos (...). A gente passava fome, mas ele tinha carro em Rio Claro e só usava cueca e camisa de palha de seda italiana, ternos, chapéu-coco, bengala de cabo de prata, polainas, e nos espancava violentamente (Cleyde Yáconis, 1978).

No momento da separação, mãe e três filhas, que estavam morando na cidade de São Paulo, mudaram-se para Pirassununga, onde passaram um ano na casa dos avós maternos de Cacilda, como mostram Fernandes & Vargas (1984):

> Nós sofríamos muito, todos os sofrimentos. Era uma vida cheia de mentiras e que anteciparam meu amadurecimento. Em Pirassununga a vida não melhorou. (...) A gente se amava, mas de modo tão estranho, tanta pobreza, tanto vício, vício de pobreza, tanta necessidade superada à custa de dolorosas e vergonhosas humilhações (Cacilda Becker).

Em Pirassununga, Cacilda, aos nove anos, dançou em público pela primeira vez num velho teatro chamado Guarani. Ela assumiu precocemente responsabilidades familiares, adotando comportamentos e idéias de uma pessoa adulta.

> Numa noite de chuva torrencial, com nove anos de idade e na minha primeira insônia, eu decidi que ia crescer para ser presidente da Standard Oil. Comecei a agir como um pai. E obriguei minha mãe a deixar a fazenda e ir para a cidade, onde eu pudesse estudar. Acordei minha mãe nessa noite e a fiz jurar que nos tiraria das fazendas e nos levaria para Santos, onde eu já tinha estado uma vez e me apaixonado pelo mar (Cacilda Becker).

Em 1932, mãe e filhas mudaram-se para Santos, onde sofreram com a miséria.

> Nós morávamos numa favela, num casebre feito de caixotes. Nós tínhamos uma certeza absoluta, feita desse

matriarcado de minha mãe, de que íamos sobreviver e vencer. Ela não sabia pra quê. Vencer como gente. Eu quero dizer aqui que a minha mãe nos ensinou a roubar. Além do lixo que a gente catava no fim de feira, nós aprendemos todos os truques da sobrevivência (Cleyde Yáconis).

O aprendizado artístico de Cacilda Becker é percebido como instintivo, baseado em sua garra, seu desejo de vencer e superar as dificuldades da infância. Cacilda começou a dançar sem nunca ter tido aulas de dança ou ter assistido a um espetáculo musical. A mãe sempre acreditou no seu potencial artístico, desde seus primeiros passos de dança. De acordo com Cacilda, a pobreza foi uma das coisas que mais marcou sua vida e personalidade. Somente aos 17 anos ela morou em uma casa de tijolos. Apesar de todas as dificuldades, os amigos artistas foram chegando, a partir de suas exibições de dança.

> Em nossa casa de adolescentes, porém, havia por certo alguma força, alguma marca. É engraçado, não sei como explicar: passamos a inspirar admiração aos outros, e assim começaram a aparecer bons amigos, desinteressados, dedicados e fiéis. Eu devo a esses amigos o mundo maravilhoso para o qual fugimos. O sofrimento então diminuiu. Eles começaram a educar-nos e nos deram muita coisa (Cacilda Becker).

Aos 12 anos Cacilda deixou de ser apenas a estrela da família e dos amigos.

> Completando o 1º ano ginasial, o Colégio José Bonifácio deu uma festa de fim de ano e minha professora de música, D. Oraida Amaral, me convidou para dançar.

> Depois do espetáculo, a direção do colégio ofereceu-me gratuitamente o curso todo e o das minhas irmãs. Desse modo, conseguimos estudar num colégio particular, sem livros, sem cadernos, com uniformes surrados, mas num meio de professores formidáveis que se tornaram grandes amigos meus e que me deram os primeiros ensinamentos de arte (Cacilda Becker).

A carreira artística parece ter surgido como uma possibilidade de ascensão social e uma forma de adquirir cultura e respeitabilidade. Cacilda se formou no curso normal, em 1940. A origem social mais baixa era fonte de estigmatização. "Eu era uma moça com a qual as outras moças não deviam ter relações de amizade", dizia. Em um de seus recitais de dança, Cacilda conheceu Miroel Silveira, um adolescente que convivia com artistas e intelectuais de Santos. Miroel, possuidor de alto capital cultural, escolar e social (Bourdieu, 1988), buscou, com entusiasmo, abrir oportunidades artísticas para Cacilda Becker, como relata em Fernandes & Vargas (1984):

> Gosto de revê-la como a vi pela primeira vez, nos seus 16 anos triunfantes de carne e paixão, rolando de uma escadaria de carpintaria modesta, no final do pequeno balé de sua criação, *A lenda de um beijo*. Fiquei instantaneamente deslumbrado. Senti que a quase menina possuía uma irradiação particular, de rara transcendência, que a destinava aos mais altos níveis de realização artística. E fui ao palco descobri-la. Mentalmente, então, me ajoelhei diante de tanta formosura posta neste mundo obscuro e vulgar, e, como um cavaleiro antigo, jurei a mim mesmo a ela dedicar-me em tudo o que pudesse para que aquela flor desabrochasse. E durante mais de oito anos, os oito anos seguintes,

dediquei-me com empenho para que os outros também pudessem descobrir nela toda aquela graça divina transformada em mulher (Miroel Silveira).

Miroel foi o responsável pela inserção de Cacilda Becker no mundo do teatro. Foi ele quem lhe mostrou que estava em uma idade avançada para investir na dança, carreira que exige investimentos precoces. Miroel escreveu insistentemente para Maria Jacintha, que dirigia o Teatro do Estudante do Brasil, no Rio de Janeiro, e conseguiu um teste para Cacilda. Semanas depois, no dia 12 de abril de 1941, Cacilda estreou na comédia *3.200 metros de altitude*, de Julien Luchaire, no Rio de Janeiro.

Cacilda ingressou no teatro universitário sem ser universitária. Por contar com um capital escolar, cultural, social e econômico inferior ao dos outros membros do grupo, Cacilda teve que internalizar rapidamente as formas de excelência do campo e "fazer um nome" por meio do esforço pessoal. A falta de capital cultural (e de outros capitais) e a forma específica como se inseriu no campo teatral ajudam a compreender o estilo da atriz Cacilda Becker.

Não pensava em teatro e nunca tinha visto teatro, quando surge Miroel, intempestivamente, em minha casa e me convida para ir para o Rio de Janeiro estrear no Teatro Universitário. A idéia me fascinou. Surgiram problemas. Eu teria de deixar mamãe, minhas irmãs, e eu era arrimo de família, porque durante todo esse período eu estudava e trabalhava, lecionando dança para crianças e um curso de admissão para ginásio. Teria de deixar tudo isso e também o meu primeiro namorado. Não titubeei um instante. Era a minha vez de atravessar o Rubicão. Eu adivinhava que não poderia viver sem uma arte. Eu teria de trocar a dança pelo teatro.

> Para dizer a verdade, eu tinha a passagem e 10 mil-réis na bolsa. Entretanto, ansiava por isso, secretamente, como um destino que deveria ser cumprido (Cacilda Becker).

Dois meses depois, com o auxílio de Miroel, Cacilda assinou um contrato de quatro meses com a Companhia Dulcina-Odilon. Após alguns dias de ensaios, Cacilda decidiu romper o contrato e aceitou o convite de Raul Rolien para participar de seu elenco. Quase todo o dinheiro que ganhava enviava para a mãe.

> Aos 18 anos começou a minha vida teatral. Alugava um quarto no Rio, mas a comida era um problema. Passava fome. Minha dificuldade era a de enfrentar a palavra. Não me parecia problema o domínio corporal. A palavra e a voz foram uma conquista árdua em meu caminho. Aliás, não tenho grande voz nem treino de seu uso. Fiquei morando num quartinho em Copacabana, sozinha. E há pouco tempo descobri uma carta em que eu o descrevia para mamãe, contando que perto da cama tinha só o armário, onde eu ia guardar meus futuros vestidos, meus futuros chapéus, minhas futuras combinações. Eu não tinha nada, e não podia supor que as coisas iam demorar tanto a vir (Cacilda Becker).

Em 1943, em São Paulo, Cacilda ingressou no Grupo Universitário de Teatro, ligado à Faculdade de Filosofia de São Paulo, fundado e dirigido por Décio de Almeida Prado. Em 1944, retornou ao Rio de Janeiro, a convite de Miroel, então diretor artístico da Companhia Bibi Ferreira. Em seguida, Miroel passou a administrar o grupo teatral Os Comediantes e convidou Cacilda para trabalhar com ele. Na última apresentação de Os Comediantes, em 7 de novembro de 1947, no Teatro Carlos Gomes, Maria Della Costa e Cacilda Becker atuaram nos principais papéis de *Vestido de noiva*, dirigidas por Ziembinski. Cacilda conta que até então fazia teatro como uma "verdadeira canastrona", pois recebia apenas as "deixas" de suas falas. Ziembinski foi o primeiro diretor a lhe entregar o texto integral da peça.

Em 1948, Alfredo Mesquita convidou Cacilda Becker para ser professora de interpretação na Escola de Arte Dramática, fundada por ele. No mesmo ano, no dia 11 de outubro, Cacilda estreou no Teatro Brasileiro de Comédia em *A mulher do próximo*, de Abílio Pereira de Almeida. Era a fase amadorística inicial do TBC. Após a estréia, Zampari ofereceu a Cacilda o contrato de primeira atriz do TBC. Poucos meses depois, em 1949, Zampari contratou para o TBC um jovem diretor italiano, de 26 anos, recém-saído da Academia de Roma, Adolfo Celi, para dirigir um grupo de cerca de 15 atores semiprofissionais, que atuavam em um repertório de peças estrangeiras clássicas. O processo de consagração de Cacilda Becker se fez simultaneamente ao processo de consagração do TBC.

Em 1951, todos do TBC eram profissionais, e as peças de sucesso lotavam o teatro de 365 lugares. Zampari contratou, então, os diretores Ziembinski, Ruggero Jacobbi e Luciano Salce. O TBC representava, basicamente, autores consagrados como Sófocles, Schiller, Bernard Shaw, Dumas, Tennessee Williams, alternando peças clássicas com peças de bilheteria, de mais fácil aceitação pelo público, que permitissem a sobrevivência financeira do teatro.

Cacilda Becker teve apenas duas experiências cinematográficas: *Luz dos meus olhos* (1947), na Atlântida, um melodrama sobre a cegueira, no qual atuou ao lado de Grande Otelo, e *Floradas na serra* (1954), na Vera Cruz (baseado no romance de Dinah Silveira de Queiroz), no qual representou uma mulher tuberculosa. A escolha de Cacilda Becker para tipos melodramáticos pode ser mais bem compreendida por meio de um olhar sobre seu desempenho no teatro, em que os papéis dramáticos foram os mais marcantes em sua carreira.

Em 26 de novembro de 1953, Cacilda fez sua primeira apresentação na televisão, no *Grande Teatro Kibon*, na Rádio Televisão Paulista. Anos depois fez o *Teatro Cacilda Becker* na televisão. Atuou em uma única novela: *Ciúmes* (1966), na TV Tupi.

Depois de dez anos no TBC, Cacilda decidiu criar sua própria companhia de teatro, com Ziembinski, Walmor Chagas e Cleyde Yáconis, sua irmã. Em 5 de março de 1958, estreou a Companhia Cacilda Becker, no Rio de Janeiro, com *O santo e a porca*, de Ariano Suassuna, sucesso de crítica e público.

> Na realidade, a razão de sua saída do teatro da rua Major Diogo era, mais ou menos, a mesma que movera todos aqueles elementos-chave, os fortes do TBC, a saírem dela: consciência de um amadurecimento artístico, reconhecimento de certa aceitação por parte do público, desejo de concretizar em termos teatrais algo próprio, um projeto *seu*, longamente almejado, senão refletido, objeto de sonhos em todos aqueles anos de trabalho, de contatos e discussões. Enfim, a necessidade de um caminhar mais livre, sem a tutela de um empresário ou de um organismo estranho às suas ambições pessoais. Em Cacilda, particularmente, esse bater de asas significou anseio de crescimento, ensejo de propiciar um desenvolvimento mais intenso, numa escala maior, às suas possibilidades cênicas de intérprete (Fernandes & Vargas, 1984).

No ano seguinte, em São Paulo, a companhia foi recebida com frieza pela crítica em função do surgimento de uma nova forma de fazer teatro, com uma linguagem cênica mais brasileira. Era uma época em que as idéias de Brecht, com sua proposta de um teatro ideológico, de crítica social marxista e militância política revolucionária, ganhavam força no meio teatral brasileiro.

> O nosso lema "teatro por amor ao teatro" em pouco mais de um ano era considerado alienação gravíssima, que nos predestinava inapelavelmente ao desaparecimento. Foi um momento de pânico para mim e Walmor. Suspeitávamos que a razão estivesse somente com os que tinham começado a fazer um teatro que se chamava atuante. *Alienação, atuante, diálogo, contexto* foram palavras que tinham entrado na linguagem teatral paulista. A nova geração estaria criando um estilo novo de representar (que não era o nosso, herdado do TBC) e contribuindo com autores (finalmente!) verdadeiramente nacionalistas, cuja preocupação fundamental era trazer para o palco *aquilo* que era para ser *realmente* brasileiro: a miséria (Cacilda Becker).

Muitas críticas foram feitas a Cacilda Becker: acusaram-na de ser uma atriz ultrapassada, à antiga, alienada e colonizada, pouco representativa de uma maneira brasileira de representar. Para Cacilda, os que a acusavam "não querem fazer teatro, só querem fazer política".

> Vi muitos espetáculos carentes de qualquer justificativa artística, justificados apenas pelas suas intenções políticas. Vi muitos jovens dizerem-se atores sem a menor vocação para isso; eles teriam cumprido

> melhor seu objetivo se tivessem sido candidatos a qualquer chapa política numa campanha eleitoral (Cacilda Becker).

Essas acusações refletem uma luta no interior do campo teatral. Uma luta entre o novo, que tentava forçar o direito de entrada, e o dominante, que buscava excluir a concorrência. Essa luta refletia a relação entre o campo artístico e o político, que se tornou cada vez mais evidente nos anos 1960, podendo-se falar de uma subordinação do campo artístico ao político nessa década. Enquanto na década de 1950 a posição dominante era ocupada pelo TBC, os anos 1960 consolidaram a arte engajada como dominante no campo teatral e cinematográfico. Cacilda Becker, a atriz mais representativa do pólo dominante até então, tornou-se um dos alvos preferidos dos que queriam inovar a arte teatral.

Para o crítico Yan Michalski, essas acusações são inconsistentes quando se analisa o panorama do teatro brasileiro dentro do qual Cacilda se formou: uma geração de atores que aprendeu a representar por meio da interpretação de seus personagens e da lição dos diretores, muitos deles estrangeiros.

> Como todo mundo, ela era fruto do seu tempo, e qualquer avaliação feita pelo prisma de critérios de uma outra época corre o risco de utilizar valores que mal se aplicam ao caso. Não existiam atores brasileiros *modernos*, no sentido que hoje atribuímos ao termo, em 1941, quando ela iniciou a sua trajetória. Cacilda ligou-se predominantemente a grupos que tiveram, cada um a seu modo, propósitos declaradamente renovadores. Mas seria pelo menos utópico esperar que uma atriz como essa viesse, justamente no momento em que estava alcançando um controle quase total dos seus

> meios expressivos, rejeitar toda a sua formação técnica e teórica, passar por cima dela e reciclar-se para um outro código interpretativo, cuja validade estética e cujo potencial de comunicabilidade estavam, aliás, sendo ainda experimentalmente testados. Foram muito raros os seus companheiros de geração que tentaram tal reciclagem (Yan Michalski).

Michalski constata que nos últimos dez anos de vida de Cacilda o seu estilo foi ultrapassado por algumas experiências mais radicalmente vanguardistas, como as dos Teatro de Arena e Oficina, que possibilitaram novos tipos de interpretação, no que diz respeito à linguagem cênica, a uma maior soltura do corpo e linguagem e, principalmente, à denúncia da realidade social do país. Para o crítico, é nesse sentido que se pode falar que nos anos 1960 surgiram no Brasil atores mais modernos do que Cacilda Becker.

Apesar de acusada de alienada e reacionária, Cacilda foi eleita presidente da União Paulista da Classe Teatral (1961) e presidente da Comissão Estadual de Teatro (1968). Em outubro de 1968, a censura intimou a TV Bandeirantes a suspender o programa de Cacilda Becker, que ia ao ar havia alguns meses. É importante destacar como a repressão política acabou afetando atores que se encontravam em pólos concorrentes no campo teatral. Assim, a repressão e a censura forçaram alianças entre posições antagônicas do campo em contraposição aos detentores do poder político. Isso talvez explique o fato de Cacilda ter sido uma "personalidade-símbolo das lutas do teatro brasileiro nos anos de autoritarismo", como afirmou Michalski (1985). Cacilda Becker, como a personificação da atriz clássica, "do teatro pelo teatro", tornou-se, por excelência, a atriz que poderia confrontar o poder político.

Da vida privada de Cacilda Becker sabe-se pouco. Os livros e as reportagens sobre a atriz focalizam principalmente sua carreira artística, não sua vida pessoal. O que pode ser um indicador importante para o contraste com a trajetória de Leila Diniz, em que ocorre exatamente o contrário. Aos 14 anos, Cacilda teve o primeiro namorado. Aos 16, foi pedida em casamento, mas recusou. Em 15 de março de 1947 Cacilda se casou com o jornalista-radialista Tito Fleury, depois de um namoro de três anos. No dia 30 de outubro de 1949, nasceu o filho de Cacilda Becker: Luiz Carlos. Separada de Tito Fleury, Cacilda viveu cerca de dois anos com Adolfo Celi, que a deixou para viver com Tônia Carrero. Depois viveu com Walmor Chagas e adotou uma menina: Maria Clara.

No dia 14 de junho de 1969, Cacilda morreu, após 38 dias de coma em um hospital. Diagnóstico: aneurisma rotocerebral. Interpretava o vagabundo Estragon em *Esperando Godot*, de Samuel Beckett, quando, durante o intervalo, sentiu-se mal e pronunciou suas últimas palavras: "Acho que estou tendo um derrame cerebral."

> Sabemos apenas que morreu praticamente em cena, com a face pintada, representando um dos grandes clássicos da vanguarda moderna. E, já que não há consolo, consola-me o ter criticado e elogiado o seu último desempenho. A máscara pantomimesca que descrevi na ocasião – o nariz empelotado, o rosto lívido, o ar súplice e apatetado de um *clown* trágico – foi a que levou para o hospital, onde os médicos, num gesto quase simbólico, retiraram-lhe a maquilagem de palco (Décio de Almeida Prado).

No dia de sua morte, foi lida a seguinte homenagem em todas as salas de espetáculos teatrais de São Paulo:

> Morreu Cacilda Becker. A primeira figura do nosso teatro, a grande mulher que enriqueceu a nossa cena, com tantos momentos inesquecíveis, já não existe. Nosso coração enlutado, a nossa voz turbada são obrigados a vos transmitir a notícia, que é para nós, mais do que nenhuma, trágica e dolorosa.
>
> Cacilda Becker não foi apenas uma atriz. Era, muito mais do que isso, a nossa condutora nos momentos difíceis, a linha mestra dos nossos movimentos coletivos e dos nossos dramas particulares. Mulher autêntica de teatro, ela deu toda a sua vida ao teatro e do teatro saiu para a morte.
>
> Não a lamentamos porque ela morreu, certamente, como teria desejado: em plena luta, em plena cena, em pleno teatro. Lamentamos a nós mesmos, lamentamos o público que a perdeu e não terá mais aquelas horas memoráveis em que Cacilda, só e imensa no palco, de dentro de sua fragilidade física, dava-nos com a voz, o temperamento e o gênio uma interpretação que nunca mais será repetida.
>
> Aqui estamos para chorar junto com o nosso público, com o seu público. Aqui estamos para dizer que continuamos, como Cacilda Becker também teria desejado. Estamos em cena, e é em cena aberta que a choramos, lutando, trabalhando, interpretando, fazendo o seu teatro, que foi a sua vida.
>
> Prosseguimos o espetáculo, que é a melhor maneira de homenagear aquela que foi a maior atriz brasileira, a melhor amiga de seus amigos, a mais combativa das líderes, a mais sensível das mulheres: CACILDA BECKER.

A CARREIRA DE LEILA DINIZ

"Profissionalmente, tudo melhorou para mim. No princípio, fiquei confusa com o sucesso. Era tanto jornalista, tanta gente a pensar que você sabe tudo só porque faz sucesso... Mas isso dá vontade de melhorar sempre mais. O sucesso é uma coisa engraçada: ele assusta, mas também abre o apetite... Em qualquer profissão, a mulher encontra dificuldades. Na carreira de atriz, a gente precisa de muita coragem e paciência para que os outros aceitem nossa posição, mas dá para conseguir. Aliás, esse negócio de vencer na vida nunca me preocupou muito, sabe? O que eu queria era trabalhar numa coisa de que eu gostasse e que me desse margem de fazer uma série de coisas que me satisfizessem. Hoje, eu faço o que realmente gosto. Minha principal arma é o trabalho. Vivo aprendendo, aprendendo com todo mundo, a representar, a viver. Sempre trabalhei o tempo inteiro. Por sinal, fiquei furiosa quando na época de *Todas as mulheres do mundo* as pessoas diziam: 'Leila Diniz aparece de repente.' Que de repente qual nada. Já vinha trabalhando a vida toda."

Leila Diniz

Criada em uma família com forte investimento em estudos e leituras, Leila adquiriu menor capital escolar do que seus irmãos. Como os demais, foi alfabetizada por uma irmã de Isaura e estudou em colégios públicos. Depois de sair de casa, Leila abandonou os estudos no segundo ano do clássico. O menor interesse de Leila pelos estudos parece estar fortemente associado às dificuldades familiares vividas em sua infância e adolescência.

> Dos filhos, eu e Baby éramos as mais estudiosas. Baby mais que todas, eu em segundo lugar, Lígia em terceiro, em quarto New e em quinto Leila. Eu sempre fui boa aluna, sempre tirei os primeiros lugares. Mas repeti o primeiro ano do Colégio de Aplicação porque descobri que minha mãe não era mãe dos meus irmãos mais velhos. Aquilo espiroquetou minha cabeça. Esse ano foi terrível para mim, não consegui suportar, eu repeti. Talvez até Leila tenha sido boa aluna no primário. Depois foi uma fase em que ela descobriu que minha mãe não era mãe dela. Ela deve ter parado de estudar, essa mudança pra casa da tia Lucy, quatro meses na casa da mãe, casa das amigas... É lógico que perturba qualquer estudo. Pra se estudar tem que existir um bom *environment*, como diz o americano. Você tem que estar morando numa casa só, tem que haver um mínimo de regras, uma vida certinha. Como é que ela podia passar de ano numa zorra dessas? (Regina)

A trajetória de Leila contrasta fortemente com a de Eli. Eli se formou em Ciências Sociais, na então Faculdade Nacional de Filosofia, fez mestrado em Ciência Política no Instituto Universitário de Pesquisas do Rio de Janeiro, doutorado em Ciência Política na Universidade de São Paulo e dois pós-doutorados no exterior (França e Estados Unidos). Eli foi uma criança muito quieta, excessivamente séria, disciplinada, responsável, introvertida.

> Muito pequena ainda, Leila passou a ser vista como símbolo de beleza, de ternura, de alegria e de vitalidade. Por outro lado, meu temperamento introspectivo levou-me desde cedo a refugiar-me no mundo dos livros. Era como se procurasse proteger-me contra o vazio, as lacunas, a insegurança e as angústias dessa época de

infância mergulhando na leitura e desligando-me do mundo exterior. Era, certamente, uma evasão, mas permitia-me viver, através dos personagens de que me apropriava, uma série de experiências que gostaria de poder realizar na vida real (Eli Diniz, 1994).

Eli é percebida como "caxias", "certinha" "menina-modelo", "crânio da família", adjetivos que contrastam fortemente com os adjetivos associados a Leila.

> A Baby era caxias pra cacete, ultra-estudiosa, muito mais estudiosa que todo mundo. Eu estudava dentro das possibilidades. Se para tirar 6 fosse preciso estudar dez horas, eu estudava, se fosse preciso estudar uma hora, eu estudava, se não precisasse estudar, eu não estudava. A Leila também fazia a conta do chá, era feijão-com-arroz e mais nada. A Baby sempre estudou muito além do necessário, não sei se porque gostava ou porque a Isaura sempre fez muita pressão contra ela e ela queria provar que podia (Elio).

Eli aparece como a principal herdeira do lado intelectual e político do pai.

> Minha irmã Baby seguiu sua carreira por causa do lado político do papai. Primeiro ela foi ser professora, como muitas mulheres faziam naquela ocasião. Depois foi fazer Faculdade Nacional de Filosofia, Sociologia e Política. Depois fez mestrado e doutorado em Ciência Política. Por quê? Pra se identificar com papai (Regina).

A trajetória profissional dos cinco irmãos está relacionada à posição particular que cada um ocupou na configuração familiar e aos efeitos dos dramas familiares em seus investimentos culturais e escolares. Nota-se, tanto na trajetória de Elio quanto na de Eli, a marca da rejeição de Isaura.

> Fiz o Instituto de Educação porque minha madrasta achava que eu devia ser professora, por vários motivos. Até porque já terminava o segundo grau com uma profissão. Eu e o New começamos a trabalhar muito cedo. Não foi só por amor à independência. A Isaura estava louca pra ver a gente fora de casa, quanto antes melhor (Eli).

Elio seguiu a mesma carreira do pai, bancário, atingindo no Banco do Brasil os mais altos postos.

> Papai não podia pagar colégio particular e tinha duas opções no Rio: Pedro II ou Colégio Militar. Como passei no exame do Colégio Militar, babaus para o Pedro II. Aos 17 anos eu já estava brigando com a família... aí o ensino foi meio pras cucuias. Eu gostava muito de arquitetura e já gostava de pintar, mas eu estava em briga com a família e precisava de dinheiro. Como eu achava que pintura não dava dinheiro, continuo achando até hoje, não tinha opção. Meu objetivo na época era ganhar dinheiro, e para ganhar dinheiro o banco servia (Elio).

Regina se formou em Medicina, pela Universidade Estadual do Rio de Janeiro, e trabalha como médica anestesista.

> Eu sofri uma cobrança muito grande da minha mãe. Eu era muito boa aluna no primário, só tirava 100, 90. Tive uma hepatite gravíssima e na fase de recuperação fiz o exame de admissão para o ginásio no Aplicação. Era um concurso dificílimo, não sei quantos candidatos

para sessenta vagas. Tirei o 36º lugar. No dia seguinte do exame mamãe queria saber se eu tinha passado, e só tinham corrigido as trinta primeiras provas. Ela ficou de cama, vomitou, teve que chamar médico. Imaginou uma menina de dez anos vendo a mãe passar mal porque não entrou nos trinta primeiros lugares? Mamãe queria ser médica, queria ter uma filha médica, e botou muito isso na minha cabeça: medicina, medicina, medicina. Mas eu também gostava de biologia, de ciências naturais. Tenho impressão de que minha mãe quis se realizar muito por intermédio de mim. Ela não casou de véu e grinalda. Cogitei não casar na igreja e ela quase morreu. A alegria da vida dela foi meu casamento de véu e grinalda, dei esse prazer a ela (Regina).

Lígia trabalhou como atriz, abandonou a Faculdade de Letras, fez Faculdade de Teatro e depois de Psicologia.

Eu fui a pessoa que mais usufruiu e conviveu com a Leila os 27 anos que ela passou aqui. Aproveitei todos eles ao máximo. A Leila foi minha referência feminina. Com 18 anos eu briguei com a minha mãe e fui morar com ela. Eu precisava ganhar dinheiro e fui trabalhar no teatro na parte de produção e divulgação, onde ela fazia *Tem banana na banda*. Um dia uma das atrizes ficou doente, e como eu sabia a peça de cor, me pediram pra quebrar um galho e fazer a vedete. Acabei ficando no lugar dela. Eu nunca tinha pensado em ser atriz. Foi uma experiência rápida porque no ano seguinte entrei para a Faculdade de Letras. A morte da Leila me balançou completamente, me virou pelo avesso. Não sei se para resgatá-la ou se porque eu tinha vontade, tranquei a faculdade. Depois fui fazer Faculdade de Teatro. Fiz algumas peças, alguns filmes, mas não investi muito

> na carreira artística. Eu sentia que não era bem essa a minha realização. Depois fiz psicologia, e adoro o meu trabalho (Lígia).

No período da adolescência, morando em Vila Isabel com sua tia Lucy, Leila fez o primeiro e o segundo anos do clássico no Colégio Souza Aguiar, no período noturno. Foi um período em que Leila começou a faltar às aulas noturnas para ficar com os amigos em barzinhos.

> A Leila não completou o segundo grau porque era uma época em que muita coisa estava acontecendo na vida dela. Ela queria absorver tanto a experiência exterior que não sobrava tempo para a escola. Aí ela chegou à conclusão de que aprendia mais na vida do que na escola (Eli).

Os entrevistados dizem que Leila não gostava muito de estudar. Leila parece se colocar do lado da emoção, da intuição, contra o formalismo educacional e teórico.

> A Leila não lia muito não. Tanto que nesses 27 anos de convivência com ela só me lembro dela lendo *Liberdade sem medo*, *Meu filho, meu tesouro*, *Cem anos de solidão*, Monteiro Lobato, coisas de criança que ela lia também depois de adulta (Lígia).

Pode-se aqui refletir se Leila não transformou a falta – o menor capital escolar – em recusa, entrando em um campo profissional aberto. Escolhendo uma carreira pouco profissionalizada, mal definida em relação ao acesso e às condições de exercício, Leila teve possibilidade de inventar a própria profissão e a si mesma. Leila encarnou ao extremo características, marcas e sinais que contrariavam os setores mais conservadores, fazendo delas os elementos indispensáveis para o seu sucesso.

O estilo de vida de atriz não só permite, como muitas vezes exige, como lembra Velho (1977), um comportamento ético não-regrado, transgressor, desviante. Leila inventou sua forma de ser atriz nesse campo e construiu um nome por meio de seus comportamentos inovadores, principalmente no que diz respeito à moral sexual.

> Não represento, não canto, não sou a mulher maravilhosa, não danço. O negócio é que eu faço as coisas gostando, e eu acho que isso passa para as pessoas e elas acabam gostando. Quando o negócio é muito verdade dentro de você, acaba passando (Leila Diniz, *Veja*, 2/2/1972).

A trajetória profissional de Leila começou aos 15 anos, como professora do maternal e jardim-da-infância. Leila diz, na entrevista a *O Pasquim*, que deixou de ser professora por não se adaptar às exigências dos pais e diretores da escola. A escolha da profissão de atriz parece ser o resultado natural de sua inserção, por intermédio de namorados e amigos, em um meio artístico. Aos 14 anos, Leila freqüentava os bares e restaurantes nos quais se reunia a boemia artística e intelectual do Rio de Janeiro, no circuito de Copacabana e Ipanema.

> Eu não lembro como a Leila se tornou atriz. Acho que ela não parou pra dizer "vou ser atriz". Ela andava com aquelas pessoas do meio, e o que foi pintando ela foi fazendo (Lígia).

> Eu não imaginava que ela iria ser atriz. Ela sempre dizia que queria ser piloto de avião. Coisa incrível, ela morreu num avião. A relação com Domingos foi muito

> importante na carreira de Leila. Quando ela estava mais velha, já com a Janaína, dizia que tinha vontade de fazer faculdade de psicologia (Regina).

Aos 17 anos, Leila foi viver com Domingos de Oliveira. Domingos nasceu na cidade do Rio de Janeiro, em 1936. Engenheiro eletricista que nunca exerceu a profissão, trabalhou desde 1965 como dramaturgo, roteirista, ator e diretor, em teatro, cinema e televisão. Domingos diz que "o grande talento da Leila era brincar com as crianças". Foi em função desse talento que ela foi chamada para cuidar das crianças que participavam de um filme que o sueco Arne Sucksdorff fazia no Rio de Janeiro: *Mitt hem ar Copacabana*. Em seguida, atuou em uma peça infantil dirigida por Domingos: *Em busca do tesouro*. Em 1963, trabalhou como corista em um show de Carlos Machado.

> Coisa que ninguém sabe é que já fui *girl* do Carlos Machado. Foi divertidíssimo. No começo eu não conseguia fazer aquelas poses, caía do salto, era um inferno. Depois descobri que o negócio era botar os peitos pra frente – dá uma segurança danada. Ainda hoje adoro teatro de revista, e outro dia falei para o Carlos Machado que quero fazer mais uma experiência (Leila Diniz, *O Jornal*, 9/11/1969).

A primeira e única experiência de Leila no teatro sério foi em *O preço de um homem*, de Steve Passeur, produção do Teatro Cacilda Becker, que estreou no dia 20 de novembro de 1964 no Teatro Mesbla no Rio de Janeiro. Leila fazia um pequeno papel num elenco de atores como Cacilda Becker, Adriano Reys e Rosita Tomás Lopes.

> Bem: daí eu entrei com a Cacilda. Quando entrei, eu não manjava muito da coisa. Entrei porque não tinha ninguém mais. Foi muito fácil fazer teste: não tinha ninguém mais concorrendo e eu passei. Entrei lá muito de alegre, chorava pra (*) em cada ensaio: "Não sei fazer isso, que (*)" etc. Entrava em cena, morrendo de pavor (Leila Diniz, *O Pasquim*, novembro de 1969).

Cabe lembrar que nesse momento, fim de 1964, a posição dominante no campo artístico estava sendo disputada por grupos de estéticas engajadas, como o Arena e o Oficina, que se contrapunham ao Teatro Cacilda Becker, acusado de ter uma estética elitista. Também é o momento em que a televisão passou a ser o principal mercado de trabalho para os atores.

> Cacilda foi legal comigo, e logo depois veio a Globo, começou a chamar gente para ser testada. Faziam isso com todo mundo, até com profissionais. Pensando bem, comecei tudo com testes, graças a Deus (Leila Diniz, *Intervalo 2000*, 14/11/1971).

Em 1965, Leila começou a atuar em novelas, época em que esse gênero estava em franca consolidação. Seus primeiros papéis foram pequenos, mas já em 1966 começou a ter uma projeção maior quando atuou em *Eu compro essa mulher*, novela de Glória Magadan, baseada no romance *O conde de Monte Cristo*, de Alexandre Dumas, grande sucesso na TV Globo. Walter Clark relata que, depois de fechar o elenco dessa novela, ainda "deu para encaixar Leila Diniz", que aceitou renovar o contrato na mesma base salarial do anterior.

> Ela ainda não existia como atriz e muito menos como mito nacional. Era apenas uma menina começando na Globo, nos papéis subalternos das novelas. Leila era amiga íntima de Vera Viana, também atriz, uma garota escandalosamente bonita que eu tinha namorado. Acho que eu transferia a ela um pouco de carinho que eu tinha pela Vera. Quando nós conversamos, ela estava recentemente separada do Domingos de Oliveira, enfrentando um período difícil. "Maravilha", ela respondeu para meu espanto. "Eu achei que ia ficar parada. Agora não preciso interromper a minha análise." Me deu uma beijoca e saiu saltitante, eufórica. Eu fiquei pasmo (Walter Clark, 1991).

Logo em seguida, no segundo semestre de 1966, Leila atuou em *O sheik de Agadir*, grande sucesso de Glória Magadan na Globo, baseado em *Taras Bulba*, de Nicolai Gogol. Leila despontou como estrela nacional a partir de então. No elenco, Henrique Martins, com quem Leila viveu um romance na vida real, e Marieta Severo, que se tornaria sua grande amiga. A história girava em torno do triângulo amoroso entre o *sheik* Omar Ben Nazir, Janette Legrand e Maurice Dummont, um oficial do Exército francês por quem Madelon (Leila) era apaixonada.

> A Madelon era um personagem simpaticíssimo, de que todo mundo gostava. Era uma guerra, e ela era simpatizante dos aliados e ajudava as pessoas. O personagem dela mais amado foi a Madelon, todo mundo ficava encantado com a Madelon (Lígia).

Em 1967 Leila foi a protagonista de *Anastácia, a mulher sem destino*, atuando com Henrique Martins. A novela não teve grande repercussão, apesar da produção onerosa, com muitos atores e ambientação da época. Anastácia (Leila) é a pretensa filha de Nicolau II, o último czar russo. Essa novela marcou a entrada de Janete Clair para a Globo, idealizando um furacão que eliminou grande parte do elenco e dos cenários para diminuir as despesas e reformular a história. Em seguida, Leila fez *A rainha louca*, de Glória Magadan, na TV Globo. Em 1968, de fevereiro a setembro, Leila fez, novamente com Henrique Martins, *O direito dos filhos*, grande sucesso da TV Excelsior. A novela tratava do desquite e do choque da separação entre pais e filhos. De janeiro a maio de 1969, Leila fez *Acorrentados*, novela de Janete Clair, com Dina Sfat e Betty Faria. Era a história de uma noviça, Amparo de Fátima (Leila), entre as guerrilhas da Jamaica. Daniel Filho conta como Leila foi contratada para essa novela.

> A primeira pessoa que convidei foi Leila Diniz, com quem eu já tinha trabalhado em *A rainha louca*. Leila era dona, além de uma disposição muito grande, de um problema grave: não tinha dinheiro e estava sempre precisando trabalhar. Para fazer dupla com ela, convoquei Leonardo Vilar. Os dois tinham feito um filme juntos, e isso me assegurava uma dupla cinematográfica. Leila Diniz fazia em geral, na televisão, papéis secundários. Aquele seria seu primeiro papel principal (Daniel Filho, 1988).

Na verdade, em 1969, Leila já era uma atriz de sucesso e tinha atuado como protagonista em algumas novelas. Com essa afirmação, Daniel Filho parece querer assumir a paternidade do mito Leila Diniz, paternidade também reivindicada por Walter Clark.

As duas atuações seguintes demonstram que, apesar de menos visadas do que as peças e os filmes, as novelas também sofreram os rigores da censura. De fevereiro a junho de

1969, Leila atuou em *Vidas em conflito*, de Teixeira Filho, na TV Excelsior. A personagem de Leila se apaixonava pelo homem que amava sua mãe e, por vingança, começava a namorar um negro. Essa novela teve algumas de suas cenas censuradas. De agosto de 1969 a janeiro de 1970, também na TV Excelsior, em grave crise financeira, Leila fez *Dez vidas*, novela de Ivani Ribeiro, na qual foi retratada a Inconfidência Mineira. A censura interveio, não gostando do tema: a novela mudou de horário e teve vários cortes. Em 1970, a TV Globo começava a se firmar como líder de audiência, o que explica, em parte, a crise da TV Excelsior.

Por fim, a última novela de Leila, *E nós, aonde vamos?*, de Glória Magadan, na TV Tupi de fevereiro a maio de 1970. A novela, que tentava contar os problemas da juventude, foi um fracasso.

Já em 1968, depois do grande sucesso do filme *Todas as mulheres do mundo*, Leila pensava em deixar de fazer novelas para se dedicar mais ao cinema.

> Ainda gosto de fazer novelas. Mas acho que já esgotei o que tinha que fazer. Minha curiosidade, de certa forma, já se esgotou. Já fiz pontas, fui protagonista, tive dois papéis (uma velha e uma jovem) e perdi a motivação, o que para mim tem uma importância fundamental. Talvez isto seja apenas uma fase, porque a gente nunca aprende tudo. E, na verdade, a televisão foi uma grande escola que me ensinou inclusive a ser profissional. O que, para o cinema, é muito importante. O cinema para mim, atualmente, é o que conta (Leila Diniz, *Jornal do Brasil*, 7/2/1968).

Leila atuou em 14 filmes. Sua carreira no cinema foi muito irregular: trabalhou com diretores consagrados do Cinema Novo e em filme de cangaço, fez pequenos papéis e foi protagonista, sem alcançar novamente o sucesso de *Todas as mulheres do mundo*. Os filmes em que Leila atuou podem ser organizados nos seguintes grupos:

1. Filmes antes do sucesso de *Todas as mulheres do mundo* em que ela fez pequenos papéis: *O mundo alegre de Helô* (1966), direção de Carlos Alberto de Souza Barros, e *Jogo perigoso* (1967), direção de Luís Alcoriza.

2. Filmes "cariocas", como *Todas as mulheres do mundo* (1967), que será analisado detalhadamente no Capítulo 4, e *Edu, coração de ouro* (1968), de Domingos de Oliveira. Além desses dois filmes, outros em que Leila teve participações menores, como *O homem nu* (1968), *Os paqueras* (1969), *O donzelo* (1971) e *Amor, carnaval e sonhos* (1972). Nesses filmes, Leila interpreta personagens que têm fortes semelhanças com sua própria vida ou aparece como ela própria.

Em *Edu, coração de ouro*, Leila é Tatiana, uma garota de 17 anos que se veste como Leila e escreve poesias. Tatiana propõe a Edu irem para a cama logo depois de se conhecerem, quando nem sabiam o nome um do outro. Ela diz: "Eu faço o que eu quero, durmo com todo mundo, com quem quer dormir comigo e com quem eu quero dormir. Mas nunca duas vezes com o mesmo homem."

> Tatiana é um personagem que gostei muito de construir, a partir de cada um de seus passos, ou gestos, de suas trancinhas, suas meias, sua blusa. É um personagem tipicamente carioca, que existe muito, a menina que trabalha e estuda e tem necessidade de encontrar o mundo (Leila Diniz, *Jornal do Brasil*, 7/2/1968).

O homem nu, direção de Roberto Santos, baseado no conto de Fernando Sabino, é uma comédia sobre um professor de música folclórica que se prepara para viajar para um congresso em São Paulo. Sua esposa (Leila Diniz) não quer acompanhá-lo. Ele dorme em um apartamento de uma cantora e, no dia seguinte, ao pegar o pão, o vento fecha a porta e prende o lençol no qual estava enrolado, deixando-o nu no corredor. Durante todo o dia ele, completamente nu, tenta se esconder em meio às ruas da cidade do Rio de Janeiro, até que, ao voltar para casa, descobre a esposa com outro homem. O filme recebeu muitos elogios da crítica.

Os paqueras, direção de Reginaldo Farias, é uma comédia que alcançou grande êxito de bilheteria. É a história de um velho conquistador e de seu jovem amigo. Uma das paqueras do jovem é a atriz Leila Diniz, que aparece representando a si mesma.

O donzelo, de Stefan Wohl, é uma comédia sobre um jovem que tenta perder a virgindade. Uma de suas tentativas, fracassadas, é com a atriz Leila Diniz.

Amor, carnaval e sonhos, de Paulo César Saraceni, é um filme sobre o carnaval carioca. Hugo Carvana entra no quarto de Leila Diniz pela janela, tira do bolso uma caixa de fósforos e começa a cantarolar. Leila está fantasiada de pirata e Hugo, de malandro.

3. Filmes de Nelson Pereira dos Santos, diretor prestigiado do Cinema Novo: *Fome de amor* (1968) e *Azyllo muito louco* (1970). Filmes nos quais, em função da postura do diretor, Leila teve a possibilidade de construir e elaborar o próprio personagem.

O filme *Fome de amor* é baseado na novela de Guilherme Figueiredo *História para se ouvir de noite*. Foi filmado em Angra dos Reis, em preto-e-branco. Leila é Ula, uma mulher agressiva e sedutora que mora em uma ilha deserta com o marido, Alfredo, surdo, mudo e cego. Ela é amante de um pintor, Felipe, que vai com a esposa, Mariana, para essa ilha.

> Um filme em que acho que ela está muito bem é *Fome de amor*, do Nelson Pereira dos Santos. O filme em si é muito confuso, muito louco, hermético, acho que ele não foi feliz no sentido de transmitir com clareza uma idéia. Mas gosto muito da Leila nesse filme. Tem um lado dela que aparece muito bem, uma hora em que botam um pano em cima dela como se fosse uma veste grega e ela sobe em cima de alguma coisa e faz como se fosse uma estátua, a estátua da liberdade, e diz "Eu sou a liberdade, eu sou"... Um jeito dela, um sorriso dela, uma vitalidade que era muito dela. Acho que esse foi um momento muito marcante da carreira dela (Eli).

Azyllo muito louco é uma adaptação livre do conto "O alienista", de Machado de Assis. A história, filmada em Paraty, focaliza a figura de um vigário, Simão Bacamarte (o alienista), que chega à cidade de Serafim, onde abre um hospício e passa a internar quase toda a população. É um filme repleto de alusões à situação política brasileira de 1969. Leila tem um papel pequeno, Eudóxia, esposa do médico da cidade, que junto às outras mulheres rebela-se contra a autoridade do padre e do marido, exigindo liberdade. Em uma de suas poucas falas, Eudóxia repete: "Eu nunca evito o amor, nunca. A minha saúde mental é perfeita."

4. Filmes romanceados, dramas baseados em histórias de autores famosos ou histórias reais, como: *Mineirinho vivo ou morto* (1967), *A Madona de cedro* (1968), *Corisco, o*

diabo louro (1969), e *Mãos vazias* (1971). Nesses filmes, a atriz Leila Diniz interpreta personagens que não estão associados à sua vida real.

Mineirinho vivo ou morto, dirigido por Aurélio Teixeira, é baseado na história real de José Rosa Miranda, um marginal assassinado brutalmente pela polícia, cuja namorada é interpretada por Leila Diniz.

A Madona de cedro, baseado no livro de Antônio Callado, tem direção de Carlos Coimbra. É a história de um pacato morador de Congonhas do Campo que é instigado por um amigo de infância a roubar a imagem da Madona do santuário da cidade, peça de valor incalculável esculpida por Aleijadinho em 1787. Ele aceita a proposta para poder casar com sua namorada, Marta (Leila Diniz).

> *Madona* está sendo outra experiência muito boa. De repente vou para Congonhas do Campo fazer um filme, com pessoas inteiramente desconhecidas, um tipo de personagem totalmente diferente: uma carioca que vai para Minas e se integra naquele mundo (Leila Diniz, *Jornal do Brasil*, 7/2/1968).

Corisco, o diabo louro, dirigido por Carlos Coimbra, é um filme de cangaço baseado na história real de Corisco e Dadá (Leila Diniz), que foi por ele raptada e se tornou sua companheira durante 13 anos em suas lutas nas caatingas. Para fazer o papel, Leila conheceu Dadá, que ajudou na reconstituição da história.

> Sobre o filme, a turma andou me dizendo: "Pô, Leila, você fazendo filme de cangaço!" Bobagem, não ligo. Sempre tive vontade de fazer um filme de cangaço, acho genial, e meu critério de escolher papel depende

de minha vontade do momento. Tive que aprender a andar a cavalo, saí toda arrebentada, mas foi divertido. No primeiro tiro que dei, tomei o maior susto. O papel foi um desafio para mim, pois sou carioca paca, não tenho nada de nordestina. O mais bacana é que estou bem e o filme muito bonito. Dadá (a própria) chorou quando assistiu (Leila Diniz, *O Jornal*, 9/11/1969).

Mãos vazias, de Luiz Carlos Lacerda, o último filme em que Leila atuou, é baseado em um romance de Lúcio Cardoso. Filmado em Paraty, é a história de Ida (Leila), uma mulher de formação burguesa, mineira, católica, neta de barões, que após a morte do filho assume uma atitude de libertação capaz de levá-la às últimas conseqüências. Casada com um homem moralista e cheio de princípios, funcionário graduado de estabelecimento bancário, Ida, após a morte do filho, rompe com seu status e com a sociedade que a asfixia, cometendo um crime.

O AI-5 e o decreto que instituiu a censura prévia dificultaram enormemente a produção artística no início da década de 1970. O tom programático da arte engajada dos anos 1960 foi substituído por uma postura que enfatizava a transgressão comportamental. Leila, após a entrevista a *O Pasquim*, passou a ter problemas para conseguir trabalho.

A TV Globo não renovou seu contrato, e ela acabou famosa mas sem dinheiro. Foi nessa época, discriminada e sem oportunidade de trabalho, que Flávio a convidou para integrar o seu júri, mesmo sabendo que iria bater de frente com o governo. Leila estreou de jurada no *Programa Flávio Cavalcanti* em 4 de outubro de 1970 (Léa Penteado, 1993).

As atuações de Leila no teatro de revista ocorreram nesse período de endurecimento do regime militar e podem ser percebidas como uma forma artística alternativa que nascia inspirada no humor e na irreverência de *O Pasquim*. Leila foi a vedete principal de *Tem banana na banda*, um grande sucesso de público, considerado o espetáculo mais badalado de Ipanema, e escrito por Millôr Fernandes, José Wilker, Oduvaldo Vianna Filho, Paulo Pontes, Hélio Bloch, Luiz Carlos Maciel e Ênio Gonçalves. Mais uma vez, Leila Diniz encontrou um espaço artístico no qual podia ser "ela mesma".

> No teatro, ela foi inovadora também quando resolveu fazer uma revista. Uma atriz séria não fazia revista, e ela se lixou pra imagem que podiam fazer dela e fez *Tem banana na banda* em plena época da censura. Mandou brasa e fez sucesso. Ela improvisava muito, havia um texto básico, mas a cada dia ela inventava uma coisa. Era muito uma criação dela, ela era co-autora (Eli).

Após a repercussão da entrevista a *O Pasquim*, Leila chegou a estrear com Betty Faria um show na Boate Sucata. No segundo dia, ela rompeu o contrato.

> Vi que todo aquele meu negócio de palavrão, que sempre disse nas horas certas e eram espontâneos, estava sendo vendido. Era aquela a minha imagem, embalada, comercializada para consumo. Aí eu disse para mim mesma: o negócio é ser atriz, trabalhar e ganhar dinheiro mas continuar sendo eu. Me veio aquele tremendo instinto de autopreservação. Senti que estava no finzinho e que se não abrisse o olho ia ser o fim mesmo (Leila Diniz, *Intervalo 2000*, novembro de 1971).

No início de 1972, depois do nascimento de Janaína, Leila fez *Vem de ré que eu estou de primeira,* texto dos jornalistas Tarso de Castro e Luiz Adelmo, com Dalva de Oliveira cantando músicas carnavalescas.

> Primeiro, ela estava resgatando o teatro de revista, que era maldito. Trouxe para o espaço da Zona Sul o que era confinado ao Centro, tradicionalmente área destinada à marginalidade, ao submundo. Ela ousa ser uma "vedetezinha". A mulher mais Zona Sul, mais amiga da intelectualidade, dos grandes cineastas é, de repente, uma vedete! O outro momento é, para mim, ainda mais revolucionário. Foi quando fez a segunda peça de teatro de revista e amamentava a Janaína nos intervalos. Em um certo sentido, ela fez uma síntese. Olha aqui, gente, dá para dançar, ser sensual, fazer teatro de revista, sem ser uma vedete ordinária (Jaqueline Pitanguy, 1994).

DOIS ESTILOS DE SER ATRIZ

Ao comparar os estilos de Cacilda Becker e Leila Diniz, tentei primeiro compreender os diferentes estados do campo artístico em que as duas atrizes se inseriram. As carreiras de Cacilda e Leila se iniciaram quando ocorriam significativas transformações no mercado de trabalho para o ator no Brasil. Cacilda viveu um momento de transição do mecenato para a formação de um mercado. Iniciou sua carreira quando o teatro era uma atividade amadora, ligada a grupos universitários. Foi uma ativa participante da profissionalização do trabalho do ator e da implantação de um modelo de excelência ligado ao padrão vigente nos centros culturais internacionais. Cacilda fez parte de grupos de teatro universitário sem ter o capital cultural, econômico e social dos demais participantes. Pode-se pensar que ela estaria altamente interessada em investir na consolidação da atividade teatral, já que sua carreira dependia da estabilização e profissionalização do mercado de trabalho para o ator. Assim, fazer a instituição era fazer a si própria. Cacilda teve que construir o campo ao mesmo tempo em que construía a si mesma dentro do campo. Como entrou em uma atividade na qual estava desprovida do capital necessário, fez do próprio trabalho o seu capital, interiorizando padrões de excelência europeus com grande investimento de seu tempo e esforço. Personificou uma posição no campo teatral, e uma ilustração disso é a criação de uma companhia com seu nome, Teatro Cacilda Becker.

As oportunidades de trabalho para os atores se alteraram profundamente entre a entrada de Cacilda no campo artístico (meados da década de 1940) e a de Leila (meados da década de 1960). Leila encontrou um campo em expansão. Começou sua carreira quando se ampliava o mercado de trabalho de ator na televisão e as novelas conquistavam um público cada vez maior.

A estrutura de capital (social, cultural, escolar e econômico) de Cacilda era inferior à de Leila, principalmente no que se refere ao capital social. Leila contou, ao ingressar na carreira de atriz, com uma rede significativa de amigos, namorados e conhecidos que eram atores e diretores. Cacilda ingressou no campo com o apoio de uma única pessoa, Miroel Silveira.

Além da expansão, também estava sendo transformada a relação entre teatro, cinema e televisão, ocorrendo uma variação na hierarquia dessas atividades. O teleteatro, que era a atividade nobre da televisão, no qual Cacilda encontrou um lugar de destaque, desapareceu com o sucesso das novelas, nas quais Leila se tornou famosa.

Acompanhando-se a trajetória de Cacilda Becker, percebe-se que ela se consagrou por meio de um padrão cosmopolita que foi internalizado como padrão teatral do TBC, que passou a ser considerado, com base na lógica do estilo nacionalista, alienado. O Arena e o Oficina se tornaram os representantes mais significativos desse pólo nacional. Além desses dois pólos que concorriam, continuava existindo um pólo que era considerado comercial, o teatro, cujo único objetivo era divertir, como o teatro de revista.

No cinema aparece, com nitidez, uma homologia com o campo teatral. De início, o cinema de entretenimento, desvalorizado na hierarquia de prestígio do campo artístico. Depois, o surgimento da Vera Cruz (que corresponde ao TBC em termos de interiorização de padrões dos centros culturais internacionais), e, em seguida, o Cinema Novo, como o pólo nacionalista. Nos anos 1970 houve um crescimento do pólo comercial com a produção de pornochanchadas.

A televisão surgiu com uma proposta comercial, voltada para um público de massa que não tinha o mesmo capital cultural e escolar do público do teatro ou do Cinema Novo. Nessa mudança de relação entre teatro, cinema e televisão, a maneira de "fazer um nome" também mudou. Com o sucesso de público das novelas, alguns atores e autores de teatro fizeram uma reconversão para a televisão. Cacilda teve dificuldade para fazer essa reconversão do pólo clássico do teatro para a novela. Leila, ao contrário, estava começando quando a novela estava começando e, como novata, era mais facilmente adaptável às exigências do novo.

Por intermédio das duas carreiras se percebe o contraste entre duas gerações de atrizes: Cacilda, formada pela atividade teatral clássica, e Leila, formada pela atividade de televisão e cinema. Quando Leila começou sua carreira, o padrão cosmopolita do TBC estava sendo deslocado pelo padrão nacional do Arena e do Oficina, no campo teatral. No cinema, o padrão nacionalista estava sofrendo tentativas de reformulações para conquistar um público maior. O filme *Todas as mulheres do mundo* se tornou significativo dessas transformações ao se aproximar de uma temática urbana. O que se pedia a Leila é que ela vivesse nas telas situações semelhantes (ou idênticas) às que vivia em sua vida pessoal. Leila não teve que internalizar padrões que não conhecia, por meio do esforço, como Cacilda. Leila não teve que perder comportamentos para adquirir outros, podia ser "ela mesma". O estilo de sua carreira artística era simultaneamente uma forma de elaborar o seu próprio estilo de ser na vida pessoal.

A sobreposição de sua vida privada em sua imagem pública, o não-distanciamento entre o biográfico e o artístico, a utilização da própria vida como matéria-prima de sua arte são fatores decisivos para explicar o sucesso de Leila. Atriz e personagens, na tela e na vida, misturavam-se. O depoimento de Domingos de Oliveira é particularmente interessante para se perceber esse entrelaçamento entre vida e arte.

> Estou muito contente pelo que o filme *Todas as mulheres do mundo* fez dentro de Leila. Conversamos outro dia: "Sabe, Domingos, eu ignorava que era atriz. Mas sabe o que nosso filme me mostrou? Que se eu for sincera, se eu for eu mesma, as pessoas gostam de mim! Isso é surpreendente porque, para as pessoas gostarem de mim, eu sempre havia tentado ser diferente. Aí não adiantava, né? Porque, mais cedo ou mais tarde, a gente cai do tipo..." Em outra conversa, há poucos dias: "Estou desconfiada de que, se eu trabalhar muito, vou acabar sendo famosa mesmo. Isso tem uma grande desvantagem, já estou sentindo. Às vezes as pessoas vêm

> falar comigo, e sinto que não estão falando comigo, mas sim com a imagem que fazem de mim: a Maria Alice do filme, as personagens das novelas. Isso me angustia. Tenho vontade de gritar: 'Olha aí, eu sou a Leila, existo. Modestamente, mas existo.'" (Domingos de Oliveira).

O estilo de vida de atriz permite um comportamento que não é possível em outras profissões, como a de professora, que exige correção de linguagem e sobriedade do vestuário. Na profissão de atriz, Leila encontrou seu lugar "como peixe dentro d'água".

O meio artístico é fortemente diferenciado e preparado para estimular o trabalho de subversão ética e estética que Leila operou. Ela encontrou no mundo artístico um espaço próprio, impondo-se mais como uma atriz que desenvolveu comportamentos inovadores do que como atriz propriamente dita. Mas é por ser atriz que seus comportamentos tiveram projeção pública, construindo-se, assim, a imagem socialmente reconhecida de uma mulher "revolucionária".

> Do ponto de vista de uma estrela, como ela foi, é triste constatar que, vinte anos depois de sua morte – 14 de junho de 1972 –, Leila só ficou vagamente lembrada como uma mulher que "revolucionou tudo". Os menores de 30 anos não conseguem citar nada que ela tenha feito em cinema, televisão e, digamos, teatro. Mas, com ou sem a sua transformação em mito, isso talvez fosse inevitável. A única coisa memorável em tudo que Leila estrelou era ela própria. Até o seu melhor filme, *Todas as mulheres do mundo*, que parecia ótimo em 1966, hoje já não impressiona tanto. Dos outros filmes que ela fez, aqueles de cangaceiro ou do Cinema Novo, a caridade

obriga a não falar. Suas novelas numa Globo ainda de fraldas, *O sheik de Agadir* e *A rainha louca*, não foram feitas para a eternidade. (E nem para sua época.) E a tentativa de Leila de reviver o teatro de revista, com *Tem banana na banda*, só era divertida para quem estava no palco. Pensando bem, a melhor coisa de que Leila tomou parte foi a Banda de Ipanema, da qual era madrinha. Tudo bem. Ela nunca se levou mesmo a sério como atriz.

Mas, do ponto de vista da mulher, da fabulosa mulher que ela foi, ter sobrevivido como mito é uma glória. Mesmo que a posteridade tenha reduzido a sua "revolução" ao direito de as mulheres usarem biquínis enquanto grávidas, de não depilarem as pernas, de irem para a cama com quem quisessem e de dizerem palavrão em público. Seria muito pouco para que se dissesse que tal pessoa veio enriquecer o planeta. Suponha agora que essa não fosse a imagem que Leila Diniz gostaria que guardassem dela. E que não lhe viessem com essa história de ser a musa de Ipanema – já que se daria por feliz se conseguisse ser a musa de si mesma (Ruy Castro, *O Estado de S. Paulo*, 14/6/1992).

Leila, dizem os entrevistados, expunha-se totalmente em suas entrevistas e também no seu trabalho. Assim, acredita-se que seus personagens eram semelhantes à intérprete Leila Diniz, isto é, "ela era ela mesma", no palco e na vida.

A Leila é a pessoa mais natural que conheci na minha vida, ela não fazia teatro nunca. Eu não via a Leila como artista, ela era moleca, não tinha nada de pose mesmo quando ficou famosa e badalada. Nunca vi a Leila como a Leila Diniz. Ela nunca foi hippie, feminista, nada. Ela foi Leila, foi ela mesma numa época em que era muito difícil ser, uma época de repressão total em

> que as pessoas escondiam as coisas. Ela sempre dizia: "Você sabe qual é o segredo do meu sucesso? É muito simples. Eu não sou nenhum monumento de beleza, eu não me acho uma grande artista, é que eu sou muito natural. Eu acho que eu chego lá e digo as verdades todas que eu quero dizer, e ninguém está acostumado" (Regina).

Existem dois tipos de atores: aqueles que se diluem no personagem e aqueles que carregam intacta, de um desempenho para outro, a marca de sua própria personalidade. Acredito que Leila está mais próxima desse tipo de atriz que traz a marca da sua própria personalidade em cada um de seus personagens. Ela pode ser considerada uma atriz "autobiográfica", já que parece haver continuidade entre sua vida e seus papéis. Alguns de seus personagens são uma espécie de confissão sincera de sua vida.

A atriz Leila Diniz no palco é percebida, pelos entrevistados, como menos importante do que a artista Leila Diniz na vida.

> Acho que ela era mais artista na vida do que no palco. Ela foi mais importante fazendo arte fora do palco do que no palco. O que ela passava nas entrevistas valeu muito mais que os filmes que fez. Pode ser até que você estranhe, mas eu não endeuso ela como artista, tem artista que eu acho muito melhor do que ela, como a Fernanda Montenegro e outras papisas que têm por aí. Ela estava no começo, podia explodir mais tarde, mas faltava muito pra dizer "pô, é uma puta artista". Mas o que era importante era a atitude que ela assumia, ela era muito mais importante como gente do que como artista... se as minhas irmãs souberem disso talvez me crucifiquem... (Elio).

> Eu concordo com o New sim, até porque ela viveu pouco, então o material profissional dela é muito bom, mas é pouco, ela não tem tantos filmes, tantas peças, tantas novelas. É uma bagagem pequena. Agora, essa passagem rápida que ela teve pela vida como uma mulher que mudou o comportamento foi muito mais forte. Ela, com 27 anos de vida, mudou uma geração. Acho que ela foi mais importante como uma personagem da nossa história do que como atriz (Lígia).

"Revolucionária" que "mudou uma geração", símbolo, musa e mito: é sobre a construção dessa imagem de Leila Diniz que irei me deter no próximo capítulo.

4
Leila para sempre Diniz

"Aí vieram as mil entrevistas e, como nunca tive nada com esse negócio de ser atriz, de construir uma imagem para o público, eu falava exatamente o que eu estava pensando. E acho que foi aí que aconteci. O pessoal percebeu que eu tinha mil facetas para serem badaladas. A diferença entre mim e as outras pessoas do meio é que, enquanto elas estavam apenas falando, eu gritava tudo o que tinha para gritar. Passei a ser uma moça sexy na opinião de todos, defendendo uma porção de idéias. E todos se perguntavam: mas moça sexy pensa? As pessoas passaram a me dar muita atenção. A imprensa capitalizou e tudo quanto eu falava virava imediatamente uma zorra. Não sei se foi loucura ou coragem minha, mas sempre me expus muito. De certa forma, acho que é isso que ainda sustenta essa coisa engraçada chamada mito."

Leila Diniz

DESVIO E ESTIGMA: UM CASO EXEMPLAR

Leila n'*O Pasquim* diz que "como todas as minhas entrevistas dizem 'Leila, a mulher livre', 'Leila, a mulher que faz o amor', 'Leila que é independente' etc., todo mundo fica achando que eu sou aquela (*) da zona, não é?" Ela reconhece que contribui para a construção e a consolidação dessa imagem: "Sobre minha vida, meu modo de viver, não faço o menor segredo. Sou uma moça livre. A liberdade é uma opção de vida" (*Diário de São Paulo*, 15/3/1970).

> Não me considero totalmente livre. Tenho muita liberdade interior, faço o que quero e não ligo para o que falem. Mas, para ser inteiramente livre, é preciso que haja também uma liberdade exterior, e esta não há. Não tenho preconceitos, nem mesmo contra os que os têm, porque gosto muito das pessoas, e por isso as entendo. Não sou intelectualizada, sinto as coisas simplesmente. Não vou deixar de gostar de uma pessoa só porque ela vê televisão. A única coisa que me arrependo de não ter feito foi um filho com uma determinada pessoa. Não fiz porque considerei muito, raciocinei nas formas ajuizadas – aliás, uma das poucas vezes em que usei essas formas, e me arrependi terrivelmente. O que a gente sente forte e grande aqui dentro deve ser feito. O fato é que é muito difícil eu me fixar num [homem] só. Não quer dizer que eu não ame a um especificamente, e é isto que os homens não entendem. Se eu sou uma ameaça à paz dos brasileiros? Ao contrário, estou aqui para dar paz a eles (*O Jornal*, 9/11/1969).

O meio artístico a que Leila pertencia reforçava seu comportamento desviante (Becker, 1966), por meio do repúdio às regras morais convencionais. A conduta que sofria acusações no mundo convencional era valorizada positivamente no grupo. É o que o Velho (1977) chama de "sentimento de nós". O depoimento do ator Paulo José é particularmente interessante para se verificar esse fato.

> No início da década de 1960, com o despertar do cinema-novismo, havia uma euforia geral. Ipanema era folclore. Um enorme grupo de intelectuais caracterizava o

> bairro. Mas havia moças também. Como Vera Barreto Leite, Marieta Severo, Ana Maria Magalhães. Eram garotas sem repressão de qualquer nível. Leila fazia parte do grupo. Só que tinha uma enorme disposição física e era capaz de enfrentar qualquer daquelas batalhas noturnas e no outro dia estar nova. Além de ser a mais alegre, é claro. Mas todo o grupo era de pessoas anticonvencionais, livres e que não admitiam imposições preconceituosas. Ora, coincidindo com essa época – ainda na década de 1960 –, Leila fez *Todas as mulheres do mundo*, de Domingos de Oliveira, um filme que mostrava de forma bastante clara essa visão do mundo. Então, a ética que Leila defendia passou a ser conhecida nacionalmente. Claro, houve a reação dos conservadores. Pois toda vez que você propõe uma ética nova, provoca uma reação. Assim como os hippies iriam atingir os acomodados. Daí em diante, tudo que Leila fizesse seria um escândalo. Só que ela agia livremente, não era reprimida, e, por isso, incomodava (*Fatos & Fotos*, 27/6/1976).

A mesma conduta pode ser considerada uma infração às regras de um grupo em um momento e não em outro ou pode ser considerada desviante quando realizada por uma pessoa e não por outras. É comum que o indivíduo classificado como desviante elabore um discurso autojustificativo sobre o próprio comportamento visando fugir das acusações de desvio. Daí, talvez, a necessidade de Leila de afirmar que é uma pessoa normal e que seu padrão de conduta é compartilhado pelo seu círculo de amigos.

> Mas é claro que sou a favor do amor livre. Acho que já demonstrei isso. Eu não me casei com Domingos de Oliveira, eu me amiguei, me juntei, vivi com Domingos.

> Evidente que moro sozinha, mas não vivo apenas com os meus passarinhos – eu não sou boba. Sou plenamente pelo amor livre, inclusive acho absurdo esse negócio de moça se casar virgem. Pense bem: a mulher ter data marcada para perder a virgindade... Quando a mulher ama de verdade, ela tem de amar de verdade, um amor total, sem compromissos de datas ou falso moralismo (...). Meus amigos me acham apenas normal, certamente porque, quando nos reunimos, todos nós falamos a mesma língua. Acho que os homens que não fazem parte do meu círculo de amizades me acham muito avançada (*Fatos & Fotos*, 15/2/1968).

Nota-se, por parte dos familiares e amigos, uma preocupação permanente em defender Leila de algumas das acusações que ela sofreu, ao mesmo tempo em que buscam ressaltar suas virtudes.

> Apesar de ter uma aparência de porra-louca, irresponsável, Leila tinha uma seriedade profunda, era disciplinadíssima. Nunca vi ninguém se relacionar com um personagem de novela como ela. Costumava anotar, atrás do script, toda continuidade do que estava fazendo, tipo "Na cena tal eu estava com o cabelo preso..." Fazia o trabalho de continuísta (mesmo havendo uma), porque era "caxias" demais (Marieta Severo, *Cláudia*, junho de 1992).

Um tipo de defesa chama atenção: a que diz respeito ao comportamento sexual de Leila. Alguns depoimentos destacam que ela *não* era ninfomaníaca, promíscua, pervertida ou galinha. Essas defesas sugerem que o comportamento sexual de Leila estava sujeito a freqüentes acusações de desvio.

Conheci bem Leila Diniz, mas não biblicamente. Ela era dadivosa, natural. Gostava de alguém, ia com ele. Muitas vezes por pena dos pobres coitados. Era muito solidária com o sofrimento alheio. Muitos conheceram o seu céu por piedade de Leila. Leila não era promíscua ou ninfomaníaca (Paulo Francis, *O Estado de S. Paulo*, 14/6/1992).

A tendência é endeusar a pessoa morta. Mas como falar de Leila sem elogios? Ela era rigorosamente honesta, autêntica, pura. Não tinha preconceitos sexuais, por exemplo, mas não era pervertida (Paulo José, *Fatos & Fotos*, 27/6/1976).

A Leila jamais foi galinha, nunca foi de trocar de homem toda hora. Muito pelo contrário, não sei como ela conseguiu ter tanto namorado e um de cada vez. Sempre era um, mesmo que por pouco tempo, aquele negócio de infinito enquanto dure. A única vez que misturou foi com o Toquinho e o Henrique Martins, quase fundiu a cuca por causa disso. Ela foi apaixonada pelo Henrique, que era casado. Destrambelhou tanto que foi capaz de fazer uma coisa que era contra todos os princípios dela: ficar com duas pessoas ao mesmo tempo. E abriu o jogo com eles, coisa que jamais alguém faria. Até hoje em dia é difícil, imagina há mais de vinte anos. Uma mulher que diz "Olha, eu amo vocês dois" é galinha? Você pode dizer que é burrice, mas galinhagem não é. Galinhagem é aquela mulher que engana todo mundo. Ela era uma pessoa muito fiel. Ficou amiga de todos os ex-namorados. É uma raridade isso, quiçá impossível, eu não conheço ninguém além dela que conseguiu isso (Regina).

Costa (1984) afirma que a artista de sucesso ou a estrela é representada como uma mulher de vida dissoluta, que não respeita o código sexual tradicional e o papel de esposa e mãe, daí sua identificação quase que imediata com a figura da puta. O autor lembra como era comum, há poucos anos, as estrelas adotarem um nome artístico distinto do nome de família como forma de proteger a reputação familiar, já que o ambiente artístico era percebido como um local de mulheres de vida promíscua.

> As mães das minhas amigas me rejeitavam demais: eu era a irmã de uma mulher louca, de uma prostituta. Eu tinha uma amiga que quando eu convidava pra ir pro sítio a mãe não deixava porque dizia que se meu pai deixou a Leila ser assim ele não devia ter moral nenhuma, autoridade nenhuma. Tinha esse lado de sofrer um preconceito, de ficar meio marginal por conta da Leila. Também tinha muito preconceito porque a Leila era artista e, naquele tempo, artista era sinônimo de puta pra algumas mães que eram muito caretonas (Lígia).

Goffman (1975) lembra que os gregos criaram o termo estigma para se referirem a uma pessoa marcada no corpo (com cortes ou fogo), marca que simbolizava algo de extraordinário ou mau sobre o status moral de quem a portava: uma pessoa poluída ou desacreditada que deveria ser evitada, sobretudo em lugares públicos. A conduta de Leila, principalmente no domínio sexual, parece se constituir em um verdadeiro estigma que contagia a identidade de suas irmãs provocando diferentes graus de condenação e evitação.

> Quando entrei pra faculdade, tive mil paqueras em cima de mim por ser a irmã de Leila Diniz. Os caras da faculdade achavam que por ser irmã dela eu tinha obri-

gação de transar. Minha irmã fez uma revolução, abriu a cabeça de muita gente, mas muita gente encarava isso como galinhagem. Eu, como irmã dela, carregava aquele carma, aquela cruz. Então me fechei muito pra lance de paquera. Logo eu, que sempre gostei, mesmo namorando, de fazer um charmezinho. Mas na faculdade eu me defendia. A Leila, sempre palhaça, quando estava grávida, dizia "Essa aqui é a irmã da puta, essa aqui, na barriga, vai ser a verdadeira filha da puta". Eu era a irmã da puta (Regina).

A imagem de mulher liberada sexualmente parece ser incompatível com a imagem santificada da mãe. Se Leila era uma puta, não podia ser uma santa. Um dos episódios mais lembrados da trajetória de Leila foi o que ocorreu durante o programa *Quem tem medo da verdade*, na TV Record. No programa, quando perguntaram qual era o seu maior sonho, Leila respondeu: "Ser mãe." Os jurados imediatamente insinuaram que ela não tinha esse direito.

A prova de que Leila talvez fosse a última a saber (e a querer saber) que estava arquitetando uma "revolução" de costumes foi quando aceitou ir a um horrendo programa de televisão, notório por julgar (para absolver ou condenar) seus entrevistados. Não era uma entrevista, mas um linchamento, com uns pobres-diabos posando de jurados e o diretor do programa, Carlos Manga, à guisa de verdugo. Leila foi condenada e chorou diante das câmeras. Bolas, se sabia o que era o programa, por que foi? E se foi, por que chorou? Porque, na sua revolução da pureza, ela nunca achou que estivesse fazendo nada demais ou de errado (Ruy Castro, *O Estado de S. Paulo*, 14/6/1992).

Leila e outras mulheres de sua época pagaram o preço por uma atitude de vanguarda ao inaugurarem um estilo de vida que consistia em questionar o casamento burguês, a monogamia, a fidelidade e a virgindade. Ventura (1988) aponta a postura discriminatória da esquerda, que "manifestava um soberano desdém ideológico pelas travessuras comportamentais da geração de Leila Diniz", sem perceber o revolucionário pioneirismo desses modelos que já anunciavam os anos 1980.

> Nesse sentido, e infelizmente não só nesse, a percepção da direita foi mais, digamos, dialética – como puderam comprovar a própria Leila, Caetano, Gil e outros da chamada esquerda "alienada". Ao perseguir Leila pela sua conduta moral ou ao raspar os caracóis dos cabelos de Caetano na cadeia, logo depois do AI-5, a repressão ensinou à esquerda, que vaiara o compositor dois meses antes, que tinha uma visão mais ampla daquilo que podia não parecer, mas era também subversão (Ventura, 1988).

Leila sofreu acusações de desvio da direita e da esquerda. Foi chamada de puta e subversiva, assim como de alienada, superficial e porra-louca.

> Do ponto de vista policial, Leila Diniz representava uma ameaça em potencial aos princípios de moralidade pública (Edgar Façanha, ex-chefe do Serviço de Censura, programa *Nosso Tempo*, TV Manchete, 14/6/1992).

> Eu acho que toda mulher mito devia destruir o estereótipo que ela porta. Eu acho que a Leila Diniz cai na outra, da mulher tradicional. Ela é uma mulher com-

pulsivamente superficial em relação à relação dela com as pessoas (Rose Marie Muraro, *O Pasquim*, abril de 1971).

O comportamento de Leila é um importante retrato das transformações dos papéis femininos em sua geração. Comportamento que era exercido mas escondido por algumas mulheres (por parecer vergonhoso para uma mulher assumir sua sexualidade livremente) ou reprimido pela grande maioria das mulheres. Assim, seu comportamento foi considerado, por muitos, um valor positivo, um estilo de vida que possibilitou sua maior visibilidade social, o que é desejável em algumas profissões, como a de atriz. Como lembra Bourdieu (1989), não se deve conceber esses comportamentos como parte de uma estratégia consciente para a obtenção do sucesso, esquecendo-se, muitas vezes, de que esses comportamentos só têm sucesso em razão de sua inconsciência.

> Eu não conheci mulheres como a Leila. De um modo geral, as pessoas têm necessidade de um rótulo: ou são socialistas, ou comunistas, ou petistas, ou feministas, ou puta-que-paristas. A Leila é ela mesma, a filosofia dela, a política dela, o estilo dela, a arte dela. O único compromisso dela era com o prazer e a liberdade. A gente pode inventar milhões de teorias, mas por que a Leila fazia aquilo? Porque ela se divertia com aquilo. Se as conseqüências disso dão pra fazer um tratado, ela não estava nem aí. Ela dizia que achava engraçado ser tão famosa, porque sempre viveu assim e ia continuar vivendo, só que antes só meia dúzia de pessoas sabiam o que ela fazia e agora todo mundo ficava sabendo: "Caguei, pô, não vou deixar de viver do meu jeito só porque as pessoas me olham e me copiam" (Lígia).

A "REVOLUÇÃO" DE LEILA DINIZ

Com a noção de "revolução simbólica" (Bourdieu, 1988) pode-se compreender melhor a representação social de Leila Diniz como uma mulher "revolucionária".

Leila contribuiu para o reconhecimento de comportamentos femininos que contestavam a ética e a estética existentes. Ela fazia e dizia o que muitas mulheres tinham o desejo de fazer e dizer, mas não tinham coragem. Aqueles que perseguiram Leila como subversiva não estavam inteiramente enganados. O poder de nomear, destaca Bourdieu (1988), sobretudo o de nomear o que ainda não foi percebido ou está recalcado, é um poder considerável, é um poder de criação. Esta é a "revolução" de Leila: trazer à luz do dia comportamentos femininos já existentes, mas que eram vividos como estigmas, proibidos, ocultos, recalcados.

> Leila vai rompendo os tabus. Emocionalmente. E não tem idéia da revolução que está fazendo. É a revolução da alegria e do prazer. É a revolução do poder querer. E ela se nega a ficar prisioneira de relações confortáveis. E ela se nega a ser uma moça bem-comportada. Ela enternece e agride. Por que não gritar todos os palavrões nos ouvidos de uma classe média amedrontada? Por que manter clandestina uma parte da vida? E Leila vai dizendo, vai mostrando: sou. De musa de Ipanema, ela passa a mito nacional. De rebelde, a revolucionária (Eduardo Mascarenhas, *Almanaque Pasquim*, julho de 1982).

No fim da década de 1960, muitos jovens substituíram os temas políticos pelo tema da liberdade individual. A repressão a ser combatida deixou de ser a repressão do regime militar e passou a ser a repressão sexual, a repressão familiar, a repressão internalizada em cada indivíduo. Esse anseio por liberdade e desrepressão sexual parece ter sido um elemento importante para a transformação de Leila em uma mulher "revolucionária".

> A Leila expressava esse anseio de liberdade que existe um pouco recalcado em todo mundo. Acho que mesmo as pessoas mais convencionais tinham aspiração a fazer as coisas livremente. A Leila como que fazia um pouco pra essas pessoas aquilo que elas não tinham coragem de fazer. Acho que houve em alguns períodos certa unanimidade em torno da Leila, senão ela não teria virado um mito. Unanimidade no sentido da admiração que despertou, pelos motivos mais variados. Isso não impede que ela tenha sido, ao mesmo tempo, uma personalidade muito polêmica. Porque não é fácil desafiar preconceitos, tabus, convenções, não se faz isso impunemente. Paga-se o preço (Eli).

Os depoimentos destacam que muitas mulheres "faziam" ou "diziam" as mesmas coisas que Leila, mas Leila "dizia e fazia", acumulando assim reconhecimento dos que desejavam contestar o modelo tradicional de ser mulher. Assim, o reconhecimento que Leila conquistou está ligado à correspondência entre seus comportamentos efetivos e seu discurso.

> Ela teve uma coragem que eu não tinha, embora eu fosse bem mais velha do que ela. A Leila fez tudo aquilo que eu tinha vontade de fazer e não fiz. Eu fui mais covarde do que ela. Eu era contra, dizia, mas não fazia. Ela não, ela disse e fez. Com 15 anos ela tinha mais liberdade que eu aos 22 (Deise).

> Ela foi uma personalidade revolucionária no sentido de romper com práticas estabelecidas, com certas convenções. Fez tudo isso colocando as coisas em prática. Não havia uma certa defasagem que vi, por exemplo, em mim. Eu defendia o amor livre, achava o tabu da virgindade uma bobagem, uma imposição do meio social. Mas eu era uma teórica, na prática não executava nada daquilo. Era uma rebelião puramente intelectual. Ela punha em prática, não havia esse *gap* que existe muito freqüentemente entre a defesa de princípios teóricos ou de uma determinada ideologia e uma prática que não tem a ver com isso (Eli).

A conduta de Leila não está remetida a princípios gerais ou bandeiras políticas, mas à forma particular que encontrou para enfrentar seus próprios problemas. Ao expor publicamente sua maneira de viver, Leila abriu possibilidades para outras mulheres enfrentarem problemas semelhantes. Os reforços positivos que recebeu e o destaque que lhe foi reservado na imprensa fizeram com que Leila se sentisse autorizada para afirmar cada vez mais radicalmente sua postura de transgressão ao modelo tradicional feminino, especialmente em matéria sexual. Leila é apontada como uma precursora do feminismo no Brasil: uma "feminista intuitiva" que influenciou, de maneira decisiva, as novas gerações.

> Leila não podia deixar de virar mito, modelo para tantas mocinhas que não se consideravam "direitinhas" nem "galinhas", só queriam viver com mais sinceridade suas emoções e desejos, serem pessoas mais inteiras e não obrigatoriamente a "metade" de um casamento onde o lugar principal seria ocupado pelo homem, depois viriam os filhos, e só depois, no espacinho que sobrasse, a mulher se manifestaria. O movimento

> feminista ainda não tinha chegado até nós e Leila, sem empunhar bandeiras, sem querer ser símbolo de nada, ia fazendo o que gostava de fazer, esbanjando alegria de viver, sinceridade, driblando com graça o machismo brasileiro, sendo mãe de uma maneira nova, curtindo a maternidade e o corpo grávido, o barrigão bonito se mostrando ao sol, na foto que ficou famosa (...). No meio de toda aquela militância, a imagem de Leila surgia sempre, não para embasar teorias, que para isso tínhamos *O segundo sexo*, da Simone, mas como a própria personificação da mulher feliz (Zuleica Porto, *Correio Braziliense*, 14/6/1987).

Leila, ao afirmar publicamente seus comportamentos e suas idéias, parece ter sido uma aceleradora de padrões de comportamentos femininos já existentes, a maior parte das vezes de modo implícito, que foram sendo, cada vez mais, adotados por muitas mulheres.

> A Leila foi importante na luta das mulheres porque foi uma pessoa pública, e todas as coisas que fazia eram conhecidas por todo mundo. Ela não tinha o menor medo de se expor, muito pelo contrário, falava das coisas escancaradamente. Isso ajudou demais às mulheres. Acho que ela mudou uma geração. Não estou dizendo que se a Leila não existisse a mulher brasileira não teria evoluído. Mas ela acelerou, deu um empurrão, abriu caminho, foi pioneira e, como toda pioneira, sofreu as conseqüências. Quem abre os caminhos sempre leva porrada, quem vem depois pega tudo manso. Ela foi precursora, talvez hoje fosse natural o que ela fez, mas há vinte anos... E a Leila fazia sem ter bandeira "somos contra o homem", sem ser aquele feminismo babaca de alguns anos atrás, sem ser chata ou intelectualóide (Lígia).

A identidade de Leila é construída por meio de algumas semelhanças com as feministas (luta pela liberdade e igualdade da mulher), mas, principalmente, por meio das diferenças (não-agressividade, feminilidade, sem bandeiras, gostar de homens etc.).

> Qualquer um que tenha conversado cinco minutos com Leila sabe que ela se sentia a última das "revolucionárias". Se alguém a chamasse para empunhar uma bandeira e sair gritando slogans, mandaria essa pessoa fazer outra coisa com a bandeira. As feministas, que a adotaram depois que ela não podia mais se defender, não sabiam o que fazer com Leila enquanto viva. E se ela ainda estivesse por aqui, continuariam não sabendo. Jamais teriam conseguido cooptá-la para suas cruzadas anti-homens, por exemplo – porque poucas mulheres gostaram de homens de forma tão explícita quanto Leila. Assim como não entendiam que, sendo a "mulher livre" oficial de sua época, ela falasse tanto em ser mãe e não sossegasse enquanto não teve sua filha (Ruy Castro, *O Estado de S. Paulo*, 14/6/1992).

Leila "botou a barriga de fora" levando um filho gerado fora do casamento, incorporou o palavrão ao vocabulário feminino e exibiu "os pentelhos ao léu". "Criou moda" e passou a ser vista como uma mulher importante para a liberação feminina: uma mulher "revolucionária".

O QUE FEZ DE "LEILA PARA SEMPRE DINIZ"

Por que Leila Diniz é lembrada, até hoje, como uma mulher "revolucionária" e símbolo da década de 1960?

Acredito que a articulação de alguns elementos de sua trajetória responde a essa questão. Em todas as entrevistas que realizei, matérias de jornais, depoimentos em livros ou vídeos, estes marcos estão, inevitavelmente, presentes:

a. Leila Diniz é uma mulher carioca;
b. O filme *Todas as mulheres do mundo*;
c. A entrevista a *O Pasquim* e os palavrões;
d. A barriga grávida de biquíni;
e. A morte trágica aos 27 anos.

Uma mulher carioca

Leila morou em Copacabana até os 20 anos e depois nos bairros de Ipanema e Leblon.

Para os entrevistados, é impossível pensar Leila em outra cidade do Brasil. Leila é a mulher que encarna, melhor do que ninguém, o espírito da cidade do Rio de Janeiro, um certo estilo de vida e o jeito de ser do carioca.

> Acho que jamais poderia acontecer em São Paulo uma Leila, não tem clima. O Rio nessa época tinha um clima muito irreverente, de contestação. Leila foi criada naquela época melhor de Copacabana. Ela era um produto típico daquele meio de Copacabana, em que estava todo mundo se libertando, as mulheres se libertando, os filhos se libertando dos pais. Se o Rio era o centro cultural do Brasil, Copacabana era o palco do Rio (Elio).

> Toda a vida da Leila se desenvolveu nos bairros de Copacabana, Ipanema, Leblon. Ela passou a simbolizar a cultura desses bairros, primeiro porque ela estava muito identificada com a praia e o mar. O mar era uma

> extensão da personalidade dela. Ela não trocava um dia na praia por nada. Às vezes, levantava cedo e era invadida por uma euforia: "Praia, praia, praia." Acho difícil imaginar uma figura como a Leila numa outra cidade do Brasil. Porque tem um lado festivo, irreverente, alegre, sobretudo de descontração, que está muito ligado a essa cultura carioca. A Leila era terrivelmente descontraída, informal. Jogava um jeans, uma blusa amarrada na cintura, um boné na cabeça e saía por aí. De repente, parava num bar e ficava de papo sem se preocupar: "Será que é hora de bater papo ou é hora de trabalhar?" Um certo jogo de cintura, uma certa flexibilidade que compõe esse quadro de uma cultura carioca. O carioca representava, quase que encarnava, o tipo paradigmático da descontração, dessa convivência com a liberdade (Eli).

Eleita Rainha da Banda de Ipanema, musa de *O Pasquim*, Rainha das Vedetes de Ipanema, Leila Diniz se tornou a representante ideal do humor e da irreverência do carioca.

O carnaval carioca é uma marca importante na construção da imagem pública de Leila Diniz. Carnaval de rua presente desde a sua infância.

> A Leila sempre foi muito alegre e com muito senso de humor, tinha capacidade de contar uma coisa e todo mundo rir. Mesmo a forma de ela lidar com as coisas desagradáveis que aconteciam era uma maneira leve, uma maneira *soft*, digamos assim. Certos traços da personalidade que desabrochariam na adolescência já estavam contidos nela. Por exemplo, ela inventava uma porção de histórias para a Lígia dormir. Eu me lembro da Leila fantasiada de havaiana no tabuleiro da Baiana, no carnaval. Papai começou a tocar pandeiro e a Leila começou a dançar e a cantar "Não, não me diga adeus,

> lembre dos sofrimentos meus..." com uma graça tão grande que se juntaram algumas pessoas, fizeram uma roda, e a Leila ficou ali dançando no meio, pequenininha, fazendo mil trejeitos. Foi um sucesso (Eli).

Leila desfilava todos os anos no carnaval. No ano em que morreu, Leila desfilou pela Império Serrano, homenageando Carmen Miranda.

> Leila adorava dançar, ela dançava muito bem samba. Era a coisa que ela mais gostava de fazer. No período de carnaval, já na época do fim do ano, em novembro, não havia compromisso que a fizesse deixar de ir pras quadras de escola de samba. Não tinha jeito, o próprio trabalho parava mesmo, se de repente ela tinha um trabalho pra fazer, seja na televisão, no cinema ou no teatro, mas que iria impedi-la de dançar até fevereiro, até o carnaval, ela abandonava e ia dançar. E seu carnaval era uma maratona, era pra arrebentar, porque ela desfilava em escola de samba e desfilava em bloco pra não perder o pique (Paulo José, *Almanaque Pasquim*, julho de 1982).

Da Matta (1983) afirma que a oposição casa *versus* rua é básica para se compreender a sociedade brasileira e o carnaval. No momento do carnaval, cujo domínio é a rua, há uma ruptura da rotina da vida diária e uma inversão de comportamentos, sentimentos e valores. O que é proibido no dia-a-dia torna-se permitido nesses dias: a exibição, o corpo desnudo, a sexualidade, cuja ênfase é a liberdade, a igualdade, a informalidade, a alegria. O carnaval é, como mostra Da Matta (1973), a instituição paradigmática de uma visão anticotidiana da vida brasileira, do Brasil como uma grande *communitas*, onde raças, credos, classes e ideologias comungam pacificamente ao som do samba. No carnaval, tudo é permitido, para, depois dele, o tédio e a rotina voltarem a dominar a vida cotidiana. O carnaval permite tudo aquilo que deve ser escondido na ordem cotidiana, como a homossexualidade, a sexualidade explícita, a nudez feminina, a agressividade jocosa entre as pessoas.

O autor aponta para a aproximação entre a praia e o carnaval como espaços que sintetizam diferenças e contradições do mundo urbano, espaços indiferenciados e igualitários, em que as pessoas trazem a casa para a rua: exibem seus corpos seminus publicamente, rompem com as fronteiras entre as posições sociais e brincam. A vida cotidiana de Leila Diniz apresenta elementos que são característicos desses momentos de inversão da rotina. Por exemplo: os palavrões, a exibição do corpo, a valorização do prazer, o desrespeito a horários e compromissos, a iniciativa e liberdade sexual. Nela, o comportamento rotineiro é o que é inversão para a maior parte das pessoas, o que as mulheres só se permitem no carnaval. Enfim, praia, mar, carnaval, amigos e namorados do meio boêmio, artístico e intelectual do Rio de Janeiro: Leila Diniz é uma mulher carioca, e esse é um elemento importante para a compreensão de sua inserção no campo artístico, da elaboração e do sucesso de um estilo próprio de ser atriz e de ser mulher.

Todas as mulheres do mundo

Todas as mulheres do mundo foi filmado em 1966, momento em que o Cinema Novo sofreu algumas transformações, voltando-se para temáticas urbanas mais próximas da vida de seus diretores. Foi um grande sucesso de crítica e público.

A atuação de Leila Diniz foi muito elogiada pelos críticos e ela ganhou o Prêmio Air France de melhor atriz de 1967.

Leila se tornou famosa ao atingir tanto o grande público, por meio de novelas de sucesso, quanto um público mais intelectualizado do Cinema Novo. Esses dois elementos, combinados a um fator decisivo – de o filme ser sobre sua própria vida –, contribuíram para que Leila ocupasse um lugar de destaque no campo artístico, na década de 1960.

Em contraste com o cinema nacional considerado politicamente engajado e hermético, *Todas as mulheres do mundo* aborda com humor as dificuldades do relacionamento homem-mulher. O filme, segundo a crítica, é o mais carioca até então realizado:

> Inquieta, nervosa, moderna, *Todas as mulheres do mundo* é a melhor comédia que já se fez no Brasil. Além disso, é um brilhante ensaio sobre o amor, a mulher e a vida de certa classe média dentro de um tipo de comportamento que é nitidamente brasileiro e carioca (*O Globo*, 1/3/1967).

Todas as mulheres do mundo, em preto-e-branco, é uma comédia romântica baseada no relacionamento de Domingos de Oliveira e Leila Diniz, fato destacado em todas as matérias sobre o filme.

> O filme é explicitamente sobre minha relação com a Leila. E nesse dia eu a vi nua pela primeira vez desde a separação. Toda a equipe ficou extenuada física e espiritualmente com a seqüência, pois todos notaram que eu e a Leila ficamos muito abalados. A cada plano que filmava, eu ia chorar lá dentro. Há muito de autobiográfico (Domingos de Oliveira, *Jornal do Brasil*, 26/2/1995).

No início, a imagem de Leila Diniz/Maria Alice mergulhando no mar. O filme gira em torno de uma conversa entre dois velhos amigos, Paulo e Edu. Paulo conta a história de sua vida com Maria Alice desde que a conheceu em uma festa de Natal, em seu apartamento. O filme intercala momentos em que Paulo conversa com Edu e momentos em que ele vive as histórias que conta.

Ao ver Maria Alice pela primeira vez, Paulo se apaixona. Ela está com seu noivo, mas Paulo tenta conquistá-la de todas as maneiras. Ele vive o conflito de desistir de "todas as mulheres do mundo" para viver com uma só, Maria Alice, a mulher sensual, inteligente, alegre, sincera, carinhosa. Paulo diz que Maria Alice era uma "especialista na cama, uma vocação, maior que a de professora. Você sabe aquele tipo de mulher que quando não tem mais nada pra inventar ainda inventa mais uma? Fazer amor com a Maria Alice era como dar a volta ao mundo". Em uma cena, Paulo lê um poema enquanto a câmera percorre o corpo nu de Maria Alice.

> Esse poema, muito simples e até ruim, foi escrito em cima da perna, numa Kombi a caminho do Quitandinha, para uma filmagem de *Todas as mulheres do mundo*, isso há um século, eu louco por ela, alma dilacerada da separação, aquelas coisas. Acabou resultando na seqüência mais generosa do filme, sobre as imagens de Leila nua. Ainda agora, passados dez anos, eu não poderia escrever sobre Leila. Ou melhor, teria que ser um romance, ou peça ou filme, ou nada, o silêncio daquilo que é íntimo. Mas se vocês quiserem publicar o poema...: "Não fosse meu/ o segredo do teu corpo/ eu gritaria pra todo mundo/ De teus cabelos/ sob os quais fez noite escura/ De tua boca/ que é um poço/ com um berço onde nasci/ Teus dedos, longos/ como gritos/ Teu corpo, para compreendê-lo, é preciso/ muita

convivência/ E teu sexo/ um rio/ onde meu barco navega ao vento das sete paixões/ Longo caminho, poucos navegantes/ viajaram impunemente/ e tua alma/ Tua alma/ é o teu corpo" (Domingos de Oliveira).

O filme mostra os conflitos existentes, na década de 1960, entre os velhos e novos papéis sociais femininos e masculinos. Edu, logo no início do filme, pensa:

> O amor consome a liberdade. Homem mais forte é o que está mais só. Quantas mulheres eu tinha amado? Foram 234. E mesmo que fosse possível o amor, como escolher a mulher? As mulheres são muitas, todas diferentes: forma, tamanho, cor, personalidade. Impossível escolher. No tempo dos meus pais ou avós talvez ainda desse. Agora não dá. As mulheres resolveram ser independentes, o que complica as coisas de modo definitivo. Não dá pé.

Maria Alice rompe com o noivo e vai morar com Paulo, sem casar, apesar do desejo: "Um dia eu quero casar na igreja de véu e grinalda."

> Paulo: Mulher tem que ser burra, Maria Alice, ficar em casa cozinhando, lavando louça.
> Maria Alice: Eu não acho não. Vocês homens são todos iguais. Gostam das mulheres independentes e das que não são. O pior é que eu acho é que com as mulheres é a mesma coisa. Nós também, nós queremos ser independentes e não queremos.

O filme mostra as brigas, os ciúmes, o dia-a-dia de um casal apaixonado. Até o dia em que Maria Alice viaja e, quando volta, encontra Paulo com outra mulher. Maria Alice rompe com Paulo. Depois de muito sofrimento dos dois, Maria Alice volta a viver com Paulo.

> Paulo: "Descobri que eu não posso viver sem você. O mundo tem muitas mulheres, Licinha, talvez você não seja a melhor, mas é a que eu gosto. Eu fui uma criança em uma mesa cheia de doce. Agora aprendi."

O filme termina com Paulo contando para Edu: "E a falseta foi essa. Casamos com véu e grinalda. Estou com dois filhos agora."

O filme parece fazer uma concessão ao modelo tradicional da mulher como esposa-mãe, depois de mostrar um novo modelo de ser mulher livre e independente. Pode-se pensar em uma tentativa de conciliar os modelos concorrentes de ser mulher que surgem nos conflitos e desejos dos personagens.

Maria Alice, como Leila Diniz, é uma mulher moderna e sincera, bela e jovem, alegre e reflexiva. Maria Alice é uma "mulher solar", "professorinha" que desfila em escola de samba no carnaval, adora mar e praia, lê o livro sobre a experiência educacional de Summerhill e quer muito ter filhos.

> Mulher solar foi uma espécie de apelido que Domingos de Oliveira, com todo seu carinho, inventou para mim. Acho que ele quer dizer com isto a mulher que sai sempre da fossa (como Maria Alice de *Todas as mulheres do mundo*). O Domingos confia muito no meu sorriso, na minha forma de encarar a vida (Leila Diniz, *Jornal do Brasil*, 7/2/1968).

Um filme carioca para uma mulher carioca. O filme foi considerado uma apologia de Leila Diniz: a mulher que faz com que um homem abandone "todas as mulheres do mundo" para ficar com ela. Uma mulher que faz o que outras mulheres gostariam de fazer ou fazem escondido.

> Escrevi o papel de Maria Alice para Leila Diniz, que além de excelente atriz é uma mulher extraordinária. Se tivéssemos uma máquina de propaganda bem montada, ela poderia chegar à notoriedade de uma Bardot. Tenho a impressão de que meu filme fará mais sucesso na Zona Norte no Rio, e em bairros como o Brás, em São Paulo, embora seja uma típica comédia copacabanense. Isso porque o tipo de relação Paulo x Maria Alice é o sonho inconfessado das moças do Grajaú, do Méier, do Brás. Elas, na sua maioria, são Marias Alices que desejam o rapaz moderno aproveitador que Paulo representa. O padrão de príncipe encantado mudou e muitas mocinhas invejarão Maria Alice, que faz o que elas gostariam de fazer, ou fazem escondido (Domingos de Oliveira, *Visão*, 3/3/1967).

Todas as mulheres do mundo é considerado por muitos, até hoje, o mais belo e fiel retrato de Leila Diniz. Essa relação de espelho entre vida e tela/palco é muito particular a Leila. Ela tem a biografia inscrita na própria trajetória artística.

O Pasquim

Dois anos após o sucesso do filme *Todas as mulheres do mundo*, várias novelas e filmes depois, Leila deu a famosa entrevista a *O Pasquim*, em novembro de 1969. O primeiro número de *O Pasquim* saiu em 26 de junho de 1969, com uma tiragem de 20 mil exemplares. O número 22, com a entrevista de Leila, alcançou 117 mil exemplares.

O Pasquim é, em sua origem, um jornal de Ipanema, cujos colaboradores faziam parte do meio artístico e intelectual. Braga (1991) ressalta que o caráter inovador do jornal possibilitou o surgimento de outras formas de contestar o *status quo* que não a política tradicional. O autor chama de conversa carioca as entrevistas de *O Pasquim* e destaca a de Leila Diniz como a mais representativa desse estilo.

> Leila fala tudo o que quer, se conta com clareza e usa muitos palavrões. *O Pasquim* se habituara a não copidescar as entrevistas. Desde o número 1, por intenção, ou por preguiça, acharam que o legal era deixar a escrita "do jeito que se fala". E tinham conseguido assim o estilo de entrevista que marcou época e renovou (aqui como em outros aspectos) o trabalho jornalístico no país. Como começar a copidescar então o número 22? E como adaptar a frase para tirar os palavrões sem deformar o sentido? A solução foi simples e criativa: deixar como está, só que no lugar de cada palavrão usa-se um asterisco entre parênteses. Duplo benefício: as frases permaneciam claras (é fácil deduzir o palavrão que se esconde no asterisco); e estava inventado um recurso precioso para os implícitos requeridos pelo momento político (Braga, 1991).

A entrevista será analisada através dos dois grandes eixos temáticos presentes: a carreira da atriz e seu comportamento afetivo-sexual. Como lembra Goffman (1975), com relação à manipulação de informação feita por uma pessoa estigmatizada, ela pode exibir ou ocultar seu defeito, contar ou não contar, revelar ou esconder, mentir ou não mentir. Leila parece optar por exibir, contar, revelar o que pode ser percebido como estigma, no que diz respeito à carreira e à sexualidade, e ocultar ou não se deter em fatos que dizem respeito à família e à psicanálise.

> Jaguar – São boas suas relações com seus pais?
> Leila – Maravilhosas.

Com uma só palavra, Leila resume sua relação com os pais, de tal forma que os entrevistadores rapidamente mudam de assunto, não explorando o tema. Outro tema que não aprofunda é sua análise: Leila fala da análise como algo relacionado às crises de adolescência e não a algum problema específico. Ao apagar possíveis problemas familiares ou de outra natureza, que a levaram a procurar ajuda, Leila parece não querer arranhar a imagem de mulher que só quer se divertir e ter prazer.

A apresentação da entrevista ressalta que Leila é "chapinha" de *O Pasquim*, o que explica o clima de "muito à vontade". Leila faz parte da patota: os comportamentos e as visões de mundo dela e dos entrevistadores coincidem, eles "falam a mesma língua".

Os palavrões, que são substituídos por asteriscos – setenta ao longo da entrevista –, são ditos, continua a apresentação, pela "rósea boquinha da bela Leila". Essa combinação de uma linguagem tipicamente masculina e grosseira com uma boca feminina e delicada sugere a articulação da oposição masculino/feminino.

> Eu acho o palavrão gostoso, e é uma coisa normal pra mim. Quando ouvi um pedaço dessa gravação, fiquei até um pouco chocada, mas quando eu falo eu não sinto que estou dizendo palavrão. É gozado: meu pai, por exemplo, não fala palavrão. Lá em casa, não se dizia nem cocô: a gente falava fezes. Tinha que ser tudo naquela base, que são palavras muito mais feias do que os palavrões. Mas o palavrão virou verdade em mim e quando as coisas são verdade, as pessoas aceitam. Então meu pai aceita, embora ele não fale nem cocô. Morre de rir, bate papo comigo e tal.

Os entrevistadores (Tarso de Castro, Jaguar, Sérgio Cabral, Paulo Garcez, Luiz Carlos Maciel e Tato Taborda) iniciam as perguntas abordando a carreira de Leila como atriz. Leila nega que foi Domingos de Oliveira o responsável pelo seu início de carreira. "Quando Domingos resolveu fazer *Todas as mulheres do mundo*, eu já estava existindo mais ou menos como atriz."

Chama atenção como, em três momentos, os entrevistadores dizem que Leila foi "professorinha" antes de ser atriz. Os diminutivos "professorinha" e "mulherzinha do Domingos" parecem funcionar como categorias de acusação. O papel tradicional feminino – ser esposa ou atuar em profissões marcadamente femininas – em oposição à mulher moderna, com um comportamento sexual livre.

Leila, em tempos de repressão, fala contra a censura como algo burro, ridículo, cretinice. Vai sendo construída assim a imagem de uma mulher que faz o que quer e diz o que pensa, sem se preocupar com a opinião dos outros e a censura.

Leila nega todos os valores que estão em jogo no campo artístico: o autor, o papel, a arte teatral, ao afirmar que escolhe o trabalho pela patota, pela diversão e para ganhar dinheiro. Ao longo de toda a entrevista, Leila enfatiza que sua carreira está subordinada a uma opção existencial que valoriza o prazer e recusa a dicotomia trabalho/vida pessoal. Contrapõe-se a uma concepção do trabalho como dever e sacrifício e o encara como um exercício lúdico.

Leila diz que para trabalhar na televisão "tem que (*) pra todo mundo". Ela discute a possibilidade de "exigências não-profissionais". Acredita em sua condição de sujeito do próprio corpo, recusando o papel de objeto do desejo e do poder masculino: "a mim, nunca quiseram, porque eu mando logo tomar no (*). Quando eu quero, vou com o cara.

Comigo não tem esse negócio de ninguém querer, não." Adota uma posição de distância do papel da mulher "que se vende", que troca o corpo por um emprego ou dinheiro. Fala das cantadas que recebe e reconhece que carrega o estigma de mulher promíscua em função de uma imagem criada com base em suas entrevistas. Mas esse estigma não parece ser um problema, pois "eu tiro de letra. Eu me entendo com todo mundo, com toda a patota".

Leila deixou de ser virgem aos 15 anos. "Não deixei antes porque meu namoradinho não quis, ficou com medo." "O primeiro homem", para ela, "foi só o primeiro", e não um homem importante em sua vida. Aos 16 anos, conheceu Domingos em uma festa de Natal em que "galinhou todo mundo" e "dormiu" com ele, passando "o dia de Natal (*)". "Daí a gente juntou, teve aquela zorra toda... Porque eu sou solteira, não é? Sou casada (*)." Não lembra se teve ou não relacionamento com algum fã, demonstrando que sua vida sexual é tão intensa e diversificada que não se recorda de todos os seus parceiros sexuais. Leila diz: "Casos, mil; casadinha nenhuma. Na minha caminha, dorme algumas noites, mais nada. Nada de estabilidade." "Eu só tive um homem negro. E não vou comparar meus homens porque é sacanagem. Dizem que os negros têm potencialidade etc. Eu acho que é a mesma coisa. Depende do cara. Nesse negócio não tem nada a ver. Tem uns que são bons de cama, chega lá e não combina; a gente é boa de cama chega lá e não combina. Esse negócio depende muito. O negócio é aquela ligação, está na pele." É uma mulher que vive sua sexualidade de forma livre e intensa, que acha "bacana" fazer amor todas as noites e que já teve experiências de "8 ou 12" relações sexuais em uma mesma noite.

Os entrevistadores perguntam se ela teve um "casinho" com Anselmo Duarte ou se "deu" para o analista, como se a regra fosse Leila "dar" ou "ter um caso" com todos os homens que conhece. Ela diz que já amou muito uma pessoa e foi para a cama com outra. Diz que não é contra a fidelidade porque quando está em uma relação "bacana", "geralmente" (não sempre) é fiel. Mas que é contra o amor possessivo, o controle sobre sua vida e sexualidade. Enfatiza comportamentos que não correspondem ao papel tradicional feminino de esposa e mãe, daí sua identificação quase imediata com a figura da puta, acusação que sofreu após essa entrevista, como foi visto anteriormente.

> Jaguar – Um aviso aos navegantes: quem escolhe é você, não é?
> Leila – Sei lá. Acho que a gente escolhe. Acho que sou eu que (*), sim.

Ao afirmar que é ela quem escolhe ou (*), Leila inverte os papéis culturais definidos de ativo e passivo durante a interação sexual. Mais uma vez, reafirma a condição de sujeito de seu corpo e de sua sexualidade, aproximando-se do pólo masculino/ativo. Chama atenção o fato de ela dizer que já "corneou" seus parceiros e que isso não causou "problema nenhum": "Somos todos uma grande família." Mais uma vez, a patota, o grupo de amigos e ex-namorados que compartilham a mesma ética e visão de mundo. Pode-se pensar que esses comportamentos que seriam desviantes para a grande maioria das mulheres brasileiras, na década de 1960, são tolerados, aceitos ou até estimulados quando realizados por mulheres que, como Leila, são do meio artístico. Talvez o desviante para esse grupo fosse a estabilidade e a fidelidade amorosas.

Em dois momentos afirma que nasceu em 1945 e foi criada burguesamente, de acordo com um modelo feminino tradicional. "Eu também procuro um pai." Parece querer demonstrar que não está imune às pressões sociais que acreditam que a mulher deve ter um "maridinho".

> Às vezes, dentro da sociedade em que a gente vive, é bacaninha você ter um homem do teu lado, nem um homem – viu? –, um companheiro, um treco bacana. Alguém que diga: está pegando fogo? Então vamos apagar juntos. O maridinho que eu quis dizer é isso.

Depois de afirmar seu desprezo pelas convenções e pelos tabus, Leila reconhece que "não é de Marte" e que sua formação a leva a ter preconceitos, neuroses e "mil problemas burgueses".

Leila, com essa entrevista, transgride as regras de linguagem e comportamento. Inverte, ao mesmo tempo, a equação público/privado e masculino/feminino, tornando público o privado e adotando uma linguagem tipicamente masculina e de outra camada social.

Como lembra Foucault (1988), se o sexo é reprimido, proibido, destinado à inexistência e ao silêncio, o simples fato de falar sobre sexo e sua repressão possui um ar de transgressão deliberada. O "discurso sobre o sexo" ou a "colocação do sexo em discurso" inverte a ordem social que valoriza o sexo como "o segredo", ordem que impõe recato, por meio da censura e do silêncio. Daí a curiosidade sobre as pessoas que vivem e falam do sexo de maneira desviante, como Leila Diniz.

A entrevista a *O Pasquim*, e sua ampla repercussão nacional, é um dos grandes marcos da "revolução simbólica" de Leila Diniz. A grande novidade dessa entrevista não são os temas abordados (já explorados em outras entrevistas de *O Pasquim*), mas a maneira específica como Leila combinou suas opiniões e sua linguagem irreverente, o que provavelmente explica a violência das reações após a publicação. Cabe lembrar que nesse momento, fim de 1969, Leila representava papéis de mocinha nas novelas de televisão, o que parece provocar maior impacto no leitor. É de se pensar se a mesma atitude, vinda de uma atriz do teatro de vanguarda, teria a mesma repercussão.

Leila correu riscos ao afirmar publicamente, em um período de forte repressão política, comportamentos de sua vida privada. A esse grande risco político parecem ter correspondido grandes benefícios, porque Leila passou a contar com a admiração de muitos que eram contrários ao regime militar. As conseqüências dessa entrevista demonstram os perigos da palavra pública, e seus lucros, como a consolidação do nome de Leila Diniz.

O palavrão, principalmente após essa entrevista, tornou-se uma marca importante na consolidação da imagem pública de Leila Diniz. Ela afirma que, depois da entrevista, "toda hora eu tinha que falar palavrão para alguém".

> Eu estava entre amigos, todos eles me conhecem bem, não havia mistério. O chato é que as pessoas te enquadram: a partir de uma entrevista que mostra um aspecto parcial, formam uma imagem e exigem que a gente se ajuste a ela. Acham que tenho que ser a toda hora sexy e desbocada. Posso ser, mas também sou outras coisas, e nem sempre estou a fim disso (Leila Diniz, *Realidade*, abril de 1971).

Os depoimentos destacam a naturalidade com que Leila falava palavrões e a influência desse comportamento em homens e mulheres de sua época.

> Ela tornou aceitável a mulher dizer palavrão porque tinha uma maneira feminina de dizê-lo, permeada pelo riso e pela delicadeza. Logo que ficamos amigas, ela começou a freqüentar minha casa e eu morri de medo. Meu pai era o dr. Severo, né? E na minha casa ninguém sonhava falar palavrão. Ela conseguiu chegar lá, dizer e tornar tudo natural (Marieta Severo, *Cláudia*, junho de 1992).

> A Leila só dizia palavrão, era porra pra cá, porra pra lá, filho disso, filho daquilo. Uma vez fui visitá-la em Brasília. Toquei a campainha do hotel. Ela estava tomando banho, saiu do banheiro com a toalha presa e veio me receber assim. Já com palavrão na boca: "Porra, não quis deixar vocês esperando, senta aí, deixa eu me vestir, vamos tomar um uísque." Palavrão pra cá, palavrão pra lá. Fui visitá-la quando ela teve a filha. Ela disse: "Tio, porra, nunca fodi tanto." Eu digo "É, aí está o resultado. E agora?". Saía tão espontâneo que nem tocava a gente. Eu achava graça (Dario).

Os entrevistados ressaltam o efeito liberador que Leila, ao falar palavrões, teve em toda a família.

> A primeira "merda" que foi dita lá em casa foi minha, mas levei uma porrada do meu pai e nunca mais falei. Eu tinha uns 16 anos. Meu pai não suportava palavrão, ele tinha mania de vernáculo perfeito, corrigia a gente em tudo, ele não cagava... "defecava", ele não tinha pau... tinha "pênis". A Leila falava palavrão como quem fala qualquer coisa. Eu já tinha vontade e comecei a falar pra me entender com ela. Merda, pra cá, merda pra lá, pronto, a gente se entende melhor. Até o papai conseguiu aceitar, depois de muito tempo. Cheguei a ouvir alguns palavrões na boca do velho. Não acho que essa

influência do palavrão foi só pra gente, foi pra todo mundo. A partir da entrevista dela n'*O Pasquim* o palavrão ficou vulgarizado. Não sei se foi só ela, mas, seguramente, ela foi uma das pessoas que desmitificou o palavrão (Elio).

A Leila começou a falar palavrão e mexeu em toda a estrutura familiar. Já peguei a minha adolescência ouvindo palavrão não só dela, como do meu pai e da minha mãe. Nunca ouvi a Leila usar um palavrão para agredir. Ela me contou que uma vez mandou um homem tomar no cu, mas eu nunca ouvi. Era sempre o palavrão usado normalmente, corriqueiramente. Era vírgula, ponto, ponto de exclamação, ponto de interrogação, reticências e entrava o palavrão "porra, merda, puta que o pariu, caralho" (Lígia).

Também no que diz respeito à sexualidade, Leila é apontada como tendo um importante efeito liberador no comportamento dos irmãos.

Quando a Leila tinha 15 anos já começou a mostrar que tinha uma cabeça aberta. Ela me chamou: "Preciso falar uma coisa pra você muito séria." Aí saímos andando por Santa Teresa e ela disse: "Olha, eu não sou mais virgem." Ela foi enrolando, demorou a falar as coisas... mas que ela estava consciente daquilo, que ela fez porque quis, que faria de novo. Aquilo para mim foi um choque, para mim ela ainda era uma criança. Mas foi até bom, porque a partir daquele instante eu reformulei todos os meus conceitos sobre homem e mulher, liberdade sexual. Porque eu só tinha duas soluções: ou entendia ela ou achava um absurdo e brigava com ela. Como eu gostava muito dela, vou ter que entender, né? (Elio).

> Eu tive uma vida muito mais livre que as minhas amigas. Comecei a namorar com 15 anos e meu segundo namorado, aos 16, já foi namorado de ter relações de cama. Desde pequenininha eu sabia dos namorados da Leila, da vida sexual, da vida afetiva, como se eu fosse uma pessoa adulta. Isso foi muito importante para mim. A primeira vez que trepei foi na casa dela. Sexo pra mim nunca foi um tabu, não foi um trauma perder a virgindade, eu que currei o meu namorado, digamos assim, eu é que preparei a situação. A Leila transou com muitas pessoas. Talvez eu tenha transado mais porque ela morreu cedo, mas ela transou muito. Porque é uma coisa que eu tenho, ela tem, muito forte, que é que o tesão fala logo. A gente conhece um homem e se tiver uma química que combina já dá o tesão e dá vontade de ir pra cama. Você acha aquela pessoa agradável, interessante, você não quer nem namorar ela, você quer provar ela. E como é que você vai provar? Trepando com ela. Eu não sei com quantos homens transei na vida, mas foram muitos, não dá nem para contar (Lígia).

Ao apontar o efeito liberador de Leila Diniz na vida dos irmãos, que se revela, também, nos depoimentos para este estudo, quero enfatizar o fato de que ao elaborar sua vida Leila estava, simultaneamente, elaborando soluções que poderiam (ou não) ser assimiladas por outros indivíduos com problemas semelhantes. Sendo uma pessoa pública, pode-se pensar que a elaboração que Leila fez de sua própria vida atingiu não somente seus familiares ou seu círculo de amigos, mas, também, contribuiu para reforçar padrões de comportamentos inovadores já existentes na época em que viveu.

De acordo com os pesquisados, Leila teve, desde cedo, muitos namorados, "milhões de casinhos", amantes, relações duradouras e passageiras, estabelecendo diferentes arranjos conjugais. Quase todos os parceiros amorosos de Leila faziam parte do mundo artístico do Rio de Janeiro, "falavam a mesma língua", eram da sua patota.

> Comecei a arrastar asa para Leila nos nossos encontros. Lancei meu melhor olhar. Produzi enfim aquele meu tipo até então infalível. E ela: "Ronaldo, não precisa ficar gastando esse seu olhar meloso, esse olhar de gelatina melosa, esse olhar dengoso. Você está na minha agenda." Fiquei hiperestarrecido, paralisado. Leila foi o "homem" mais lindo que conheci (Ronaldo Bôscoli, *Jornal do Brasil*, 8/11/1994).

> O sexo para Leila era um esporte, isso era. Mais ou menos como para a maioria dos homens. Era o que a tornava diferente das outras mulheres, cuja programação emocional raramente separa o sexo do amor e, para ser rompida, precisa de longas e sofridas teorizações. Não consta que Leila sofresse horrores por isso. Certamente, teve inúmeros homens que não a mereceram, mas não dava a impressão de que lhe fizesse diferença. A liberdade sexual era objetivo corrente entre muitas mulheres nos anos 60, e Leila não foi a única a praticá-la, nem mesmo em Ipanema. Mas talvez fosse das poucas a passar mais tempo praticando-a do que falando ou pensando no assunto (Ruy Castro, *O Estado de S. Paulo*, 14/6/1992).

Dos cinco irmãos, Leila foi a única que jamais casou no civil e no religioso. Recusando o casamento, recusou também o modelo tradicional de família. Ao escolher conscientemente ter um filho fora do casamento, Leila rompeu com o estereótipo da mulher seduzida, a mãe solteira, que carrega involuntariamente um filho de um homem que a abandonou. A gravidez de Leila aparece como uma decisão, um projeto, uma escolha, baseada em um sentido de prazer e de auto-realização.

Leila, depois do casamento com Domingos, passou a defender o "cada um na sua casa", modelo de conjugalidade que iria se tornar mais comum nas décadas seguintes.

> O Domingos foi o único marido, depois ela nunca mais casou. O resto foram companheiros, namorados, amantes, mas nunca mais ela quis essa experiência. Ela não queria mais viver junto, achava que não fluía legal a relação, que um acabava invadindo o outro. Ela sempre dizia: "Juntou a escova de dente fodeu tudo." Ela achava que cada um administrava melhor sua vida, suas neuroses e complicações cada um na sua casa. E tirava um pouco a liberdade, claro. Até o Ruy, com quem ela ficava quase todo dia junto, tinha sua casa. Ela ia pra casa dele, ele ia pra casa dela, mas não montaram uma casa juntos (Lígia).

> A gente não mora junto, não. Morar junto acaba estourando o esquema. Acho que cada um deve ser dono do seu nariz. Uma das minhas facetas muito badalada foi ser a favor da emancipação feminina, mas sou também muito a favor da emancipação masculina. Os homens, em geral, são extremamente dependentes e frágeis. De uma forma ou de outra, dão sempre um jeito de ficarem grudados na saia da mulher (Leila Diniz, *Intervalo 2000*, novembro de 1971).

Ao começar o namoro com Leila, Ruy Guerra já era um cineasta famoso. Nascido em 1931, em Moçambique, Ruy estudou e trabalhou com cinema em Paris antes de chegar ao Rio de Janeiro, em 1958. Seu filme *Os cafajestes* (1961) é considerado um marco do Cinema Novo. Poucos meses após o início do namoro, Leila ficou grávida. Janaína nasceu no dia 19 de novembro de 1971.

> Ruy é um grande homem. Muito bacana, estou bacana, está tudo bacana. Ele chegou na hora bacana, no meio de tanta bacanice só poderia dar tudo certo. Nós temos diálogo, sempre teremos. Ele está muito feliz com a nossa filha [Janaína]. Planejamos e quisemos o filho, os dois (Leila Diniz, *Jornal do Brasil*, 16/6/1972).

Leila usou pílula anticoncepcional, fez abortos, mas sempre manifestou um desejo enorme de ter filhos.

> Queria ter um filho há dez anos, e sempre me faltava coragem. Dava tremedeira, achava que não estava na hora. Mas, de repente, senti que o momento havia chegado. Pensei: é agora, ou então não dá mais pé. A Janaína foi mais do que planificada. Parei de tomar pílulas na época própria, cuidei do preparo físico e tudo mais. Acho que essa receptividade faz bem à cuca da criança e à da gente. Ela vem como um ser desejado e, por outro lado, a gente está em ponto de bala para ser mãe (Leila Diniz, *Manchete*, 25/3/1972).

A barriga grávida de Leila Diniz, exibida de biquíni nas praias de Ipanema, é ainda hoje lembrada como símbolo da liberação da mulher no Brasil. Foi a gravidez "mais comentada do Brasil. Sua gestação, um estardalhaço: capas, manchetes, entrevistas. Ela fazia do ventre um panfleto, e o exibia com orgulho descarado" (*Jornal da Tarde*, 16/6/1972).

> Noventa por cento das grávidas que hoje vão tranqüilamente de biquíni à praia não sabem que, quando Leila Diniz fez isso pela primeira vez, há mais de vinte anos, aquilo foi considerado um horror. E, ao mesmo tempo, lindo. Sua foto com o chapéu claro, o biquíni escuro, o perfil de sete ou oito meses, as mãos nas cadeiras, os pés firmes na areia e olhando para um ponto indefinido em Ipanema provocou sentimentos mistos em todo mundo, inclusive homens. Uma barriga daquelas era ou não para mostrar? E, se não era, por que não? Perguntada a respeito, Leila respondeu que não sabia. E completou a resposta de um jeito que só poderia sair com asteriscos (Ruy Castro, *O Estado de S. Paulo*, 14/6/1992).

Ao exibir na praia sua barriga grávida, Leila demonstrou que a maternidade sem o casamento não era vivida como um estigma a ser escondido, mas como uma escolha livre e consciente. Sua postura pode ser percebida como uma resposta aos que lhe disseram, em um programa de televisão, que ela "não tinha esse direito". Não só ficou grávida, como demonstrou que não respeitava o modelo tradicional de esposa-mãe, e o fazia sorrindo, à luz do sol, à vista de todos. Não só engravidou sem ser casada, como exibiu uma imagem concorrente à grávida tradicional que escondia sua barriga. A barriga grávida de Leila Diniz materializou, corporificou, seus comportamentos transgressores. A barriga objetivou as práticas consideradas desviantes, que antes eram tornadas públicas por meio da palavra. Leila fez uma verdadeira "revolução simbólica" ao revelar o oculto (a sexualidade feminina fora do controle masculino) em sua barriga grávida ao sol. Leila "inventou" uma nova forma de ser mãe.

Nascimento x morte

No dia 14 de junho de 1972, sete meses depois do nascimento da filha, o avião em que Leila Diniz viajava explodiu, sobrevoando Nova Délhi, na Índia, com 78 passageiros e 11 tripulantes a bordo. Sobreviventes: três crianças e duas mulheres. As versões para o acidente, veiculadas pelos jornais, foram muitas: alguns disseram que o acidente poderia ter sido uma sabotagem de grupos radicais de esquerda ou de um terrorista japonês; outros, que o acidente foi causado pela alta temperatura local (45 graus centígrados) e fortes rajadas de ventos quentes; outros, que houve falha no altímetro da aeronave, que estava prestes a pousar na pista quando bateu de encontro a um barranco.

Leila voltava do Festival de Cinema na Austrália, para onde tinha viajado dia 1º de junho. Morreu escrevendo seu diário:

> As saudades de Janaína são muitas. Será que estou sendo a mãe que ela merece? A babá tem ficado com ela mais tempo do que eu. Desse jeito, a mãe acaba babá e a babá, mãe. Estamos chegando a Nova Délhi. Segundo anunciam, a temperatura local é quase a do inferno. Quente paca! Agora está acontecendo uma coisa es...

A felicidade com o nascimento da filha, tão desejada, tornou ainda mais dramática sua morte. Os jornais destacam que a volta foi "apressada pela saudade da filha. No Brasil, a tristeza tomou conta de todos. Talvez a tristeza de se ver morrer uma das poucas barricadas de alegria num país mergulhado nas trevas" (*Tribuna da Imprensa*, 2/12/1986). O advogado Marcelo Cerqueira, casado com Eli na época, foi buscar o corpo de Leila para ser enterrado no Brasil. A identificação do corpo foi muito difícil e só foi possível por meio de radiografias da arcada dentária. Foram dez dias de espera e de muitas notícias nos jornais.

> Depois de quarenta horas de vôo, cheguei a Nova Délhi e infelizmente era a Leila. E, de repente, andando, eu vejo no chão no deserto, a 20 quilômetros, um papel, abaixo e pego: era o diário dela. Você veja que coisa! Diário que eu trouxe, nunca abri, e dei para o pai dela. Recordo-me que uma semana depois, quando fui visitar o pai, eu o vi lendo o diário, chorando e falando coisas. No diário, que existe, ela falava muito na Janaína (*Nosso Tempo*, TV Manchete, 14/6/1992).

A missa de sétimo dia, na Catedral Metropolitana, reuniu cerca de três mil pessoas. No dia 25 de junho de 1972, uma urna com as cinzas de Leila foi enterrada no Cemitério São João Batista, no bairro de Botafogo. Todos os grandes marcos da construção da imagem pública de Leila Diniz foram retomados pela imprensa, cristalizando a imagem de mulher "revolucionária" e contribuindo para o reconhecimento de seu nome, como pode ser visto no artigo publicado na revista *Veja* uma semana depois do acidente.

> De Leila Diniz sabe-se tudo. Que era uma mulher sincera e desbocada. Que era mãe de uma menina. Que teve muitos amores. Que era musa de Ipanema, estrela do cinema brasileiro, artista da televisão, vedete do teatro rebolado, nome de gripe brava, letra de música. Era, também, o pesadelo dos censores, que depois de lerem

sua escandalosa entrevista a *O Pasquim*, em 1969, chegaram a sonhar com uma lei de censura prévia aos jornais e revistas. Seria a "Leila Diniz". E "seria a glória", como ela disse. Sabia-se de tudo isso, e muito mais, mas não até que ponto ela desempenhava um papel tão importante nos sentimentos de um país. Na semana passada, a extraordinária coincidência entre uma tempestade de areia e uma temperatura de 45 graus, nos céus da Índia, provocou um abalo de nervos no Brasil, a milhares de quilômetros, demonstrando a força desse seu papel. Quando caiu o avião em que Leila Diniz viajava despencou junto com ele uma torrente de angústia, gritos de revolta, insultos cegos contra o destino. Para a maioria das pessoas, era absurdo que logo ela estivesse naquele avião. O consumo de bebida nos bares de Ipanema subiu. Talvez por essa capacidade de atrair, ser combatida ou invejada, o fato de Leila Diniz estar entre os passageiros do avião que caiu na Índia seja ainda mais cruel para tantas pessoas (que a conheciam só de vista ou de nome) do que normalmente já seria. Por uma revolta ainda mais triste, essas pessoas podem estar achando que, uma única vez, Leila fez tudo errado na vida...

O padre Emir Calluf, de Curitiba, que tinha um programa local diário na televisão e uma coluna assinada em dois jornais da cidade, escreveu um artigo sobre Leila, após sua morte, chamando-a de "meretriz e rebotalho humano". Como em vida, Leila continuava sendo alvo de acusações de desvio por parte dos defensores de um modelo tradicional de mulher como virgem e esposa-mãe. A própria acusação reforça a existência de um modelo concorrente a esse, personificado em Leila Diniz.

> Escrevi contra Leila Diniz não tanto para atacá-la quanto para defender principalmente os jovens desse exemplo funesto e tão alardeado. Não se trata, assim, da pessoa, do que ela era intimamente, mas da personagem, daquilo que ela mesma apresentava em público: uma moça sem moral, sem dignidade e sem respeito. Como mãe, era uma calamidade pública. Toda pessoa tem, deve ter, um senso de responsabilidade social. Isto faltava totalmente em Leila Diniz, pois, para se promover, não hesitava em insultar aquilo que nos é mais caro: nossas famílias e seus alicerces. Não foi tanto um ataque contra a artista, mas à mentalidade que infelizmente ela encarnou e explorava: uma mentalidade pagã de irresponsabilidade e amoralidade. Por ela estar morta não se deve calar, pois o exemplo negativo dela continua vivo e divulgado, e é contra ele que temos de nos defender (...). Se sou sacerdote e devo representar o perdão, é de lembrar que Cristo perdoa os arrependidos, e não aqueles que se vangloriam de suas mazelas e as exploram com prejuízo alheio. O amor que temos ao próximo é que nos deve impelir a defender-lhe a vida e os bens do corpo e mais ainda a vida e os bens do espírito. Muita gente confunde perdoar com aceitar e até aprovar. O que é totalmente falso. Caso contrário, teríamos de acolher e perdoar os ladrões que entram em nossas casas para roubar e os assassinos para matar. Enfim, o que chocou certos indivíduos, que aliás só se chocam quando lhes interessa, foi dizer que Leila Diniz não fez falta. Não fez mesmo (padre Emir Calluf, *O Estado de S. Paulo*, 1/7/1972).

A matéria "Os lucros da morte", na revista *Visão* de 17/7/1972, mostra como a morte de Leila foi um verdadeiro "festival de necrofilia", em que jornais e revistas buscaram explorar tudo o que pudesse aumentar suas tiragens, como a história da mãe verdadeira ou da filha Janaína. O artigo afirma que os americanos foram os primeiros a descobrir que a morte era um dos temas que despertavam maior interesse do leitor, ainda mais quando misturada a outros ingredientes como amor, juventude, beleza e fama.

> Por isso, quando os chefes de redação puderam confirmar a morte de Leila Diniz, a reação não foi propriamente de consternação. Em vez de tristeza, uma enorme agitação percorreu as redações cariocas, expulsando qualquer preocupação que não fosse a de procurar um conhecido, um amigo, um familiar que pudesse dar alguma declaração sensacional; ou de encontrar nos arquivos a "última entrevista" ou a "última foto" da atriz, de preferência com pouca roupa ou com a filha. O resultado dessa busca incansável, que varou noites e invadiu a casa dos familiares de Leila, não se fez esperar: as revistas de atualidade, exibindo Leila na capa, venderam o que há muito não conseguiam. Uma delas, que deu o que consideraria ser um show de fotos, esgotou 95% de sua tiragem em três dias, o que só obtivera com a queda do elevado Paulo de Frontin. Outra, que já se estava preparando para fechar por falta de leitores, conseguiu vender 62 mil exemplares só no Rio, o que lhe fez encomendar outras *suítes* a seus repórteres: que descobrissem novas histórias como a da "mãe verdadeira" que teria abandonado Leila aos seis meses de idade. Uma terceira revista já estava nas bancas, por acaso com a última entrevista de Leila Diniz, e precisou imprimir às pressas um cartaz anunciando a coincidência. Os arquivos foram remexidos e todas as fotos desenterradas, mesmo (ou sobretudo) as "chocantes", como a de Leila grávida, de biquíni, rejeitada na época como atentatória à estética e à moral. Cada um queria ligar o seu nome a uma promoção mais *original*.

> As propostas se multiplicavam: Leila como nome de rua, Leila como nome de galeria, Leila como nome de edifício, Semana Leila Diniz. Como disse à *Visão* um dos membros da família: "Leila não conseguia emprego em lugar nenhum e agora todo mundo a homenageia."

Umas dessas revistas, anunciando "a última entrevista de Leila Diniz", vinha com o título: "Se eu morresse amanhã."

> Se eu soubesse que morreria manhã, não sei nem o que faria. Uma hipótese seria amar, amar, até morrer. Anteciparia o dia marcado, só de raiva. Não sei, não. A idéia é muito confusa. Talvez eu nem fizesse nada. Era possível, até, que eu me matasse antes (Leila Diniz, *O Cruzeiro*, 28/6/1972).

Por meio das inúmeras homenagens que ainda hoje lhe são prestadas, Leila Diniz continua presente na memória de muitos brasileiros.

> Eu acho que para todos nós a Leila representa uma lembrança muito importante. É mais do que uma lembrança, na verdade ela está presente até hoje, para nós ela continua presente. Volta e meia nós conversamos sobre ela, eu tenho retratos da Leila em casa, minhas filhas sabem quem foi a Leila, conhecem a história toda. Quer dizer, ela continua, na verdade, é uma pessoa que ficou, que soube permanecer, que não passou pela vida sem deixar rastros, muito pelo contrário. Então, se é assim para todas as pessoas, você imagina para nós, para a família (Eli, *Front Page*, TV Educativa, 2/8/1992).

A filha Janaína é uma das principais maneiras de se verificar, por intermédio dos meios de comunicação, a continuidade da imagem pública de Leila Diniz. Janaína é atriz. Começou a carreira aos 12 anos, no teatro infantil. Abandonou os estudos aos 19, quando cursava a Faculdade de História. Em todas as matérias sobre Janaína, o fato de ela ser filha de Leila Diniz é sempre enfatizado. Apesar de seu nome ser Janaína Diniz Guerra, em quase todas as matérias aparece como Janaína Diniz. O nome da mãe parece funcionar como um capital simbólico, uma herança deixada por Leila Diniz. A imagem pública de Janaína, associada à da mãe, é a de uma mulher carioca. Como a mãe, ou mesmo em homenagem a ela, Janaína foi eleita madrinha da Banda de Ipanema no carnaval de 1994 e desfilou em uma escola de samba no carnaval de 1995, a Acadêmicos do Engenho da Rainha.

> Eu sinto falta dela, mas de certa forma me acostumei com a idéia dela não estar aqui porque foi uma coisa que eu cresci com isso. Não chegaram para mim um dia e falaram "Janaína, sua mãe morreu". Cresci já sabendo disso, foi uma idéia natural. Mas, claro, tem momentos em que você sente mais falta. É uma ausência. Eu vivi a minha vida inteira com meu pai. O meu pai também deixou de ser nômade por minha causa, porque ele é uma pessoa que vive viajando pra cá e pra lá, e a vida com ele não era muito num lugar fixo. Mas aí passou a ser. Claro que ele viajava e voltava, e eu ficava o tempo todo com a Sueli, que cuidava de mim e está até hoje aqui em casa. As pessoas que me viram bebê e que me vêem hoje em dia ficam impressionadas. É engraçado isso, porque eu pareço muito fisicamente com a minha mãe. E dizem que até o jeito e a voz. Eu agora quero trabalhar mesmo como atriz. Vou fazer uma peça, terminei de fazer uma outra, estou por aí (Janaína, *Nosso Tempo*, TV Manchete, 14/6/1992).

Perdendo a mãe aos sete meses, Janaína teve como principal referência familiar a figura paterna e várias mães substitutas.

> Minha mãe foi uma pessoa tão pública e tão querida que, quando morreu, todo mundo teve vontade de me adotar. Tive várias mães (Janaína, *O Globo*, 30/10/1993).

> Marieta é uma espécie de "mãe de fato". Mas Janaína prefere evitar o assunto. "Para que minhas outras mães não se ofendam", pondera. Entre as outras "mães", além das tias Lígia, Baby e Regina – irmãs de Leila –, ainda figura Sueli, ou Neni, babá que Janaína seqüestrou da casa dos avós maternos e até hoje supervisiona de longe a vida dela. Para a posição de "mãe oficial" prefere colocar na *pole-position* o próprio pai (*Folha de S. Paulo*, 30/1/1994).

Janaína, ao afirmar que é herdeira do carinho que as pessoas sentem por sua mãe, demonstra que o reconhecimento social e a força da imagem pública de Leila Diniz permanecem fortes até os dias de hoje.

> A imagem que eu tenho dela é, é claro, uma imagem muito forte e muito bonita. Eu tenho muito orgulho. Ela é uma pessoa muito conhecida e muito amada, muito querida, as pessoas me devolvem isso e eu fico muito feliz com isso. Sabe o que é legal? É que as pessoas me tratam com um carinho sem me conhecer. As pessoas devolvem o carinho que a minha mãe passou pra aquelas pessoas, então eu acho isso supergostoso (Janaína, *Sem Censura*, TV Educativa, 8/11/1993).

Meu primeiro encontro com Janaína foi numa viagem para Petrópolis, numa Kombi, indo participar da Semana

Lembrando Leila Diniz, no dia 23 de maio de 1995. Foi uma viagem gostosa, ouvindo Janaína cantar *Lobo Bobo* e *O Barquinho*, ensaiando para a peça *A Bossinha Nova*, que iria estrear em poucos dias. Falei no debate depois de Regina e Elio, irmãos de Leila. Janaína foi a última a falar:

> Gosto de participar dessas homenagens primeiro porque acho bonito que as pessoas estejam lembrando minha mãe e conversando sobre ela. Depois porque aprendo muito com isso, porque na verdade eu não conheci minha mãe, eu tinha sete meses quando ela morreu. Então não posso fazer a mesma coisa que meus tios ou a Mirian, porque não tenho historinhas para contar. Quero falar uma coisa que tenho achado muito importante ultimamente: a gente tem mania de cultuar mitos de outros países e acho importante resgatar não só minha mãe, mas as pessoas importantes que a gente tem no nosso país, passar adiante a história da gente, do nosso povo.

ALGUMAS PALAVRAS FINAIS

> "Viver intensamente é você chorar, rir, sofrer, participar das coisas, amar, achar a verdade nas coisas que faz. Detesto o desespero e a fossa. Não morreria por nada neste mundo porque eu gosto realmente é de viver. Nem de amores eu morreria, porque eu gosto mesmo é de viver de amores."
>
> Leila Diniz

Leila Diniz não inventou uma forma de ser mulher, e o seu comportamento, no que diz respeito à sexualidade, já era vivenciado por outras mulheres. O que é certo é que Leila contribuiu para tornar reconhecido e legitimado um modelo de ser mulher, que não é só, nem principalmente, esposa-mãe.

Na década de 1960 estavam em disputa diferentes modelos de ser mulher: o religioso, que exige da mulher a negação de sua sexualidade (virgindade) ou a contenção de seu exercício nos limites do casamento (tendo como fim a procriação), e outro, que pode ser pensado como o mais próximo do difundido pela psicanálise e pelas lutas feministas, que busca a igualdade entre homens e mulheres nos mundos público e privado, defendendo o controle feminino sobre sua própria vida e o livre exercício da sexualidade. Leila, ao afirmar publicamente seus comportamentos e suas idéias a respeito de sexo e casamento e ao exibir orgulhosamente sua gravidez, passou a personificar as transformações da condição feminina que ocorreram na época em que viveu. Ela pode ser considerada uma aceleradora de condutas que tenderiam a ser adotadas, em escala cada vez maior, a partir dos anos 1960.

Ao contrário de alguns depoimentos que afirmam que Leila nasceu com as características que marcaram sua trajetória, ou do material biográfico que ressalta que a forma de ser "revolucionária" de Leila era uma espécie de essência, ou um destino a ser cumprido, verifiquei que são os obstáculos e as formas de enfrentá-los que possibilitam ações e reações liberadoras, nas quais a resolução de conflitos individuais passa pela criação ou legitimação de novos modelos de comportamento.

Somente condições muito particulares de existência (sociais, históricas, familiares e psicológicas) permitiram que Leila Diniz afirmasse comportamentos liberadores da "escravidão" a que estavam submetidas as mulheres, como disse o poeta. Ao expor de forma pública suas práticas, Leila mudou não só o significado de suas próprias condutas, mas, também, o de outras mulheres, que estavam condenadas, até então, ao silêncio e à culpa. Considero que esse caso contribui para questionar a visão essencialista que percebe o indivíduo como encarnação de um ser "revolucionário", "gênio" ou "herói", como algo que "vem do berço". Inspirada no estudo de Elias (1994) sobre Mozart, não busquei reduzir ou destruir a fama de uma "revolucionária", mas procurei tornar sua situação humana mais fácil de entender. Fora do contexto histórico e social em que existiu, é de se perguntar se, na época atual, o comportamento de Leila seria percebido como "revolucionário". Parafraseando Simone de Beauvoir, acredito: "Não se nasce Leila Diniz, torna-se Leila Diniz."

O peso de Leila Diniz para o reconhecimento de um comportamento inovador está ligado à possibilidade que ela teve de representar, como atriz, papéis muito próximos de suas experiências. O depoimento do diretor de cinema Nelson Pereira dos Santos, no vídeo *Já que ninguém me tira para dançar*, é particularmente significativo desse entrelaçamento entre o privado e o público, entre a vida e a arte de Leila Diniz.

> Leila preferia o convívio com os diretores de cinema que procuravam renovar a imagem da mulher e o comportamento humano na sociedade brasileira. Na medida em que o personagem fosse construído em cima de uma moral não-tradicional, uma moral não-cotidiana, mais isso a interessava e ela podia se comportar tão livremente, podia criar esse personagem que nunca tinha existido antes, era alguma coisa que também ela estava criando na vida.

A condição de atriz lhe permitiu ter acesso aos meios de comunicação para reafirmar suas idéias. Ela não só tinha comportamentos que contestavam as normas vigentes, como muitas mulheres de sua geração, mas afirmava publicamente, e não apenas diante de um círculo de amigos, uma forma de ser mulher concorrente à tradicional. A raridade dessa conduta é mais bem percebida se relacionada ao momento político em que ocorreu. A repressão e a censura imposta pelos militares são elementos importantes para se compreender a consolidação da imagem de Leila Diniz como uma mulher "revolucionária".

Leila conseguiu transformar seus dramas, e mesmo sua falta de capital escolar, em trunfos para sua particular inserção no campo artístico. Leila "fez um nome" ao se distinguir no campo artístico por meio da afirmação de seus comportamentos considerados, pelas normas tradicionais, desviantes. Particularmente após a entrevista a *O Pasquim*, ela passou a encarnar socialmente a liberação sexual feminina. Todos os artistas estilizam suas vidas, mas Leila fez uma estilização muito particular, em que a elaboração de sua carreira de atriz parece ter sido também uma forma de elaborar sua vida pessoal.

A trajetória de Leila é particularmente interessante porque em sua própria configuração familiar aparecem, com nitidez, modelos concorrentes de ser mulher. Entre ela e as mães há, em alguns pontos centrais, os mesmos eventos: o filho fora do casamento e o "viver junto" com um homem sem o casamento legal. Porém, enquanto esses fatos foram vividos pelas mães como um estigma, Leila teve condições de vivê-los de forma positiva. A possibilidade de escolher a maternidade sem o casamento é uma diferença fundamental no destino dessas mulheres. Há, portanto, uma mudança do significado objetivo e subjetivo de um comportamento feminino que articula a sexualidade, a conjugalidade e a maternidade.

É importante destacar que comportamentos semelhantes podem ter significados diferentes de acordo com quem os realiza, de que forma os realiza e em que momento histórico os realiza. Leila teve oportunidades individuais, sociais e históricas para poder nomear, discutir e exibir publicamente sua conduta percebida como transgressora.

Leila Diniz é um caso exemplar para se pensar de que forma o enfrentamento de conflitos individuais, ligados à sua configuração familiar de origem, conduz a romper com as normas existentes e, com isso, contribui para reforçar e legitimar novos padrões de comportamentos. Leila teve que relativizar, por meio de sua própria vivência, os papéis femininos ligados à moral tradicional. O fato de ter convivido precocemente com padrões concorrentes de ser mulher, de ter experimentado diferentes figuras femininas como mães e de ter sido criada por meio de valores comunistas e não os da religião católica parece ter favorecido a predisposição para elaborar um comportamento que tinha correspondência com um novo padrão que estava adquirindo legitimidade na sociedade brasileira da década de 1960. É de notar que a liberação de Leila ajudou a liberação de seus irmãos. Como disse uma das irmãs, Regina: "Nós todos aprendemos muito com a Leila. Aprendemos a ser verdadeiros, inteiros, coerentes conosco mesmos e não com o que a sociedade quer." Essa afirmação foi feita, de diferentes maneiras, por todos os irmãos, o que talvez explique o interesse e a disponibilidade com que cada um deles falou, de forma franca e aberta, a respeito de suas vidas.

Leila Diniz inventou seu lugar no mundo, fez um nome, tornou-se palavra autorizada na música de Erasmo Carlos ("Como diz Leila Diniz..."), eternizou seu nome no poema de Drummond ("Leila para sempre Diniz") e passou a ser adjetivo na música de Rita Lee ("Toda mulher é meio Leila Diniz"). Afinal, era ela quem dizia:

> Sou uma pessoa livre e em paz com o mundo. Conquistei a minha liberdade a duras penas, rompendo com as convenções que tolhiam os meus passos. Por isso, fui muitas vezes censurada, mas nunca vacilei, sempre fui em frente. Tudo o que fiz me garantiu a paz e a tranqüilidade que tenho hoje. *Sou Leila Diniz, qual é o problema*?

Referências bibliográficas

Badinter, Elisabeth. *Um amor conquistado: O mito do amor materno*. Rio de Janeiro: Nova Fronteira, 1985.

Becker, Howard. *Outsiders: Studies in the Sociology of Desviance*. Nova York: The Free Press, 1966.

——. *Uma teoria da ação coletiva*. Rio de Janeiro: Zahar, 1977.

Boal, Augusto. *Teatro do oprimido*. Rio de Janeiro: Civilização Brasileira, 1977.

Bourdieu, Pierre. *Pierre Bourdieu*. São Paulo: Ática, 1983.

——. *A economia das trocas simbólicas*. São Paulo: Perspectiva, 1987.

——. *La Distinctión*. Madri: Taurus, 1988.

——. *O poder simbólico*. Lisboa: Difel, 1989.

Braga, José Luiz. *O Pasquim e os anos 70: Mais pra epa que pra oba*. Brasília: UnB, 1991.

Cavalcanti, Cláudia. *Leila Diniz*. São Paulo: Brasiliense, 1983.

Clark, Walter. *O campeão de audiência*. São Paulo: Best-Seller, 1991.

Costa, Albertina de Oliveira & Bruschini, Cristina. *Uma questão de gênero*. Rio de Janeiro: Rosa dos Tempos, 1992.

Costa, Alberto Coelho G. *Cantoras do rádio: Estudos sobre a imagem pública da estrela e sua autenticidade*. Rio de Janeiro: UFRJ/PPGAS/MN, Dissertação de Mestrado, mimeo, 1984.

Costa, Maria Cecília S. *Os "filhos do coração": Adoção em camadas médias brasileiras*. Rio de Janeiro: UFRJ/PPGAS/MN, Tese de Doutorado, mimeo, 1988.

Da Matta, Roberto. *Ensaios de antropologia estrutural*. Rio de Janeiro: Vozes, 1973.

——. *Carnavais, malandros e heróis*. Rio de Janeiro: Zahar, 1983.

Diniz, Eli. "Retorno às Origens". *Revista Estudos Feministas* (vol. 2/n. 2). Rio de Janeiro: CIEC/ECO/UFRJ, 1994.

Duby, Georges. *Guilherme Marechal ou o melhor cavaleiro do mundo*. Rio de Janeiro: Graal, 1987.

Elias, Norbert. *Mozart: Sociologia de um gênio*. Rio de Janeiro: Zahar, 1994.

Fernandes, Ismael. *Memória da telenovela brasileira*. São Paulo: Brasiliense, 1987.

Fernandes, Nanci & Vargas, Maria Thereza. *Uma atriz: Cacilda Becker*. São Paulo: Perspectiva, 1984.

Filho, Daniel. *Antes que me esqueçam*. Rio de Janeiro: Guanabara, 1988.

Foucault, Michel. *História da sexualidade I: A vontade de saber.* Rio de Janeiro: Graal, 1988.

Gerber, Raquel. *O cinema brasileiro e o processo político e cultural.* Rio de Janeiro: Embrafilme, 1982.

Goffman, Erving. *Estigma: Notas sobre a manipulação da identidade deteriorada.* Rio de Janeiro: Zahar, 1975.

Gusforf, Georges. *Les Écritures du Moi/Auto-biographie.* Paris: Editions Odile Jacob, 1991.

Guzik, Alberto. *TBC: Crônica de um sonho.* São Paulo: Perspectiva, 1986.

Hollanda, Heloísa B. de & Gonçalves, Marcos A. *Cultura e participação nos anos 60.* São Paulo: Brasiliense, 1982.

Lacerda, Luiz Carlos. *Leila para sempre Diniz.* Rio de Janeiro: Record, 1987.

Michalski, Yan. *O teatro sob pressão: Uma frente de resistência.* Rio de Janeiro: Zahar, 1985.

Mostaço, Edélcio. *Teatro e política: Arena, Oficina e Opinião.* São Paulo: Proposta, 1982.

Ortiz, Renato. *A moderna tradição brasileira: Cultura brasileira e indústria cultural.* São Paulo: Brasiliense, 1991.

Penteado, Léa. *Um instante, maestro!* Rio de Janeiro: Record, 1993.

Pitanguy, Jaqueline. "Leila Diniz e a antecipação de temas feministas". *Revista Estudos Feministas* (vol. 2/n. 2). Rio de Janeiro: CIEC/ECO/UFRJ, 1994.

Pollak, Michael. "Le Temoignage". *Actes de la Recherche in Sciences Sociales* (62-63), 1986.

Rodrigues, José Carlos. *Tabu da morte*. Rio de Janeiro: Achiamé, 1983.

Silveira, Miroel. *Depoimentos II*. Rio de Janeiro: MEC/Funarte/SNT, 1977.

Velho, Gilberto. "Vanguarda e desvio" in *Arte e Sociedade*. Rio de Janeiro: Zahar, 1977.
——. *Individualismo e cultura: Notas para uma antropologia da sociedade contemporânea*. Rio de Janeiro: Zahar, 1981.

Ventura, Zuenir. *1968: O ano que não terminou*. Rio de Janeiro: Nova Fronteira, 1988.

Viany, Alex. *Introdução ao cinema brasileiro*. Rio de Janeiro: Alhambra, 1987.

Yáconis, Cleyde. *Depoimentos IV*. Rio de Janeiro: MEC/Funarte/SNT, 1978.

Entrevista de Leila Diniz a *O Pasquim*, n. 22 (*20 a 26 de novembro de 1969*)

Leila Diniz é chapinha d'*O Pasquim* e sua entrevista é mais do que na base do muito à vontade. Durante duas horas ela bebeu e conversou com a equipe de entrevistadores numa linguagem livre e, portanto, saudável. Seu depoimento é o de uma moça de 23 anos que sabe o que quer e que conquistou a independência na hora em que decidiu fazer isso. Leila é a imagem da alegria e da liberdade, coisa que só é possível quando o falso moralismo é posto de lado.

(Cada palavrão dito pela rósea boquinha da bela Leila foi substituído por uma estrelinha. É por isso que a entrevista dela até parece a Via Láctea.)

Sérgio Cabral – Qual é o ator que você mais gosta de trabalhar?

Leila – Paulo José. Essa é mole de responder.

Tarso de Castro – Seu primeiro filme foi o do Domingos, não foi?

Leila – Todo mundo pensa que, de repente, o Domingos botou essa mulherzinha lá pra trabalhar e foi a glória da vida. E realmente o Domingos foi a glória da vida, foi porreta paca eu fazer o filme. Mas antes eu fiz dois filmes: aquele alucinante *O mundo alegre de Helô* e um da Sílvia Piñal, do Alcoriza. Um que eu fazia a empregadinha. Como é que chama? Do Luiz Alcoriza, aquele cara que foi assistente do Buñuel. O filme era uma (*) incrível. O nome era *Jogo perigoso*. Tinha dois episódios e eu fazia um deles. Quando Domingos resolveu fazer *Todas as mulheres do mundo*, eu já estava existindo mais ou menos como atriz.

Tarso – Mas você passou muito tempo sendo a mulherzinha do Domingos, professorinha etc.

Leila – Não foi muito tempo, não. Eu comecei com o Domingos lá por 62, fins de 61. Me lembrar da data é (*) pra mim. Eu era professora mas zoneava bastante por aí. Eu conheci o Domingos porque namorava um rapaz de teatro, o Luís Eduardo. Naquela época, ele estava fazendo a peça do Domingos, *Somos todos do jardim de infância*. Eu estava voltando o namorinho com o Luís Eduardo mas conheci o Domingos e dei aquela decisão. Durante a peça, eu já estava na do Domingos, não é? Daí a gente juntou, teve aquela zorra toda... Porque eu sou solteira, não é? Sou casada (*). Eu fiquei com o Domingos, sendo professora, e ainda estudando porque estava fazendo o clássico à noite. Eu ensinava de dia. Fiquei com o Domingos uns três anos, durante um ano e meio eu ainda era professora, depois já era atriz. Como a gente era muito dura, o Domingos escrevia para a *Manchete*, jornal, (*) a quatro, escrevia peças e aquelas coisas, a gente não ganhava dinheiro nenhum e eu ganhava pouco também como professora, então eu fui fazer anúncio. Trabalhei numa agência de modelo e fiz figuração de filme pra (*) aqueles filmes americanos todos alucinantes. Fiz anúncio de Coca-Cola, andei de Volkswagen, usei desodorante Van Ess na (*), todas aquelas coisas alucinantes. Ganhava um dinheiro por fora. Eu entrei na televisão, inclusive, por isso. Não foi através do Domingos. Entrei fazendo ponta em *Grande Teatro Tupi*, *Teatrinho Trol* etc. Puxa! *Teatrinho Trol*, naquela época! Eu acho que estou ficando velha. Bem, aí fiz *Todas as mulheres do mundo*; quando a gente fez o filme, já estava separada.

Tarso – Você prefere fazer cinema ou novela de televisão? Porque cinema é meio chato, demorado.

Leila – Que é isso? Você está falando isso pra me provocar ou acha mesmo? Cinema é a glória. Olha, Tarso, às vezes, as pessoas gostam de dizer: isso não tem sentido. Eu acho que eu é que não tenho sentido. Eu gosto pra (*) de fazer novela e de fazer cinema. Pra mim, não tem a menor importância representar Shakespeare, Glória Magadan ou o que for, desde que me divirta e ganhe dinheiro com isso.

Jaguar – Você acha que teatro é um saco?

Leila – Acho que teatro é um saco. Mas não posso dizer isso porque nunca fiz um troço porreta em teatro. Só fiz papelzinho, papel pequeno. Eu comecei em teatro. Eu comecei com a Cacilda. Ela veio ao Rio fazer *O preço de um homem*, o Vanneau fez teste e eu fiz. Foi em 64. Eu vou fazer cinco anos de atriz.

Jaguar – Com quantos anos você está?

Leila – Vinte e quatro. Bem: daí eu entrei com a Cacilda. Quando entrei, eu não manjava muito da coisa. Entrei porque não tinha ninguém mais. Foi muito fácil fazer teste: não tinha ninguém mais concorrendo e eu passei. Entrei lá muito de alegre, chorava pra (*) em cada ensaio: "Não sei fazer isso, que (*)" etc. Entrava em cena morrendo de pavor. Mas acho teatro chato: aquela coisa de fazer toda noite aquela coisa. O que acho bacana em cinema e televisão é isso: eu me divirto muito trabalhando. Geralmente, faço uma zona incrível onde eu trabalho, e trabalho sempre com gente que eu gosto. O meu critério de escolha é esse: eu não escolho por peça, autor, diretor ou papel. Escolho pela patota e pelo que eu gosto. Por exemplo: fiz um filme de cangaceiro agora e muita gente disse: que é isso, Leila, filme de cangaço, troço cafona, você é louca. Pois foi a glória da vida. Eu tinha a maior (*) de fazer um filme de cangaço. Achei sensacional. Trabalhar com o Domingos, por exemplo, é divertidérrimo. *Todas as mulheres* foi muito duro. A gente estava separado só há um ano, ainda estava naquela fase de se xingar: filho da (*), seu cornudo, foi você que foi culpado, não foi, foi você, aquela zorra.

Jaguar – Dizem que ele fez o filme com o objetivo de apanhar você de novo.

Leila – Não foi, não. Não acredito. Foi uma coisa que o Domingos precisava botar pra fora. Realmente, ele gostava de mim ainda, estava me querendo ainda – mas eu sabia que era melhor a gente ficar separado porque se a gente ficasse separado, a gente estava salvando um amor. Isso pode ser bonito demais mas é verdade. Tanto é que salvou: a gente ainda se ama e, se estivesse junto, estava dando porrada um no outro, estava se odiando.

Sérgio – No filme, você também é uma professorinha. Além disso, foi usado algum outro elemento biográfico no filme?

Leila – Mil coisas. Domingos usou troços paca. Coisas da vida da gente, frases da gente. No fundo, eu acho que foi por isso que o filme teve sucesso. Tudo que é muito fundo da gente, muito verdade da gente, funciona e passa, seja (*) ou não. Não tem nada a ver com isso, mas agora eu me lembrei do José Mauro Vasconcelos. Está vendendo paca e eu resolvi comprar aquele Frei Abóbora da vida e ler. O negócio está sendo aceito paca, você tem de saber por quê. No início, achei chato, aquele negócio de Deus. Misticismo é um negócio que me cansa, acho porreta pros outros mas não consigo entrar nessa. Mas depois eu vi que tem um negócio tão forte dentro do cara que deve ser verdade pra ele – e por isso passa pras pessoas. *Todas as mulheres do mundo* tem isso: é um filme ingênuo, uma história de amor que inclusive acaba bem, mas que tem muita verdade, de coração, de útero, do estômago etc. E saiu. A gente se deu porrada paca pra fazer.

Sérgio – Aquela festinha de aniversário no final era o ideal da vida de vocês, do Domingos e sua?

Leila – Seria, se a gente continuasse casado, tudo bacana. Meu não é: tanto é que eu me mandei e não fiquei casada com ele. Se fosse, eu estava lá e tinha sete filhos. Não tenho nenhum. Mas tem muitas coisas: aquela festa de Natal, por exemplo. Eu nunca tinha ido a festa de Natal; detesto. Eu não conhecia Domingos, conhecia só de Teatro Jovem, aquela badalaçãozinha. Eu soube que tinha um cara dando uma festa de Natal pros amigos, sem pai, nem mãe, nem avô, nem tia chorando, e resolvi ver. Cheguei às oito horas da noite e perguntei: é aqui que tem uma festa de Natal? Nunca tinha visto o cara, não é? Ele estava evidentemente sozinho, que festa de Natal não começa às oito da noite. Ele disse: tem mas não é agora, é depois, todo mundo vai à ceia com os pais depois vem pra cá. Eu disse: ah, bom, se é assim vou ficar aqui e esperar. Ele disse: tá legal, eu vou sair, depois volto. Aí ele saiu, foi pra casa da mãe dele e eu fiquei, embrulhando os presentes dos amigos dele. Mais tarde, começou a festa e nós nem nos vimos. Ele galinhou com o mundo, eu galinhei com o mundo, não teve nada. A gente simplesmente se encontrou. Às seis da manhã, eu estava inteiramente de porre dormindo numa poltrona, ele estava inteiramente de porre dormindo no chão. Como estávamos dormindo os dois, resolvemos dormir juntos.

Jaguar – Como diz a Zsu-Zsu Vieira, aconteceu o inevitável.

Leila – É: o inevitável. Passamos o dia de Natal (*). Então, ele botou a festa de Natal no filme, mas de outra forma, mais bonitinha talvez – sei lá.

Sérgio – E você casou de novo, depois, com alguém?

Jaguar – Quantos casos você teve, depois da separação?

Leila – Casos, mil; casadinha nenhuma. Na minha caminha, dorme algumas noites, mais nada. Nada de estabilidade.

Tarso – O que você acha do Domingos como diretor?

Leila – Acho excelente. Principalmente como diretor de ator.

Tarso – Ele não é meio água-com-açúcar?

Leila – Não, pô! Eu conheço o Domingos tanto. O que as pessoas não vêem nele eu vejo. É difícil você falar de uma pessoa com quem você viveu. Você vê mil trecos que os outros não vêem. Agora: eu acho que o Domingos ainda tem muita coisa que ele precisa botar pra fora. E está nos filmes dele, entende? Daqui a uns tempos, ele vai estar do rabo, vai ter botado pra fora uma porção de coisas.

Jaguar – Você já viu o último filme dele?

Leila – Ainda não. Vou ver esses dias. Diz que é muito triste. Agora, como diretor de ator, o Domingos é excelente. Não tem melhor. Eu não conheço. Domingos dirige ator sensacionalmente, porque ele é muito humano, muito gente, então ele pega no que você tem pra dar, usa aquele negócio, te ajuda... É do rabo. Você viu o Hamilton em *Edu coração de ouro*? Eu disse: Domingos, o Hamilton é um cara que tem troço paca pra dar. Ele disse: deixa eu ver, tem esse papel que ele pode fazer. Usou o Hamilton como ator e ele está bem pra (*) no filme, não está?

Jaguar – Ele queria que eu fizesse papel de padre.

Leila – E deve estar certo.

Jaguar – Vamos a uma comparação: você diria que o Domingos é o José Mauro Vasconcelos do cinema brasileiro?

Leila – Vai a (*) que (*). Não tem nada a ver. O Domingos é mais bacana.

Jaguar – O que você achou de trabalhar com o Nelson Pereira dos Santos?

Leila – Nelson é a doçura da minha vida, amor, carinho, tudo mais.

Jaguar – Em relação ao aspecto de direção de atores que você falou do Domingos.

Leila – Acontece que eu não vejo só isso pra trabalhar com um cara. O Nelson como diretor de ator é fogo. Quando eu fui fazer *Fome de amor* eu fui muito prejudicada na primeira metade do filme. Eu estava esperando ser dirigida como eu estava acostumada, e o Nelson não é de dirigir ator. Ele te usa mesmo. Depois que a gente entra na dele, aí a gente fica sabendo o que fazer. A gente diz: estamos aí, você abre o coração, as pernas, os braços e vai. Acho que assim é que tem de ser. Acho que o Nelson é o diretor de cinema mais lúcido, mais maduro e mais inteligente do Brasil. Porque tem uma (*) experiência, é muito inteligente, sabe das coisas paca e não envelheceu. Você vê: vários diretores da época dele envelheceram. Nelson, não: ele se renova, é uma pessoa muito aberta. Trabalhar com ele é muito difícil, muito perigoso. Ele põe você comendo grama e você inventa em cima disso e aí ele usa ou não. Eu acho que em *Fome de amor* eu fiz um dos meus melhores papéis.

Jaguar – Eu também acho.

Leila – Bacana que você ache. Bacana porque as pessoas não acharam tanto, não. Foi muito difícil entrar na do Nelson. Ele queria de mim justamente a minha abertura, a minha agressão, a minha alegria, a minha energia. No momento que te pedem isso na cara, você "zause", o que é que esse cara está querendo, qual é a dele? Eu nem conheci ele. Mas, depois, eu entrei na dele, do meio do filme pra lá.

Tarso – Foi na época que você namorou o Arduíno?

Leila – Não. O meu treco com o Arduíno foi agora, em Paraty. Mas eu não estava namorando ele, não. Estava namorando o assistente de câmara.

Jaguar – Qual dos seus papéis que você gosta mais?

Leila – Sei lá. Acho que é de *Todas as mulheres do mundo*, porque é um treco tão ligado a mim, que eu vejo com tanta ternura, tanto carinho. Eu sou muito (*) nessas coisas. Eu li o Frei Abóbora, picham muito mas eu chorei paca. Eu sou capaz de assistir novela e chorar. Eu choro em *Funny Girl*, eu choro paca. Então, *Todas as mulheres do mundo* tem tanta ligação comigo, tanta ternura, que é o papel que eu gosto mais.

Sérgio – Você sabe que convidaram a Shirley MacLaine pra ir num enterro e ela disse que não ia porque chora até em exposição de automóvel.

Tarso – Você disse que achava teatro chato. Eu também acho. Você ainda vai ao teatro?

Leila – Eu vou muito pouco. Geralmente eu durmo. Eu fui assistir a *Oh que delícia de guerra* com a Marieta e ela me cutucava o tempo inteiro porque eu dormia e as pessoas faziam um (*) barulho em cena, não é? Eu dormia alucinadamente. Quando eu estou representando em teatro, tenho vontade de parar e fazer careta pra platéia e dizer: o que é que vocês estão aí me olhando, o que é isso?

Jaguar – Mas você não está entusiasmada com esse show que você vai fazer no Poeira?

Leila – Eu estava dizendo que sou uma pessoa sem sentido porque meu sentido é esse: eu gosto de me divertir, pô. Esse show, *Tem banana na banda*, vai ser divertidérrimo. Eu, Maria Gladys e Aninha – pode ter coisa mais engraçada?

Millôr, Maciel, uma patota que a gente adora escrevendo. Eu vou me vestir de baiana, eu vou morrer de me divertir, e isso vai me dar alguma coisa como atriz também.

Jaguar – Vai ter striptease?

Leila – Não sei. Se tiver eu também faço, pô. Vai ser uma zona total. É como o negócio de fazer o filme em Paraty. A gente foi fazer esse filme em Paraty e eu nem sei quanto eu vou ganhar. Ainda nem fiz o contrato. O filme já acabou e nós vamos dublar agora. Mas a gente estava em Paraty. Era Nelson dirigindo, Arduíno, Bigode, Aninha, Isabel, cachaça, peixe, aquela zona, andar descalça, não pentear o cabelo, fazer cena do jeito que a gente resolve... Meu papel não existia, não é? Nelson inventou; ele inventa sempre um papel pra mim. Ele diz que agora eu vou estar sempre nos filmes dele porque ele gosta muito do meu estouro.

Tarso – Você gosta de mulher?

Leila – Gostei de mim, quando fui tomar banho pelada de noite e tem aquela água que fica brilhando com a lua. Você quer morrer: fica com aquelas gotinhas prateadas no corpo, divina e maravilhosa. Paraty é alucinante. Ainda mais com aquela patota.

Tarso – Você já foi, com *Todas as mulheres*, a atriz mais popular do cinema. E talvez ainda seja, hoje. Num país civilizado, você seria muito bem paga. E aqui? Você vive bem hoje?

Leila – Realmente, aqui é fogo. A gente está num país tropical, azar o nosso. Esse negócio de atriz fazer sucesso não adianta muito. E eu sou muito (*). Eu não sei pedir, não sei ganhar dinheiro. Não nasci pra isso. Tem gente que nasce e sabe. Não sei fazer um contrato. Por exemplo: eu agora queria vir pro Rio. Nem sei quanto vou ganhar. O cara vai me oferecer menos que eu ganhava em São Paulo? (*). Não sou bem paga, muito por minha culpa. Claro, é culpa da estrutura etc. Mas minha também. Ioná, Regina Duarte etc. ganham dinheiro. Eu não.

Jaguar – Um agente não resolve esse problema não?

Leila – Deve resolver. Mas agente enche.

Tarso – Quanto você está ganhando por mês, em média?

Leila – Juntando televisão, cinema e tudo, eu ganho uns 10 milhões. Quando recebo.

Tarso – A televisão não paga em dia, não é?

Leila – Antigamente, pagavam sempre. De uns três meses pra cá, eu ando muito (*) porque a Excelsior se (*) e eu junto. Nós fizemos mil reuniões em sindicato, íamos fazer uma greve e tudo. Mas desistimos de fazer porque se fizéssemos a televisão fecharia. Eu acho muito chato porque televisão era o único meio da gente ganhar dinheiro. Em cinema é difícil porque quando a gente vai fazer cinema com gente que a gente gosta, são geralmente pessoas (*), Nelson, Domingos etc. A gente sabe que essa patota não tem dinheiro. Por que é que eu vou cobrar? Não vou, claro. Quando eu faço um filme de alguém que tenha dinheiro, eu cobro mais. Televisão que era o nosso único meio agora está entrando pelo cano: tem muito poucas, a Globo, talvez a Tupi e um pouco a Record. Então, está (*). Pra entrar lá, você tem de (*) pra todo mundo. Ou então você tem de ser muito inteligente de arranjar um jeito, sei lá. Você vê atores geniais trabalhando por uma (*) mesmo. Eu não ganho uma (*). Mas não ganho maravilhosamente bem quanto poderia.

Sérgio – A que você atribui isso?

Leila – O mercado de trabalho é muito pequeno. Se você vai à TV Globo, eles dizem isso pra você: tem vinte atores pra fazer o teu papel. Se você não aceitar por x, (*-se), porque sempre tem um que está morrendo de fome e vai aceitar. E aí tem de falar do Brasil, não é? E daí é (*), não pode, não é?

Tarso – Quer dizer que o pessoal de televisão tem exigências não-profissionais? Ficam querendo faturar as moças, é isso?

Leila – Não está tanto mais assim, não. Já esteve muito. A mim, nunca quiseram, porque eu mando logo tomar no (*). Quando eu quero, eu vou com o cara. Comigo não tem esse negócio de ninguém querer, não. Quer dizer: pra mim, não tem. Talvez tenha pras mocinhas que estão começando. Eu não sei, não. Tem é muita zona em volta que não é negócio do (*), que talvez fosse até mais fácil, você chegava lá e pronto, afinal, (*), não é tão ruim mesmo. O que tem é toda uma paparicação que é desagradável, entende? Você tem de jantar com fulano, conviver com sicrano, bater papo, tomar uisquinho, nhem, nhem e tal. Isso existe muito mais do que o dar. Está até fora de moda esse negócio de (*).

Sérgio – Você é uma mulher extraordinariamente bonita e faz papéis sexy no cinema. Em conseqüência, você recebe muitas cantadas aí pelas ruas, nos bares da vida, praias etc.?

Leila – Recebo muitas. Aliás, acho uma (*) fazer papel sexy. O negócio não tem nada a ver com fazer boquinha, carinha etc. O negócio é outro: um negócio de pele, olho, um negócio que eu não sei bem o que é, não. Mas recebo cantadas, sim.

É muito engraçado. Às vezes, enche. Em São Paulo, você recebe muito mais. Se eu quisesse fazer (*) eu estava rica. Em São Paulo, o que liga pro hotel é industrial, fazendeiro etc. pra dizer: então vamos jantar e tal. A gente tem de dizer: companheiro, o caso não é esse, não é bem assim etc. Eu fico danada. Um dia disse pra um cara: meu amigo, se você por acaso me encontrasse, fosse ao cinema, fosse jantar etc. eu podia até dar pra você, mas assim não. O cara naquela de vamos e tal, aí já fica chato paca, não é? O cara está querendo pagar, fica uma (*), deve ser um (*) de cama.

Tarso – E o chamado fã? Incomoda muito?

Leila – Não. Acho que o ator que diz isso está mentindo. A gente acha muito bacana ser reconhecida na rua, que digam: olha, assisti ao seu filme, vejo a sua novela. Só tem um lugar que me incomoda: é na praia. Eu gosto de ficar na praia à vontade, quero ficar muito livre, deitadinha, tomando sol, caio n'água, cai biquíni e tal, e aí é muito chato quando vem aquele fãzinho esperando uma imagem sua e vê aquela zona toda. Mas, fora disso, me entendo muito bem com os fãs, não tem problema, não. Mas eu tenho muito fã criança e eu sou vidrada em criança.

Jaguar – E cartas de amor, propostas de casamento etc.?

Leila – Tem algumas alucinantes. Tem um rapaz que me escreveu dizendo que ia se suicidar se eu não respondesse para ele.

Sérgio – Você respondeu?

Leila – Respondi, claro. Ele é filho de um general. Eu li: ele dizia que era filho do general fulano de tal, estudava pra detetive. Aí eu falei: malandro, se eu não respondo, o cara se mata e eu pego a carga, sei lá. Respondi dizendo que ele era um bobo, não tinha nada de fazer isso, estava ficando louco, ele que assistisse às minhas novelas. (*)(*) que quisesse, eu não tinha nada a ver com isso.

Sérgio – Mas os fãs não te cantam?

Leila – Fazem um certo charme. Dizem que vêem meus filmes, lêem as minhas entrevistas. E como todas as minhas entrevistas dizem "Leila, a mulher livre", "Leila, a mulher que faz o amor", "Leila que é independente" etc., todo mundo fica achando que eu sou aquela (*) da zona, não é? E realmente os moçoilos ficam um pouco interessados. Mas aí eu dou aquela de: não é nada disso, rapaz, que é isso, estamos aí mas não é bem assim. Eu tiro de letra. Eu me entendo com todo mundo, com toda a patota. Só que, evidentemente, você escolhe pra conviver com as pessoas com quem você tem diálogo.

Tarso – Houve algum caso de um fã que tivesse se aproximado e que a coisa tenha colado?

Leila – Deixa eu lembrar.

Jaguar – Não vale nenhum dos presentes.

Leila – Por incrível que pareça, com os presentes nunca tive o prazer. Mas estamos aí. Agora, com fã, acho que nunca aconteceu não. Ou, se aconteceu, foi tão (*) que eu nem me lembro. Geralmente, eles tão noutra, tão atrás de sua imagem e você não vai entrar numa dessas. Imagem é fogo, chega lá e não é nada daquilo, não é? Não vou nessa.

Jaguar – Um aviso aos navegantes: quem escolhe é você, não é?

Leila – Sei lá. Acho que a gente escolhe. Acho que sou eu que (*), sim. Acho que eu sou um ponto fixo dentro de mim e um círculo ao redor. Esse ponto fixo é muito sério e as pessoas não manjam muito. Tem um negócio dentro de mim que é muito importante: a minha força, a minha verdade, a minha autopreservação...

Paulo Garcez – Qual foi o homem que já atingiu esse ponto fixo?

Leila – Muitos. Felizmente, eu já amei muito e espero amar mais ainda.

Sérgio – Uma pergunta piegas: você foi professorinha e...

Leila – Professorinha uma (*). Fui professora.

Sérgio – Está bem. Você tem saudades daquele tempo? Gostaria de apagar tudo e voltar a ser professora?

Leila – Não gostaria de apagar nada da minha vida.

Sérgio – Criança é chata, então?

Leila – Nada chato, não. Eu amo crianças. Mas eu gostei de ser atriz e seria muito difícil voltar a ser professora. Eu deixei de ser professora por covardia porque eu tinha de brigar muito com os pais e com os diretores do colégio. Porque eu não estava em Summerhill, não, mas em minha sala cada um fazia o que queria. Eu me lembro que, uma ocasião, teve um aluno meu – eu ensinava no maternal, ensinei maternal, jardim-de-infância e primeiro ano –, bem, esse aluno chegou pra mim e... Bem, eu tenho uma relação com criança muito boa, consigo chegar e dialogar com elas. Na minha sala, eu aboli a mesa da professora, não existia, a minha mesa era igual à deles, minhas coisas eram guardadas como as deles, eu mexia nas coisas deles tanto quanto eles mexiam nas minhas, não tinha problema. A gente trocava lanche, eu trazia Coca-Cola e eles gostavam mais do que de leite, e a gente trocava, eu fazia a maior zona. As mães, porém, não gostavam. Bem, aquele aluno meu estava cheio comigo, não sei por quê, virou pra mim e disse: sua (*)! Foi aquele silêncio, todo mundo ficou me olhando pra ver o que a professora ia responder. Eu fiquei com vontade de rir e ri. Aí eu disse: (*) é você, está ouvindo, seu cocô? Foi aquela zona: porque, falando com criança, eu adapto meus palavrões pros deles. Palavrão de criança é (*), cocô, xixi, titica etc. Então foi uma semana na sala que só se falava de (*): sua (*) pra cá, seu (*) pra lá, (*) sem parar, cocô pra lá, xixi pra cá... A diretora entrava na sala e ficava horrorizada. Mas depois de uma semana todo mundo deixou de falar (*) porque a (*) deixou de ser excepcional, ficou inteiramente desmoralizada. O que, aliás, é uma pena. Mas eu adoro crianças. Gostaria de ter uns vinte filhos pra fazer minha escolinha em casa.

Tarso – A censura resolveu, agora, implicar com as novelas. Mas há coisa muito pior em televisão: o calhorda do Raul Longras, o imbecil do J. Silvestre, o cachorro do Sílvio Santos, o Flávio Cavalcanti que é um mau-caráter, patife. E eles não proíbem nada disso. Por que só as novelas?

Leila – É tudo muito burro, aqui. Quando você explora a miséria verdadeira, ninguém acha nada demais, como o Raul Longras, esses caras todos. Negócio bonitinho de censurar é novela, quando tem uma cena de amor, uma moça que foge de casa como uma que eu fiz agora, em que eu fugia de casa porque queria viver com o Zózimo Bulbul, a novela foi censurada. Tem mil babados assim, acho a maior cretinice. Não consigo explicar. Não consigo entender qual é a deles. Censuram filmes e não censuram programas em que as pessoas pra casar são vendidas como alface, ou são esculhambadas como se fossem cocô, como acontece nos programas do Flávio Cavalcanti. Aí digo que é burrice minha porque não quero achar que as pessoas sejam tão (*) assim.

Tarso – Você admite censura a uma obra de arte?

Leila – Pô, Tarso: de jeito nenhum. Foi o que eu perguntei aos censores: que tipo de preparo tem uma pessoa que vai julgar e censurar uma obra de arte? Eu não teria coragem de ser censor. Se eu fosse julgar uma obra de arte, eu teria de ser uma pessoa inteligentérrima, cultérrima, muito humana e muito por dentro das coisas. Censura é ridículo, não tem sentido nenhum. Do jeito que é feita, inclusive, não tem nenhuma noção de justiça, cultura, nem nada. Foi julgada e censurada uma peça de Sófocles, lá no Teatro do Rio, não foi? É um absurdo. Procuraram até o Sófocles. Aí é fogo. Acaba qualquer papo.

Sérgio – Na sua novela, o personagem foge com o Zózimo Bulbul. Na Europa, isso é moda há muito tempo. Eu pergunto: há alguma diferença sexual do negro pro branco?

Leila – Eu só tive um homem negro. E não vou comparar meus homens porque é sacanagem. Dizem que os negros têm potencialidade etc. Eu acho que é a mesma coisa.

Depende do cara. Nesse negócio, não tem nada a ver. Tem uns que são bons de cama, chega lá e não combina; a gente é boa de cama chega lá e não combina. Esse negócio depende muito. O negócio é aquela ligação, está na pele.

Jaguar – O Anselmo Duarte disse que...

Leila – Ah, deixa eu falar do Anselmo porque ele disse um negócio tão lindo de mim. Fiquei até com pena de não ter tido nada com ele lá em Congonhas. Ele disse que eu me dedico aos homens. Ele é muito bacana e deve gostar muito de mim pra dizer um negócio desses. Eu não sabia que ele gostava tanto de mim.

Tarso – Vocês não tiveram nem um casinho, não?

Leila – Não, nada disso. Morremos de rir, nos divertimos muito, mas não tivemos nada. É difícil a gente se divertir sem ter nada, mas a gente consegue. E nós estávamos em Congonhas do Campo, hein? Mas eu estava namorando o Toquinho, que vinha me visitar de vez em quando, então eu tinha um treco certo, não é? E tinha os "profetas" lá, qualquer coisa quebrava o galho. Saí de lá que não agüentava mais olhar pro Daniel.

Jaguar – É bacana, não é?

Leila – É bacana porque você não passou dois meses lá, malandro. Eu abria a janela e dava de cara com os 12 profetas. Olha: eu (*) pra artes plásticas, ele estava gozando paca. Ele tem lojinha de pedra-sabão e sonhei a noite toda com corrente, coruja, profeta de pedra-sabão, tudo de pedra-sabão. Eu não agüento mais ver. Mas o Anselmo foi muito bacaninha: acontece que eu seria a maior mulher do mundo se eu me dedicasse aos homens, viu? Eu ainda não consegui isso, não; estou lutando pra isso. Talvez, aos 30 anos assim...

Jaguar – *O Pasquim* vai aderir à sua luta.

Sérgio – O que você achou da entrevista que ele deu à gente?

Leila – O Anselmo é uma pessoa terrível. Tem uma inteligência meio primitiva. Mas é muito inteligente. E é muito gozador, também. Quem manja o Anselmo sabe que naquelas respostas ele estava gozado paca. Ele tem histórias incríveis pra contar porque ele é muito agressivo. Tem, por exemplo, a história da namorada que ele tirou a dentadura. É um troço alucinante. Agora, é uma pessoa maravilhosa, como todo cafajeste. Todo cara que é cafajeste no fundo é um bobo. Ele é terrivelmente (*) humano, bom paca, só faltava me pegar no colo, como o Jece Valadão e todos os cafajestes que eu conheci na minha vida. São uns anjos de pessoas.

Tarso – Você acha o Jece Valadão suportável?

Leila – Eu adoro o Jece. Primeiro porque foi um cara que me pagou em dia. Fiz *Mineirinho, vivo ou morto*, com ele. Ele chora paca, regateia paca. Mas, se combinou aquilo contigo, ele te paga em dia, tranqüilo, te busca em casa, te leva em casa etc. Ele é muito porreta para trabalhar, um amor de pessoa. Ele está lá na dele: quer ganhar dinheiro, faz o cinema que ele sabe que vende. Não vejo os filmes dele, não, mas adoro ele.

Sérgio – Qual a sua opinião sobre o INC?

Leila – É (*) você falar de um negócio que você está por fora. Eu não gosto. O Domingos está muito mais por dentro, ah, que vontade de ter um maridinho nessas horas: ajuda, não é? O negócio é que você luta ou trabalha. Como não tem ninguém pagando você pra lutar, você tem que trabalhar. Fazer as duas coisas ao mesmo tempo não dá. Se você só luta, vira marginal. Eu resolvi ganhar meu dinheirinho, ter meu apartamento, ter o homem que eu quiser, pagar minhas coisas, eu trabalho. Eu gosto. Do que eu sei, o INC é muito sacana. Eu vi muita gente tomar atitude bacana, muita luta no Cinema Novo, que o INC não apoiou. O INC tem preconceito contra o Cinema Novo. A gente faz é cinema. E o INC não faz nada pelo cinema brasileiro, que é a função dele. Só faz um festival (*) que eu acho uma (*).

Tarso – O INC é dirigido pelo Harry Stone: só beneficia o cinema estrangeiro.

Leila – A gente está lutando por essa lei para aumentar as semanas de filme nacional e os caras (*) e andam, nem querem saber. Só isso já dá pra eu saber que os caras não estão interessados em que nosso cinema se desenvolva. Eles só estão a fim de que sejam vendidos, vistos e gostados os filmes estrangeiros. Logo, eles são uns filhos da (*).

Sérgio – E o que você acha dos críticos de cinema? O INC é dirigido por críticos: Moniz Viana, Salvyano etc.

Leila – Eu não leio críticas. Eles vão ficar (*) comigo, mas não leio. Eu quase não leio jornal. Leio *O Pasquim*.

Sérgio – Nem as Cotações JB?

Leila – Não leio nada. Eu leio *O Pasquim* porque é divertido, inteligente e são vocês que fazem, que são meus amigos e contam coisas que me interessam. O resto nem quero saber. Quanto às críticas dos filmes, palavra de honra, não é rancor, mas não gosto. Inclusive, parece que os críticos sempre livram a minha cara. Eu faço o maior filme (*) e eles livram a minha cara. Muito obrigada. Eu sou boa mesmo, não é? O crítico que for meu amigo vem bater papo comigo. O que me interessa é o que eu acho, o que o Domingos achar, o que o Nelson, vocês, os meus amigos vão achar. E o público, porque vai ver. O resto (*). Acho o crítico (*) porque é pessoal e só admito você ser pessoal pra amar. Qualquer coisa que o Jaguar faça, por exemplo, pode ser a maior (*) mas vou achar bom sempre. Porque eu gosto dele.

Jaguar – Obrigado. Você quer falar de sua carreira de atriz?

Leila – A gente é atriz porque cisma que é atriz. Vai entrando na coisa, vai entrando e vira atriz. Agora: quando chega a hora de fazer o papel, você olha e diz: opa, não sei fazer isso, não. Mas está lá na carteira, eu sou atriz, decidi isso e agora tenho de fazer. O único treco de ser ator pra mim é isso. Eu não tenho escola porque não existe escola aqui e eu não gosto de escola, eu gosto é de trabalhar, me divertir e conviver com as pessoas que eu amo. O negócio bacana é que cada papel que você pega você olha e diz: e agora, não sei fazer isso. Mas, malandro, você não está aí ganhando pra fazer isso? Acontece isso em novela, por isso eu digo que novela também é bom. Nessa novela, eu tinha de me vestir de homenzinho, a menina se fantasia de homem pra seguir o cara que ela gosta. É um negócio que eu nunca fiz. Pode ser ruim, novela etc. Mas é meu.

Sérgio – A Raquel Welch está fazendo um filme com um papel assim.

Leila – Espero que ela se saia bem. Eu consegui. A gente sempre tem de se livrar de muita inibição que tem dentro da gente. Apesar de eu já estar muito desinibida, o ator sempre tem suas inibições. Aí, o ator pode empostar um tipo e ir em frente. Mas, pra mim, o importante é me livrar das coisas, como se tirasse o (*) cada vez. Eu falei pro Gracindo nessa novela: Ih, estou com um medo. Ele disse: Por quê? Você vai tirar isso de letra. A primeira cena foi difícil, mas a segunda já foi melhor. Aí, você vai em frente. É bom paca. Não tanto quanto (*), é claro, mas é quase igual.

Jaguar – Quando eu conheci você, Leila, você não dizia palavrão.

Leila – Sempre disse palavrão, Jaguar, você está enganado. Dizia menos. Com o tempo, fui ficando mais desinibida e segura.

Jaguar – Foi seu psicanalista que mandou você dizer palavrão?

Leila – Não. Faz muito tempo que eu não faço análise. Eu me desinibi dançando, dançava paca, você sabe disso; no mar, na praia etc., tinha atitudes físicas pra me desinibir, eu (*), nadava e dançava. Fiquei mais segura e me expresso, agora, como eu tenho mais vontade. Eu acho palavrão gostoso e é uma coisa normal pra mim. Quando ouvi um pedaço dessa gravação, fiquei até um pouco chocada, mas quando eu falo eu não sinto que estou dizendo palavrão. É gozado: meu pai, por exemplo, não fala palavrão. Lá em casa, não se dizia nem cocô: a gente falava fezes. Tinha de ser tudo naquela base, que são palavras muito mais feias do que os palavrões. Mas o palavrão virou verdade em mim, e quando as coisas são verdade, as pessoas aceitam. Então meu pai aceita, embora ele não fale nem cocô. Morre de rir, bate papo comigo e tal. De vez em quando, ele diz: não dá pra você falar de outro jeito? Aí eu digo: ah, (*) pra isso.

Jaguar – São boas suas relações com seus pais?

Leila – Maravilhosas.

Luís Carlos Maciel – Mas foi a psicanálise que desinibiu ou não?

Leila – Não. Como eu disse, eu me desinibi fisicamente. Mas a psicanálise talvez tenha me dado mais segurança. Eu fiz análise uns três anos, mas tempos atrás. Eu tinha 16 anos. Foi uma época genial: porque na adolescência você ainda está muito em confusão. Eu não ficava lá fazendo tipo: ia lá, chorava, berrava, xingava, falava palavrão e tudo.

Sérgio – Você deixou de ser virgem com que idade?

Leila – De 15 pra 16 anos. Agora, eu não gosto muito de falar de minha psicanálise. Quando eu vou ao ginecologista, eu não vou dizer no jornal. Se vou ao analista cuidar da cuca, por que eu vou ter de dizer? Se eu precisar cuidar de uma coisa, vou ao ginecologista; se precisar cuidar da outra, vou ao analista. Espero que eles estejam sempre lá e eu tenha dinheiro pra pagar. Embora eu ache que até análise devia ser de graça e paga pelo governo. Pra mim, adiantou muito. Quando eu fui ao psicanalista, eu estava realmente batendo com a cabeça no poste. Na época, eu ganhava cinco contos e pagava três de análise. Depois, me aconteceu um negócio bacana. Eu já tinha parado de fazer análise e começado a trabalhar como atriz quando recebi um cartão de meu psicanalista. Foi um ano e meio depois que eu tinha deixado. O cartão dizia: "Leila, assisti ao teu filme. Continuo, como sempre, a acreditar em você como gente e, agora, como artista."

Sérgio – Você deu pro seu analista?

Leila – Não. Ele era aquele kleiniano, freudiano, sei lá, que fica sentado lá, te esculhambando paca.

Tarso – Mas você não se apaixonou pelo seu psicanalista?

Leila – Não. Você sabe que não? Acho que esse negócio é folclore. Foi um troço muito bacana. Acho que a análise me fez muito bem, da mesma maneira que o ginecologista me fez bem quando eu precisei. Voltarei sempre que precisar. Acho que cada um deve fazer o que lhe faz bem. Se você fumar maconha e achar que isso lhe cura, acho ótimo. O importante é amar as pessoas e sentir uma certa felicidade, apesar da zona ao teu redor.

Maciel – Você disse que deixou de ser virgem dos 15 pros 16 anos. Você acha que foi muito cedo ou tarde?

Leila – Acho que foi na hora.

Maciel – Como professora, isso é um conselho para as novas gerações?

Leila – Pras novas e pras velhas.

Sérgio – Isso é um conselho seu e do Summerhill.

Leila – Eu era muito summerhilliana, antes mesmo de conhecer o livro. Depois, fiz até umas críticas. Mas esse negócio de idade é bobagem. Você deixa de ser virgem quando está com vontade. Eu estava. Não deixei antes porque meu namoradinho não quis, ficou com medo.

Tarso – Quem era ele?

Leila – O Luís Eduardo. Eu encho ele, hoje, por causa disso.

Tarso – Foi ele, então?

Leila – Não. Mas depois nós fomos à forra. Na época, ele tinha 13 anos e eu tinha 14.

Paulo – O homem, então, é muito mais cauteloso que a mulher.

Leila – É, sim. Eu lembro que a gente namorava na praia – eu sempre fui ligada à praia – e eu estava vidrada nele. Mas ele tinha medo.

Sérgio – Quem foi o primeiro homem, então?

Leila – Não posso dizer, não. Ele é casado e pode dar problema. Não vou me meter na vida dos outros, não é?

Sérgio – Ele ficou sendo um homem importante na sua vida?

Leila – Não. Foi só o primeiro. Ele mesmo me disse isso.

Jaguar – Foi apenas um fato histórico.

Leila – É. Eu sempre encontro com ele e nós brincamos muito sobre o fato. Olha, vocês não vão publicar essas coisas, não é?

Tato Taborda – E a tua desinibição não inibiu ninguém até agora?

Leila – Já inibiu muita gente: mas só na primeira vez, não tem problema. Aconteceu isso, mas depois que fiquei famosa. Vou com Leila Diniz – o cara pensa. Que é que tem? Leila Diniz não faz nada demais, só o que todo mundo faz. Mas isso é raro: eu tenho um relacionamento com as pessoas muito bom. A turma não tem reclamado.

Jaguar – Você acredita em amor, que um homem e uma mulher devem se amar pra ir pra cama, esse papo?

Leila – Não. Inclusive, isso é um problema para mim.

Jaguar – Mas você já sentiu amor por um homem, pelo Domingos, ao menos.

Leila – Não só pelo Domingos. O Domingos é o único conhecido e publicável. E eu espero amar ainda muitos homens na minha vida. Vou amar sempre.

Jaguar – Mas amar e ir pra cama não é a mesma coisa.

Leila – Não. Eu acho bacana ir pra cama. Eu gosto muito, desde que dê aquela coisa de olho e pele que já falei. Agora, sobre o amor, eu não acredito nesse amor possessivo e acho chato. Você pode amar muito uma pessoa e ir pra cama com outra. Isso já aconteceu comigo.

Sérgio – Você é contra a fidelidade?

Leila – Não. Quando o negócio está bacana, geralmente eu sou fiel. Quando eu estou com uma pessoa, eu fico muito ocupada com ela. Eu sou muito de me ocupar. Agora, a idéia do amor é geralmente tão possessiva que me irrita muito. Detesto aquele negócio de saber hora, o que fez etc.

Jaguar – E você já está imunizada contra isso?

Leila – Qual nada! Quebro a cara toda hora. Mas eu só me arrependo das coisas que eu não fiz. Das coisas que fiz, não me arrependo nada. Só me arrependo do que deixei de fazer por preconceito, problema e neurose. Já amei gente, já corneei essa gente e elas já entenderam e não teve problema nenhum. Somos todos uma grande família.

Jaguar – Você disse há pouco que às vezes é bom ter um maridinho do lado.

Leila – Eu não sou uma pessoa vinda de Marte. Eu nasci em 1945 e fui criada por uma família burguesa, razoavelmente bacana, mas eu tenho todos esses problemas dentro de mim. Evidentemente, eu também procuro um pai, um pouco. Tanto eu quero isso que eu sou sozinha. Mas, pra mim, é mais importante as coisas em que eu acredito. Por isso, eu abro mão dessa proteção pra continuar no meu caminho. Mas, às vezes, dentro da sociedade que a gente vive, é bacaninha você ter um homem do teu lado, nem um homem – viu? –, um companheiro, um treco bacana. Alguém que diga: está pegando fogo? Então vamos apagar juntos. O maridinho que eu quis dizer é isso.

Tarso – Mas acontece que o indivíduo é fatalmente afetado por uma união. Você acha que é possível superar isso?

Leila – Se eu tivesse conseguido isso, eu estaria casada. Se não estou casada é porque não consegui isso. Eu acho que a gente tem de respeitar ao máximo o cara que a gente ama. Mas acontece que eu não estou inteiramente livre ainda: como eu disse, eu nasci em 45 e fui criada burguesamente. Então, tenho mil problemas burgueses também. E o cara sempre tem também. Por isso que a gente está aí nessa briga. No fundo, eu sou uma mulher meiga, adoro amar, não quero brigar nunca, e queria mesmo é fazer amor sem parar. Eu adoraria isso. Mas, enquanto não posso, não vou me acomodar a uma série de coisas (*) que pra mim não significam nada.

Maciel – Para uma pessoa manter uma vida sexual saudável, equilibrada etc. deve dar quantas por semana?

Leila – Ora, Maciel, vai (*). Isso não tem medida. O cara pode dar uma e você passar até um ano. Acho difícil. Mas pode. Agora, acho bacana se pudesse ser todas as noites. Mas tudo depende de você estar ligada na do cara.

Sérgio – Já houve com você um caso como o do Anselmo, de "8 ou 12"?

Leila – Já.

Garcez – Você acha que o dito aumento do lesbianismo é devido à falta de virilidade do homem atual?

Leila – Não. De jeito nenhum. Esse negócio de lesbianismo é uma coisa de carência afetiva. Todo mundo quer ser amado. Como homem e mulher foram criados com muitos problemas, que o que eles devem fazer seria feio ou pecado etc., duas mulheres acabam querendo se apoiar uma na outra, querendo salvar uma a outra. Eu acho o lesbianismo triste por causa disso.

EDIÇÕES

BestBolso

Este livro foi composto na tipologia Minion, em
corpo 10,5/13, e impresso em papel off-set 63g/m^2 no Sistema
Cameron da Divisão Gráfica da Distribuidora Record.